コミュニティ・ジェネレーション

「初音ミク」とユーザー生成
コンテンツがつなぐネットワーク

片野　浩一
石田　　実

千倉書房

「コミュニティは創発する」

　2017 年 8 月 31 日。「初音ミク（はつね・みく）」ソフトウェア（クリプトン・フューチャー・メディア株式会社発売）が登場して 10 年。この夏は「初音ミク」誕生 10 周年を祝うさまざまな記念イベントが開催された。2007 年 8 月に発売された VOCALOID ソフトウェアは，技術や製品の開発に携わった企業も予想しない「初音ミク」現象を社会に巻き起こした。この「初音ミク」現象を解明しようとする文献もこれまでに多数発行され，筆者も次のような代表的な文献と出会った。

・『アーキテクチャの生態系』濱野智史著，NTT 出版，2008 年。
　　著者はネット社会におけるニコニコ動画のアーキテクチャの先見性とユニークな特性を見いだし，投稿されるボーカロイド動画の創作連鎖を「N 次創作」と名付けた。
・「CGM の現在と未来－初音ミク，ニコニコ動画，ピアプロの切り拓いた世界」情報処理，Vol.53，No.5，情報処理学会，2012 年。
　　情報処理学会の「初音ミク」特集号。ボーカロイド技術の開発元企業や「初音ミク」発売元企業，さらに，ニコニコ動画の運営担当者など，代表的な関係者の論稿集。
・『初音ミクはなぜ世界を変えたのか？』柴那典著，太田出版，2014 年。
　　著者である音楽ライターが，「初音ミク」を基にした音楽史をふりかえる好著。主要な関係者のインタビューを掲載。

　こうした「初音ミク」を紹介する先行文献に対して，著者も遅ればせながら研究に参入した。エッセイや「初音ミク論」ではなく，マーケティング研究者として，前著らが展開した思想や創作連鎖の現象について実地にデータや情報を集めた，地味で地道な実証研究の報告である。新しい展望やコンセプトを提示するものではなく，また「初音ミク」を通してネット社会の未来像を描く啓蒙書でもない。
　「初音ミク」というソフトウェア製品が，ユーザーの高い人気と支持を集め，その成果が楽曲や動画として市場で楽しまれる現象を「ユーザー参加型」と呼ぶにはあまりに平凡すぎる。経営学やマーケティング論からみて，これを

ii 「コミュニティは創発する」

サービスドミナント・ロジック（S-D ロジック）から文脈価値の創造として説明するのか。またはユーザー・イノベーション研究から革新的なユーザーがイノベーションを起こしている事例として位置づけるのか。あるいはオープン・プラットフォームが生み出す成果として理解するのか。どれも部分的には当てはまりそうだが，しっくりこない。それは「初音ミク」が複数の価値を持つ「複合体」を形成しているのが原因と思われ，「初音ミク」の成功要因をいずれの理論枠組みに照らして押し込んでも収まりきれないのである。

　そこで，筆者は「初音ミク」という価値の複合体には少なくとも 4 つの側面（定義や概念）があるのではないかと考える。それぞれの定義・概念で語る文脈にはそれぞれの内容物がある。まず，①「VOCALOID ソフトウェア」として，ヤマハ株式会社が開発して提供する歌声合成技術「VOCALOID」や他社から提供される UTAU，そしてクリプトン社ほかが発売するソフトウェアなどを指す。②「キャラクター」として定義すると，イラストとその著作権が議論の対象になる。③「バーチャルシンガー」として見る時には，疑似的なアイドルやコンサート，フィギュアやグッズなどとして捉えられる。そこでは「初音ミク」が一般の 3 次元アイドルと同等の位置づけに置かれる。そして，④「初音ミク」を「コミュニティ」として定義する側面もあるだろう。コミュニティから生まれる二次創作物は本書でも重要な研究対象である。そして，興味深いのは，①から④に向かって，企業や運営側からユーザー側に主導権がシフトしていき，本書でよぶ「集合的な共創価値（collective co-creation value）」が増幅する点だ。特に「コミュニティ」の側面は，ソーシャルメディアやオープン・メディアという環境と親和しながらユーザー主導のパワーがいっそう高まる。VOCALOID ソフトウェアという狭義の製品が，発売後に市場とコミュニティ，そしてユーザーの手に委ねられた結果，これだけ多様な意味を持つコンテンツ（②〜④）に育つのも珍しい。歌声音源というソフトウェア製品の意味がこのように「変質」することは販売や開発に携わった企業も予想できなかったにちがいない。その稀有な現象の理由を知りたい！というのが研究を始める純粋な動機だった。個々のユーザーの属性や能力を超えて，コミュニティが生み出す計り知れない力が大きな要因になっていると感じたからである。

そこで，本書執筆のスタンスは，演繹的に，文脈価値や革新的ユーザーのイノベーション行動，あるいはプラットフォームなどの理論から「初音ミク」現象を一義的に記述しようとするものではない。初期にはそうした視点で先行する理論研究を頼りにアプローチしていたが，途中でこれをあきらめ，「初音ミク」現象の実態を客観的に観察し，そこから知見を探索する立場に研究方針を切り替えた。つまり，「初音ミク」現象とこれを生み出すユーザー・コミュニティを本格的な理論事例として位置づけ，既存の理論概念を精緻化したり，新しい理論概念の発見・開発を目指すことにした。その結果，コミュニティからユーザー生成コンテンツ（Use-Generated Content：UGC）が多様に，また爆発的に創造される現象を「コミュニティ・ジェネレーション（community genera-tion)」という理論的な枠組みとして終章で提示した。

　本書の実証研究から，クリエイティブ・ユーザーには作詞・作曲・編集・イラストなど純粋なオリジナル（一次）創作に打ち込みたい層と，歌ってみたや踊ってみた，など二次・三次創作を幅広く楽しみたい層が存在することがわかった。同時に，これらの創作が実現するには製品ソフトウェアやコミュニティを運営する企業側が，関連する法的な権利（著作権や商標権，特許権，実用新案権など）をどこまで開放するか，そのルールの運用にかかっている。そこで，ボーカロイド・コンテンツが創発されるコミュニティの場面をクリエイティブ・ユーザーの行動と，製品・サービスの売り手企業が所有する法的権利をどのように管理・運用するか，から分類し，これをコミュニティ・ジェネレーションのフェイズと名付ける。

　今や多くの企業が製品・サービスの企画開発について，顧客から意見や知恵を頼ろうとしており，ソーシャルネットワーキングサービス（Social Network-ing Service：SNS）を活用しようとしている。そこでの企業と顧客，あるいは顧客間の交流や相互作用に見られるダイナミクスは，企業がコントロールしてマネジメントできる範囲をはるかに超えている。そうした顧客ないしユーザーのコミュニティではどのようなダイナミクスが起きていて，その成果はビジネスの機会にどのように結びついているのか。「初音ミク」を中心とするユーザー・コミュニティを探れば，そうした先端的な現象や取り組みが観察でき，

iv 「コミュニティは創発する」

それは既存の経営学やマーケティング理論，また実務界に対して有意義なインプリケーションを返せるのではないか。こうした問題意識から研究を進め，コミュニティ・ジェネレーションがもたらすマーケティング上の意味について考察した。

同時に，本書は経営学・マーケティング研究の視点から次のような疑問にも答えようとしている。

・「ユーザーは価値共創を起こすのか」。

ユーザーが価値を共創するとはどういうことか。既存研究の文脈に沿いながら，本書の研究対象で，どのような特徴のユーザーが，どのような価値を，どのようなプロセスで共に創り上げていくのか，について実証研究を通して確認する。

・「UGC（ユーザー生成コンテンツ）はメディアの民主化をもたらすのか」。

本書で扱う研究の対象は音楽関連コンテンツであり，レコードレーベル企業が送り出す企業主導型コンテンツ（Firm-Driven Content：FDC）と，ユーザーが自律的に創作するユーザー生成コンテンツ（UGC）である。このうち，本書の中心である UGC は，YouTube やニコニコ動画などのオープン・メディアを舞台に成長してきたが，この力が企業主導のマス・メディアに対抗する民主化を進めるのか，などの疑問に対して実証研究の結果から考察する。

本書の構成

本書は学術研究ではあるが，「初音ミク」に関する幅広い社会現象を考察する枠組みと予備知識を提供するために，第1章として「初音ミク」概論を書いた。①「初音ミク」とは何者か，②二次創作の系譜，③オープン・メディア，④クリエイティブと著作権，である。オープン・メディアの中でコンテンツの投稿からユーザー・コミュニティが活発になる。クリエイティブ・ユーザーはオリジナル作品を創作して投稿・公開する。人気コンテンツにはリスナー・ユーザーからの支持が集まり，コンテンツの再生（視聴）回数が増える。その後，人気コンテンツには二次創作や三次創作の投稿が増え，その連鎖が自生的に増殖する。そして，コミュニティから飛び出したコンテンツは，ビジネスの

機会に結びつく。このようなユーザー・コミュニティの創発とビジネス展開について，まず，理論研究として研究のフレームワークや研究方法に関する文献レビューを行う（第2章）。次にコミュニティから飛び出したビジネス展開のユニークな事例を2つ紹介する（第3章）。続く第4〜6章でユーザーによるコミュニティへのコンテンツの投稿行動の連鎖を社会ネットワーク分析の手法を用いて解明する。第7章では量的研究として，クリエイティブ・ユーザーに対する質問紙調査を実施し，主に2つの行動モデルから考察する。第8章は質的研究としてフォーカスグループ・インタビュー調査を実施し，クリエイティブ・ユーザーの協働創作（コラボレーション）について，それまでの量的研究ではわからなかった知見を得る。終章ではインプリケーションとして，コミュニティ・ジェネレーションの枠組みを提案する。

　実証研究の中では，これまで既存研究では比較的少なかったアプローチとして，社会ネットワーク分析（social network analysis）を積極的に取り入れた。コミュニティへの作品投稿のつながりや連鎖をネットワークとして可視的に捉えるアプローチである。対象とした3つのコミュニティに投稿される作品コンテンツの収集は，湖や海からターゲットとする魚を獲る例えでいうと次のようになるだろう。

　「ピアプロ」は全数調査。いわば琵琶湖という限られた大きさのコミュニティから，生息するすべての魚を獲る。

　「ニコニコ動画」は主だったサンプリング。日本海というやや大きな海には多くの種類の魚が生息するので，タグの付いた魚（ボカロ動画）だけを選び出して獲る。

　「YouTube」はリストから選定。太平洋という大海にはどれだけの魚が棲むかわからない。そこで，別に作ったアーティストのリストに該当する魚（チャンネル）を選別して獲る。このようなイメージになるだろう。

　作品コンテンツのデータ取得には，各コミュニティ運営サイトが提供するAPI（Application Programming Interface）と呼ばれる規格で公開している情報を元にした。

　なお，本書で多用する「ユーザー（user）」の用語については，次のように

vi 「コミュニティは創発する」

区別して使用している。製品を使用する消費者という一般的な意味ではなく，①コンテンツの視聴を楽しむリスナー・ユーザー，②作品を創作するクリエイティブ・ユーザー，に分けて区別し，後者はさらに創作経験に応じて，ビギナー・ユーザー（経験が少ない）とエキスパート・ユーザー（経験が多い）に分ける。本書の実証研究で対象となる主なユーザーはクリエイティブ・ユーザーである。

　また，各章には以下の既発表論文もベースにしている。

[1] 石田実（2016）「自発的なコンテンツ制作コミュニティの支援サービス―コラボの効果と限界―」『経営論集』（東洋大学），87号，pp.121-130。（第7章第2節）
[2] 片野浩一（2013）「ユーザー・コミュニティ創発のゲームソフト開発」日本経営システム学会誌，Vol.30，No.2，pp.79-86。（第3章第1節）
[3] 片野浩一（2014）「企業内ユーザー・コミュニティ創発のマーケティング戦略」日本経営システム学会誌，Vol.31，No.2，pp.169-175。（第3章第2節）
[4] 片野浩一・石田実（2015a）「ユーザー・コミュニティ創発の創作ネットワークの研究―「初音ミク」コミュニティにみる価値共創―」『季刊マーケティングジャーナル』（日本マーケティング学会）Vol.35，No.1，pp.88-107。（第4章）
[5] 片野浩一・石田実（2015b）「ユーザー生成コンテンツと集合知形成のダイナミクス―ニコニコ動画コミュニティにおける「初音ミク」創作ネットワーク―」『日本マーケティング学会カンファレンス・プロシーディングス』Vol.4，pp.152-171。（第5章）

謝辞：

　まず，日ごろの学会活動として，日本マーケティング学会，日本商業学会，日本マーケティングサイエンス学会，日本経営システム学会での口頭発表でコメントやアドバイスを寄せていただいた各先生にお礼申し上げる。このなかで日本マーケティング学会では，リサーチプロジェクト（ユーザー・コミュニティとオープン・メディア研究会）を主宰させていただくなかで，特に田中洋・中央大学教授（学会長）や西川英彦・法政大学教授（副会長）には継続して，お世話になっている。また，日本マーケティングサイエンス学会で研究部会を主宰されている西尾チヅル・筑波大学教授からは，教え子でもある筆者の研究を温かく見守りいただき，発表機会やアドバイスを数多く頂戴した。

取材や調査でご協力いただいた皆様にも感謝申し上げたい。クリプトン・フューチャー・メディア株式会社代表取締役社長の伊藤博之氏には2013年，2014年と2回にわたり札幌本社に訪問させていただき，超多忙な中で貴重なお話を伺うことができた。また，「初音ミク」発売元企業の立場から，同社には第1章の監修をお願いした。株式会社セガ（当時）の関係者にも取材させていただいた。ピクシブ株式会社代表取締役社長の伊藤浩樹氏からはコミックマーケットとピクシブの関係について話を伺えた。このほか，質問紙調査とフォーカスグループ・インタビュー調査にご協力いただいたボカロ・クリエイターの方々にも感謝したい。

　社会学者の濱野智史さんとは学会研究部会を通じて情報交換させていただき，アイドル好きな話題で楽しい話もさせていただいた。

　出版にあたり，株式会社千倉書房の，川口理恵，山田昭，神谷竜介の各氏にはきめ細かな制作とサポートを頂戴した。感謝申し上げたい。

　本書の研究はJSPS科研費：基盤研究（C）（Grant Number: 15K03743）の助成を受けた成果物であることを記す。

2017年8月31日（ミクの発売記念日，10周年）
「初音ミク」ファンでもある筆者の二次創作として

片野　浩一
石田　　実

●●●目　　次●●●

「コミュニティは創発する」……………………………………………………… i

第1章　「初音ミク」概論 …………………………………………… 1

1　「初音ミク」とは何者か…2

2　二次創作の系譜…15

3　オープン・メディア…24

4　クリエイティブと著作権…31

第2章　理論研究 ……………………………………………………… 47

1　ソーシャルメディアと UGC の時代…48

2　消費者間相互作用と製品普及の研究…52

3　社会ネットワーク分析（social network analysis）…55

4　社会関係資本と趣味コミュニティ…64

5　ユーザー・コミュニティと参加型プラットフォームの研究…69

6　展望（ユーザー・コミュニティの理論と本書の目標）…77

第3章　ビジネス創発事例 …………………………………………… 81

1　ユーザー・コミュニティ創発のゲームソフト開発…82

2　企業内ユーザー・コミュニティ創発のマーケティング戦略…92

第4章　創作投稿コミュニティのネットワーク構造と集合的共創価値 ……………………………………… 105

1　本章の目的と関連研究…106

2　ピアプロ・コミュニティのネットワーク構造…111

3　考察…125

目　次　ix

　　4　展望…129

第5章　ニコニコ動画コミュニティにおける集合知形成のダイナミクス……133

　　1　本章の目的とニコニコ動画の投稿概要…134

　　2　社会ネットワーク分析…140

　　3　考察…152

　　4　展望…155

第6章　ユーザー生成型と企業主導型コンテンツのチャンネル・ネットワーク構造と視聴成果——YouTube における音楽コンテンツの普及プロセス…159

　　1　本章の目的と研究方法…160

　　2　チャンネル構造と視聴指標の因果関係…165

　　3　新規コンテンツの普及プロセス…173

　　4　考察…178

第7章　クリエイティブ・ユーザーの創作投稿行動とコラボレーション……183

　　1　クリエイティブ・ユーザーの創作投稿行動と成果のモデル…184

　　2　クリエイティブ・ユーザーの動機づけ・コラボレーションモデル…203

第8章　コラボレーション・コミュニティの質的研究…219

　　1　本章の目的と研究方法…220

　　2　調査の発言回答…222

　　3　質的データ分析…230

　　4　考察…233

　　5　展望…236

x 目 次

終章 コミュニティ・ジェネレーションと民主化の時代……………………239

1 発見物（findings）…240

2 インプリケーション…247

参考文献…254

主要事項索引…265

第1章

「初音ミク」概論

要約

　本章は，「初音ミク」が社会現象となった，その社会基盤について，①「初音ミク」とは何者か，②二次創作の系譜，③オープン・メディア，④クリエイティブと著作権，の4つに分け，概論という位置づけで紹介する。まず，「初音ミク」はボーカロイドの歌声合成ソフトウェアという「製品」と，「キャラクター」「バーチャルシンガー」「コンテンツ」という4つの側面を持っている。これら異質な要素を内包する複合体が，ユーザー・コミュニティとオープン・メディアを舞台にして，「初音ミク」現象が爆発する元となった。その現象を象徴するものが二次創作であり，日本のサブカルチャー文化に根付いているコミックマーケットが源流となって創作連鎖の基盤を支えている。同時に，その現象はクリエイティブなコンテンツを巡る著作権制度にも大きな変容を迫っている。これらを次章以下の予備知識として紹介したい。

2　第1章　「初音ミク」概論

1 ●●●「初音ミク」とは何者か

1-1. 「初音ミク」と社会基盤

　「初音ミク」には，まえがき「コミュニティは創発する」で紹介したように歌声合成ソフトウェア，キャラクター，バーチャルシンガー，コミュニティなど複合的な意味と要素がある。狭義にみれば，歌声合成ソフトウェアとその技術を開発・発売する企業（クリプトン・フューチャー・メディア，ヤマハなど）という売り手と，それを使って楽曲を作るユーザー（顧客）という二者間の関係であるが，広義にみると，その中間にユーザーがキャラクターを使ってイラストや動画を創作したり，バーチャルなシンガーとしてファンが急増したり，また，これらの創作連鎖がネットワークとして拡大したりする「コミュニティ（community）」が形成されている。本書では，これをユーザー・コミュニティの稀有で先端的な事例として位置づけ，そのコミュニティで起きているユーザー間の価値共創（value co-creation）ともいうべき，創作連鎖のネットワーク構造と，そのコミュニティから生まれる，さまざまなビジネス展開について実証研究した成果を紹介する。その予備知識として，「初音ミク」が日本で社会現象になり，いまや海外にも波及するほどの一大ムーブメントになったのはなぜなのか？，という疑問に対して，「初音ミク」の意味と，社会現象を起こしたインフラともいえる3つの社会基盤について概説的に紹介したい（図1-1）。

　第1に，「初音ミク」という複合体の意味・要素と社会現象となった代表的なトピックを紹介する。ソフトウェア製品としての意味と，ユーザーが創作して人気を博した楽曲，そして社会現象となった広がりのトピックについて紹介する。第2は，「初音ミク」現象が起きる文化的な背景として，「二次創作の系譜」に注目する。「初音ミク」現象の原動力は，あるユーザーの創作が別の創作を誘発するクリエイティブな創作連鎖にある。この創作連鎖は，オリジナル作品を他者が模倣，改変する二次創作が元になっている。この二次創作を活発に促す土壌はどこにあるのか。筆者は，日本のオタク文化の象徴であるマンガの同人誌頒布会イベント「コミックマーケット」に注目して，その歴史的な成

図 1-1　「初音ミク」概論

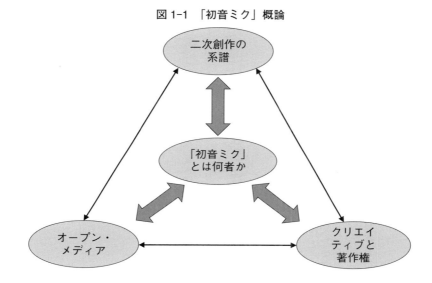

り立ちを調べた。そこからわかったのは、作家とユーザー（顧客）の二者間関係の中に形成されるユーザー参加型プラットフォームの姿であった。そして、この二次創作の文化的、歴史的な起源をさらに追求し、「シミュラークル（simulacre：模倣）」の概念を用いて現代の二次創作を再考したい。

　第3は、「初音ミク」現象のフィールドないし市場となったオープン・メディアを紹介する。代表的な創作投稿の3つのコミュニティ（ピアプロ、ニコニコ動画、YouTube）の特長を簡単に紹介する。これらのサイトは、「初音ミク」を通じて形成されたユーザー参加型プラットフォームである。第4に、「初音ミク」の現象を拡大あるいは制約する条件として、クリエイティブな著作権が挙げられる。インターネットやデジタル技術が登場する以前のアナログ時代には、クリエイティブな文化・芸術作品の作者の権利、つまり著作権を管理するのは比較的容易であった。しかし、インターネットで売り手とユーザーが直接つながる時代となり、またデジタル技術によってオリジナルの作品が高品質で複製・コピーできるようになった今、著作権に対する考え方とその法的な運用は大きな転換期を迎えている。特に、クリエイティブなコンテンツ産業

4　第1章　「初音ミク」概論

では，作者の創造力を促進する必要性と，作者や権利者の著作権を保護する立場が拮抗して対立する場面が起きている。その中で，「初音ミク」は現行の著作権法に対して柔軟な運用の方向性を示唆するとともに，これからのクリエイティブなコンテンツ産業における権利保護の在り方を再考させる中心的な存在となっている。

1-2. 歌声合成技術と VOCALOID エンジン

「初音ミク」を代表とする歌声合成ソフトウェアは，その「声」の音源により，いくつかの企業から多様なソフトウェアがリリースされている。そのエンジンとして使用される技術が，ヤマハ株式会社が開発した歌声合成技術「VOCALOID」（ボーカロイド，ボカロは同社の登録商標）である。この技術は，歌のメロディの音符と歌詞をピアノロールの画面に入力すると，ソフトに内蔵されたライブラリーの声に基づいて歌声となって出力される。ライブラリーの音源となる歌い手の声を変えれば異なる声質が再現され，この技術に独自のライブラリーを搭載させたソフトウェアが発売されている。クリプトン・フューチャー・メディア株式会社から発売されている「初音ミク」「鏡音リン（かがみね・りん）」「鏡音レン（かがみね・れん）」「巡音ルカ（めぐりね・るか）」「MEIKO」「KAITO」がその代表的な商品シリーズである。

さて，ヤマハで VOCALOID の開発を担当した剣持（2012）によれば，歌声が「音声」と「楽音」という性質をともに備える歌声合成を，実際の音楽制作シーンに利用されるためには，3 つの条件が必要だった。①了解性：歌詞が聞き取れる，②自然性：できるだけ人間の歌唱が持つ特性を再現する，③操作性：音符と歌詞を効率的に入力でき，伴奏を含めた制作がしやすいことを挙げ，図 1-2 のような VOCALOID 構成でシステムを開発した。

現在，多くの場面で歌声合成技術が使用されるのは，「打ち込み」による音楽コンテンツの制作に限定されているが，今後はライブやコンサートなどリアルな会場で使用されることも想定される。それには，リアルタイムに，楽器を演奏するように歌声合成エンジンをコントロールするインターフェイスが求められる。この場面は，2012 年に，音楽家の冨田勲氏が，宮沢賢治の世界観を

図 1-2　VOCALOID の構成

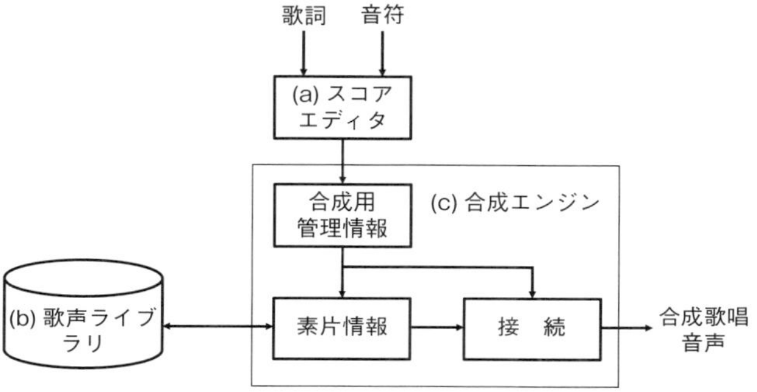

歌詞　音符

(a) スコアエディタ

合成用管理情報　(c) 合成エンジン

(b) 歌声ライブラリ

素片情報 → 接続 → 合成歌唱音声

(出所)　剣持（2012）。

(注)　(a)スコアエディタ：複数のトラックが配置されたピアノロールに，ミュージカルパートエディタと呼ばれる歌声に必要な要素（歌詞，音符）を効率よく直感的に入力できる画面である。

(b)歌声ライブラリ：ある音素から別の音素の変化部分と母音の伸ばし音が音声素片として含み，VOCALOID3 からは 3 音素の連鎖も入っている。このライブラリの制作には実際の歌手に特別な歌詞を歌ってもらい，その録音から必要な部分を切り出して登録している。

(c)合成エンジン：歌声ライブラリから必要な素片を選んで接続する。たとえば，「あさ」（音声記号 [asa]）という歌詞を合成するには，#-a, a, a-s, a, a-#（# は無音）という素片をつなぐ（剣持 2012）。ユーザーが指定した音符の音高（ピッチ）や音符のタイミング，長さに合うように，素片を加工しながらつないでいく仕組みである。

描いた「イーハトーヴ交響曲」で，300 人のオーケストラとともに，「初音ミク」がプリマとして登場して歌唱するコンサートとして実現した。

　2017 年時点で，ヤマハの VOCALOID サイト（vocaloid com.）によれば，バージョンは「VOCALOID4」まで登場し，歌声ライブラリーのソフトウェアは 50 種類以上が発売されているほか，パソコンがなくても，iphone や ipad でも簡単にボカロ楽曲が制作できる「Mobile VOCALOID Editer」も登場している。そして，対応する音声の言語は，日本語のほか，英語，スペイン語，韓国語，そして中国語にも対応できるようになっている。

　この VOCALOID エンジンを搭載した歌声合成ソフトウェアのパッケージは，クリプトン社のキャラクターシリーズのほかにも，「GUMI（グミ）」「IA（イア）」などがある。

　「GUMI」は，株式会社インターネットから 2009 年に販売された VOCALOID 用データベース『Megpoid（メグッポイド）』のバーチャルボーカリストと

しての総称であり，イラスト投稿サイト，ピクシブ（pixiv）でキャラクターイラストや小説がファンに人気である。「IA」は，1st PLACE 株式会社から2012 年に発売されたソフトウェアとそのキャラクターである。商品名は「IA-ARIA ON THE PLANETES-」という。歌声の提供者は「鳥の詩」などで知られる歌手，Lia 氏が担当し，キャラクターのデザインは，イラストレーター・漫画家の赤坂アカ氏が手がけている。公式サイトでデモ音源が公開されている。

　一方で，歌声合成技術には，企業のほかにも個人でフリーソフトウェアを開発する例もある。その先駆けとなる「歌声合成ツール UTAU（うたう）」は，飴屋／菖蒲（または飴屋 P）という個人ユーザーが開発したフリーソフトウェア（またはオープンソース・ソフトウェア）である。特長は，あらかじめ用意された歌声ライブラリーではなく，ユーザーが歌わせたい音声を五十音順に用意すれば，自由に歌声を変えてボーカル曲が制作できるフレキシビリティにある。このソフトウェアを使用した音源ライブラリーは，増殖的に拡大するが，その先駆けとなるキャラクターボーカルが「重音テト（かさね・てと）」である（第4章で詳述）。「重音テト」は，開発元から音源ライブラリーを無償で提供されており，だれでも DTM（Desk Top Music：音楽制作ソフトウェア）の知識があれば，楽曲を制作できる。もちろん，「初音ミク」と類似したキャラクター設定と音源は，「初音ミク」を参考にした製品仕様の模倣であるが，登場後にクリプトン社からの公認を受けて活躍した。このオープンソース・ソフトウェアの登場は，クリエイティブ・ユーザーの創作を刺激する土壌ともなった。

1-3. ソフトウェア「初音ミク」

　ヤマハの VOCALOID エンジン「VOCALOID2」を搭載したソフトウェア「初音ミク」は 2007 年 8 月 31 日に発売された。商品名は『VOCALOID2 初音ミク』。発売元のクリプトン・フューチャー・メディア株式会社（以下，クリプトン社）は，サウンド素材の輸入代理店から事業を開始し，DTM に使用する楽器の音を再現するシンセサイザーのソフトウェアを制作・販売する企業である。同社代表取締役である伊藤博之氏（伊藤 2012）によれば，歌声の音源はア

1 「初音ミク」とは何者か　7

図1-3　「初音ミク」のキャラクタ絵

（出所）　illustration by【KEI】© Crypton Future Media, INC. www.piapro.net　piapro

ニメなどで活躍する声優，藤田咲さんの声を収録，そしてソフトウェアのパッケージにはアニメキャラクターのようなイラストを描いた（図1-3）。この「初音ミク」の設定は，年齢16歳，身長158cm，体重42kg，得意なジャンルは，アイドルポップスとダンス系ポップス，また得意な曲のテンポは70〜150BPM，得意の音域はA3〜E5と設定した。

　このように，「初音ミク」には歌唱合成ソフトウェアの「商品名」と「キャラクター」という二重の意味をもつことになった（伊藤2012）。他の原作やキャラクターコンテンツとは異なり，商品パッケージに描かれた3点のイラストと，年齢，身長，体重という簡単なプロフィール設定が，ユーザーサイドの創作意欲を高めた。現在は，「ピアプロ・キャラクターシリーズ」として，「初音ミク」のほか，「鏡音リン」「鏡音レン」「巡音ルカ」「MEIKO」「KAITO」というラインナップを持っている[1]。

　ユーザーが，ボカロ楽曲を作る手順はだいたい次のようになる。まずは楽器やDTMソフトウェアを使ってメロディを作曲する。伴奏用ソフトウェアや楽器を演奏して完成した曲を録音する。次に，「初音ミク」を立ち上げて，「VOCALOID Editer」に歌詞とメロディを入力し，ミクに歌ってもらう。そして，

図1-4 「初音ミク」の商品パッケージ（VOCALOID4）

（出所）© Crypton Future Media, INC. www.piapro.net piapro

DTMソフトウェアを再び使い，ミクの歌声とドラム，ギター，ベース，ピアノという伴奏をミックスして楽曲が出来上がる。最後は，動画共有サイトに公開するための動画づくりとして，イラストやアニメーションを制作し，これに楽曲と合わせて動画編集ソフトウェアを使って合成させ，プロモーション・ビデオ（PV）が完成する。

　このように，「初音ミク」は，DTMソフトウェアとしては異例の人気となり，2007年の発売後1年で売上は4万本を超え，2013年には8万本を超える大ヒットとなった。同社の公式販売サイト（crypton.co.jp，2017年1月時点）の紹介によれば，『VOCALOID2 初音ミク』のあと，『初音ミク・アペンド』，『初音ミク V3』と進化を遂げ，「VOCALOID4」を搭載した『初音ミク V4X』では，音源のパワフルな「POWER」と，大人しい「WHISPER」などの歌声を加えた，バーチャルシンガー・初音ミクの決定版と呼べるソフトウェアとなった。声に吐息や声質変化などを加える「E.V.E.C.」（イーベック）機能や「VOCALOID4」のクロスシンセシス，グロウル機能を操作することで，メリハリのある歌声を作ることが可能になるほか，次世代型ボーカルエディター「Piapro Studio」を標準装備し，500種類以上の楽器を収録した音楽制作ソフトも付属する。つまり，「初音ミク」の音声入力に留まらず，DTM機能をフ

ル装備したオールインワン型の総合ソフトウェアとなったのである。

1-4. 「初音ミク」現象の展開

　ここでは，ボーカロイド・ソフトウェア「初音ミク」の発売後，ユーザーの創発的な創作連鎖が，多くのユーザーや企業を巻き込み，どのように社会現象になっていったのか，初期の代表的なトピックに絞って紹介したい。まず，ボカロ楽曲の作品投稿のコミュニティは，主に，ピアプロ（piapro），ニコニコ動画，YouTube の 3 つである。「初音ミク」発売後，4 年ほど経過した後の2012 年 1 月時点で，「初音ミク」の検索件数は，YouTube で約 40 万 3 千件，ニコニコ動画で約 15 万件，Google 約 1,110 万件（伊藤 2012）に達し，そして筆者の調査で，ピアプロは 2013 年 8 月時点で約 60 万件の作品数が投稿され（第 4 章），ニコニコ動画には 2014 年 8 月時点で殿堂入りボカロ作品のみの抽出で投稿数が 80 万件を超えていた（第 5 章）。

　まず，中心となるボカロ楽曲の人気ランキングが表 1-1 である。筆者の調査（2014 年 8 月時点）で，ニコニコ動画に投稿された「初音ミク」を初めとするボーカロイド・キャラクターが歌唱する楽曲の再生回数の上位 20 曲である。第 1 位の「みくみくにしてあげる♪【してやんよ】」（再生回数 1,172 万回），第2 位「メルト」（同 993 万回），第 6 位「初音ミクの消失」（639 万回），第 8 位「ブラック★ロックシューター」（567 万回）は，いずれも「初音ミク」ソフトが発売された 2007 年に投稿された初期作品であり，「初音ミク」現象の原動力となった名曲である。また，第 3 位「千本桜」（910 万回）は，2011 年の投稿であるが，投稿後に「演奏してみた」「歌ってみた」など多様な N 次創作を誘発した人気楽曲であり，トヨタ・アクアの CM に採用されたり，人気演歌歌手が NHK 紅白歌合戦で「歌ってみた」りするなど，社会全体で活発な創作連鎖を誘発した。

　また，ニコニコ動画からの投稿データの収集（第 5 章）でもわかったことだが，動画制作に大きく貢献した技術的な環境として 3D のコンピュータグラフィック（CG）に関するソフトウェアの登場があり，ニコニコ動画やピアプロで投稿されるコンテンツには，このソフトウェアを使用した作品が多数投稿

10　第1章　「初音ミク」概論

表1-1　ニコニコ動画に見る人気ボカロ曲上位20曲

順位	曲タイトル	作者名	再生数
1	【初音ミク】みくみくにしてあげる♪【してやんよ】	ika	11,726,447
2	初音ミクがオリジナル曲を歌ってくれたよ「メルト」	ryo	9,936,337
3	『初音ミク』千本桜『オリジナル曲PV』	黒うさ	9,104,825
4	【オリジナル曲PV】マトリョシカ【初音ミク・GUMI】	ハチ	7,952,220
5	【GUMI】モザイクロール【オリジナル曲PV付】	DECO*27	6,988,717
6	初音ミク　オリジナル曲「初音ミクの消失（LONG VERSION）」	こすも	6,392,375
7	【巡音ルカ】ダブルラリアット【オリジナル】	アゴアニキ	5,994,778
8	初音ミクがオリジナルを歌ってくれたよ「ブラック★ロックシューター」	ryo	5,676,197
9	【鏡音リン】炉心融解【オリジナル】	nagimiso	5,515,425
10	「ロミオとシンデレラ」オリジナル曲 vo. 初音ミク	doriko	5,253,490
11	「卑怯戦隊うろたんだー」を KAITO.MEIKO. 初音ミクに ry【オリジナル】	kobapie	5,096,387
12	【オリジナル曲PV】パンダヒーロー【GUMI】	ハチ	4,575,705
13	初音ミク　オリジナル曲「裏表ラバーズ」	wowaka	4,570,271
14	【オリジナル曲PV】結ンデ開イテ羅刹ト骸【初音ミク】	ハチ	4,273,259
15	VOCALOID2 初音ミクに「Ievan Polkka」を歌わせてみた	Otomania	4,171,639
16	初音ミク　オリジナル曲「ローリンガール」	wowaka	4,123,579
17	【IA】チルドレンレコード【オリジナルPV】	じん	4,019,233
18	【IA】六兆年と一夜物語【オリジナル曲・PV付】	kemu	3,990,589
19	【調教すげぇ】初音ミク『FREELY TOMORROW』（完成）【オリジナル】	Mitchie M	3,936,575
20	【GUMI】弱虫モンブラン【オリジナル曲PV付】	DECO*27	3,936,198

（出所）　筆者調べ。ニコニコ動画への投稿作品。2014年8月まで。

　されていた。「MikuMikuDance（みくみくダンス：MMD）」と呼ばれる，この
フリーソフトウェアは，「初音ミク」の3Dモデルを制作できるもので，編集
画面と操作性の易しさとコンピュータのCPUへの負担が軽く，経験のない
ユーザーでも手軽に，踊る「初音ミク」を制作できるようになり，ユーザーの
創作意欲を大いに喚起した。このMMDは先のUTAUとともにオープンソー
ス・ソフトウェアとして「初音ミク」現象を支えた[2]。
　また，表1-2は，20歳以下の若者がカラオケで歌うランキング上位10の人
気楽曲である。このうち7曲がボカロ楽曲で占められ，特に10代の若者に，
ボカロ楽曲が高い支持を得ていることがわかる。そして最もビジネスとして成

1 「初音ミク」とは何者か　　11

表 1-2　20 歳以下のカラオケ人気楽曲トップ 10

順位	曲名
1	千本桜（White Flame　feat. 初音ミク）
2	女々しくて（ゴールデンボンバー）
3	脳漿炸裂ガール《本人映像》（れるりり　feat. 初音ミク，GUMI）
4	六兆年と一夜物語（kemu）
5	残酷な天使のテーゼ（高橋洋子）
6	天ノ弱（164　feat. GUMI）
7	カゲロウデイズ（じん　feat. 初音ミク）
8	いーあるふぁんくらぶ（みきと P　feat. GUMI，初音ミク）
9	Only my railgun（fripSide）
10	マトリョシカ（ハチ feat. 初音ミク，GUMI）

（出所）　日本経済新聞 2013 年 6 月 5 日付。
（注）　網掛けがネット発の人気曲。カラオケ配信のジョイサウンドの集計（20
歳以下男女）から。期間は 2013 年 4 月 1～30 日。

功する形が，楽曲をモデルに物語化される小説や漫画（コミック）化，そして
映像作品化（アニメーションや実写映画）である。この中で，「カゲロウデイズ」
は小説化（ライトノベル）とアニメ放送を果たし，「脳漿炸裂ガール」も小説と
漫画に加えて実写映画化（2015 年夏公開）まで展開された。

　こうした「初音ミク」を使用したユーザーの創作行動は，音楽の世界を飛び
出して，広くビジネス全体に拡大する現象となり，その全体を略史として主な
トピックをまとめたのが，表 1-3 である。ソフトウェア「初音ミク」が発売さ
れた 2007 年後半には，早くもその後に名曲となる数々の人気楽曲がニコニコ
動画に投稿され，ユーザーの創作投稿の行動に火がつく。年末にはクリプトン
社自身も創作投稿サイト「ピアプロ」を開設し，ユーザー・コミュニティの基
盤が整った。2008 年からは早くも，そのコミュニティから生み出された創作
がビジネスへ飛び出す。「ねんどろいど　初音ミク」（グッドスマイルカンパニー）
は初のフィギュア化で，その後のボカロ・キャラクターの 3 次元フィギュアの
先駆けになった。2009 年には「ソニー・プレイステーション Vita」に対応す
る音楽リズムゲームソフト「初音ミク -Project DIVA-」が発売され，人気シ

12 第1章 「初音ミク」概論

表1-3 「初音ミク」現象の略史（2013年まで）

年月	主なトピック
2007年8月	歌声合成ソフト「初音ミク」発売。売上8万本超（2013年4月）。
2007年9月	動画共有サイトでユーザー創作の作品投稿が活発化。
2007年12月	創作投稿サイト「ピアプロ」開始。
2008年3月	「ねんどろいど 初音ミク」発売。初のフィギュア化。12万個以上出荷の大ヒット。
2009年7月	音楽リズムゲーム『初音ミク -Project DIVA-』発売。人気シリーズに。
2009年8月	発売2周年でライブイベント「ミクフェス09」開催。リアルコンサートに。
2009年9月	携帯サイト「初音ミクモバイル（ミクモバ）」開設。
2010年3月	「ミクの日感謝祭」開催。本格的な初音ミク主体のライブイベント。
2010年5月	アメリカトヨタ「カローラ」のCMに初音ミクが登場。
2011年7月	初の海外コンサートをロサンゼルスで開催。
2011年12月	Google ChromeのCMに起用。カンヌ国際広告祭銅賞受賞。
2012年2月	NHK「クローズアップ現代」で初音ミク特集。
2012年8月	ファミリーマートとの企業コラボレーション（キャンペーン）
2012年11月	初音ミク，富田勲の「イーハトーヴ交響曲」に出演して歌とダンスを披露。
2012年12月	クリエイティブ・コモンズ（CC）に「初音ミク」を登録。非営利創作自由に。
2013年3月	ドミノ・ピザとの企業コラボレーション（キャンペーン）

（出所）「美術手帖」2013年6月号をもとに作成。

リーズになる（第3章で事例研究）。また，人気楽曲は携帯電話の「着うた」に
も採用され，専用の携帯サイト「ミクモバ」も開始，配信される。そして，
「初音ミク」は「歌姫」として，リアルなライブコンサートに飛び出す。2010
年の「ミクの日感謝祭」は本格的な「初音ミク」主体のライブイベントであ
り，その後も3月9日（ミクの日）には毎年コンサートが開催される。海外で
もロサンゼルスを皮切りに，シンガポール，香港，台湾でコンサートが開催さ
れ，クリプトン社は海外ファン向けのウェブサービス「MIKUBOOK.com」を
スタートさせた。2012年11月の富田勲「イーハトーヴ交響曲」では，クラ
シックコンサートに「初音ミク」が出演し，生の演奏に合わせて歌とダンスを
披露した。

「初音ミク」の人気は企業にも注目され，さまざまなコラボレーションが展
開されている。中でも代表的な企業コラボが，「初音ミク」5周年を記念して，

2012 年にファミリーマートとのコラボで，オリジナル商品の開発，店舗ラッピング，「初音ミク」出演の CM 制作などが展開され，大きな話題となった。2013 年にはドミノ・ピザ社がピザの注文アプリ「Domino's App feat. 初音ミク」を開発して，従業員が描いた「初音ミク」の商品パッケージや AR（拡張現実）機能を使用したサービス，そして従業員のボカロチームが制作したオリジナル楽曲などが話題となった（第 3 章で事例研究）。

　こうした「初音ミク」現象のレボリューションは，現在も途切れることなく，その勢いは続いている。その出自から，「初音ミク」には「まえがき」で触れたように，「ソフトウェア」「キャラクター」「バーチャルシンガー」，さらに「コミュニティ」という 4 つの異質な意味が重層的に付与されており，その異質多様性が社会に大きな影響を与えてきたといえるだろう。

1-5. ボカロ・リスナー調査

　筆者は，2017 年 3 月に，ボカロ曲を聴くリスナー・ユーザー（視聴者）を対象にインターネットによる質問紙調査を実施した。マクロミル社のモニターから 1,103 名を対象に，「ボーカロイド楽曲を聴いたことがある」と回答した計 528 名の調査結果を紹介したい。性別は男女半分ずつに割り付け，年齢は 19 歳以下から 59 歳以下まで，10 歳間隔で等分のサンプル数（20 ％ずつ）になるように収集した。モニターサンプルの比率は 48 ％であり，約半数がボカロ楽曲を聴いた経験がある。

　まず，主に聴くボカロ・キャラクター（複数回答）は，「初音ミク」が断トツで 88.4 ％を占めた。クリプトン社公式キャラクター以外では，「GUMI」が 20 ％と高い。ボーカロイドのキャラクターは多数存在するが，やはり「初音ミク」の知名度と人気は高い。これまでに聴いたボカロ楽曲数では 10 曲以下が 59.7 ％と過半を占めた。100 曲以上と回答した「ヘビー」リスナーは 8.7 ％である。ボカロ曲を主に視聴するインターネット・メディア（複数回答）では，YouTube が 78.2 ％と最も高く，いまや YouTube はリスナーにとって最大のオープン・メディアに成長していることがわかる。ニコニコ動画は 45.6 ％と約半数が視聴している。一方，創作投稿に限定されるピアプロの視聴

14　第1章　「初音ミク」概論

は 2.1 ％と少なかった。

　次に，リスナーがボカロ曲を聴く以外にどのような行動をとるのかも聴いてみた（複数回答）。最も多いのが「カラオケで歌った」で 40.2 ％を占めた。第 4 章で詳しくみるが，ニコニコ動画で公開された人気ボカロ楽曲は，カラオケ会社に推薦されてカラオケ配信される。リスナーは好きになった曲をまずカラオケで歌いたいのだ。次いで「CD や配信曲を買う（11.7 ％）」「ボカロ・キャラクターのイラストを描いた（11.6 ％）」が続く。ボカロ楽曲の配信は，クリプトン社のボカロ専門レーベル「KARENT」や音楽専門サイトなどで手軽に購入できるようになっている。他に，ボカロ関連グッズやライトノベル，マンガを購入するリスナーもいた。

　そして，本書の研究に関連する質問として，二次創作とその作品・動画を共有サイトに投稿・公開した経験があるかどうかも聴いてみた。その中で，10.4 ％がイラストの投稿・公開を経験していた。ピクシブ（pixiv）のようなイラスト投稿サイトが普及したことで，手軽に自分が描いた絵を SNS に投稿できる機会が増えたのである。このほか，少数ながら「歌ってみた」「踊ってみた」「演奏してみた」「編集・リミックスしてみた」の経験者もいた。これらの「○してみた」作品は今では YouTube での投稿がさかんである。二次創作の公開経験者は，全体の 23.3 ％であった。

　最後に，リスナーの中で前述のコミックマーケット（同人誌頒布会）に行った経験があるかどうか聴いたところ，全体の 18.4 ％が訪れていた。コミックマーケットとは 40 年以上にわたり，有志のアマチュアサークルの参加者がマンガやイラスト，小説などオリジナルを二次創作した同人誌を販売する一大人気イベントである（後述）。ボカロ・リスナーの 2 割近くが，このイベントに出かけている調査結果から，「初音ミク」現象の背景には，コミックマーケットと二次創作を支持する日本のユーザー基盤が関係している可能性がある。本書では，日本のコミックマーケットが二次創作とこれを可能にするユーザー参加型プラットフォームを形成した先駆的な事例として注目し，コンテンツ型ユーザー・コミュニティの源流として位置づけたい。そして，ボカロ・リスナーのうち，ボーカロイド・ソフトウェアを使って楽曲の制作経験のある人も

少数（7.8 %）ながら存在していた。この「ユーザー」は個人で楽しむアマチュア・ユーザーから，作品を公開してビジネスにするクリエイティブ・ユーザーまで広く含まれるが，本書の実証研究で，彼らのコミュニティにおける活発な創作活動の詳細を明らかにしたい。

2 ●●● 二次創作の系譜

2-1. コミックマーケット

2-1-1. コミックマーケットの概要

　ユーザー・コミュニティ研究の中でも，ユーザー生成コンテンツが創発される原動力となるのが，「二次創作」である。ボカロ楽曲のオリジナルに対して，他のユーザーから活発に投稿される二次創作コンテンツは，どのように生まれてきたのか。その土壌となる系譜を辿ってみたい。

　コンテンツの二次創作の拡大は，すでに日本では東（2001）がオタク系文化（コミックやアニメ，ゲーム，パーソナル・コンピュータ，SF，特撮，フィギュア，など一群のサブカルチャー）と呼ぶものの中でポストモダン的な特徴として指摘してきた。東（2001）によれば，オタク文化とポストモダンについて研究する「『二次創作』とは原作のマンガ，アニメ，ゲームを性的に読み替えて制作される同人誌や同人ゲーム，同人フィギュアなどの総称である」。つまり，原作（オリジナル）のある人気マンガやアニメ，ゲームなどのコンテンツを登場人物の性別を男性から女性（あるいは女性から男性）に入れ替えて新たにキャラクターを創造したり，原作のストーリーを改変，あるいはパロディ化したりしながら，新たに作品を創作する同人誌や同人ゲーム同人フィギュアなど，特定のファンのみに向けた制作物である。この制作物は，これまで主に年2回東京で開催される「コミックマーケット（コミケット，コミケ）」と呼ばれる展示販売会を初め，全国で多数開催される即売会や関連イベントを通じて販売され，現在はインターネットでも販売されるようになっている。その市場は年々拡大しており，「コミックマーケット」（以下コミケット）がその中核的な普及の役割を果たしてきた。コミケットで筆者が注目するのは，本研究のユーザー・コ

図 1-5　コミックマーケットの様子

2016 年 12 月，第 91 回会場（東京国際展示場）：筆者撮影。

ミュニティに見られるユーザー参加型プラットフォームの思想とシステムがすでに見られる点にある。

　コミケットは年 2 回東京で開催され（夏コミ，冬コミ），開催ごとに一般参加者とサークル参加者（作品販売者）が増加を続け，今では東京国際展示場（東京ビッグサイト）で 3 日間開催され，2016 年 12 月で 91 回を数え，世界的なサブカルチャーの一大イベントとなっている。3 日間の参加者総数は 55 万人，うちサークル参加数 36 万，企業ブース出展 181 社であった（公式サイトより）。第 1 回（1975 年）から第 91 回（2016 年）までの参加サークル数と一般参加者数の推移は図 1-6 のようになっている。第 36 回の一般参加者数 100,000 人，参加サークル数 10,000 を境に急拡大している。

　2010 年 8 月の第 71 回開催で，コミックマーケット準備会と東京工業大学を中心とするコンテンツ研究チームが関係者（一般参加者，サークル参加者，運営スタッフ）を対象に会場で質問紙調査した報告があるので紹介させていただく[3]。まず，作品を創作して販売するサークル参加者（33,167 人）について，その内訳として，性別は女性 74 ％，男性 26 ％と圧倒的に女性が多い。男女別の平均年齢は，女性 31.6 歳，男性 30.4 歳である。男女ともその半数以上は社会人であるが，職業別ではプロのクリエイター（漫画家 4.7 ％，イラストレーター 1.8 ％，小説家 0.4 ％，ほかアニメ・ゲーム・出版編集者計 2.9 ％）が全体の 9.8 ％と 1 割程度を占める。参加サークルのメンバー数は，外部からの寄稿者

図1-6　コミックマーケット参加者数・サークル数の推移

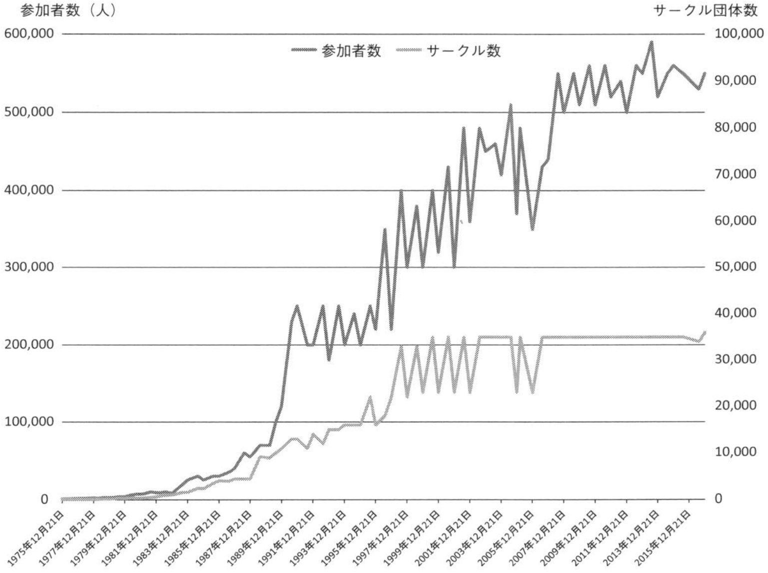

（出所）　コミックマーケット公式サイトより作成。
http://www.comiket.co.jp/archives/Chronology.html#graph_area

がいない「一人サークル」は全体の 40.1 ％であり，あとは複数メンバーのサークルである。女性サークルが制作するのは，マンガ（70.4 ％）が過半数を占め，小説（31.9 ％），イラスト（24.2 ％，以上複数回答）のジャンルで活動している。一方で男性サークルでは，マンガ（57.7 ％），小説（11.8 ％），イラスト（24.2 ％），評論（10.7 ％），ゲーム（8.2 ％），音楽CD（5.1 ％，以上複数回答）と多様な分野で創作活動を展開している。

　次に，一般参加者が購入する作品でみると，男性客は，マンガ（88.4 ％），イラスト（62.8 ％），小説（38.4 ％），評論（33.7 ％），ノベル系ゲーム（35.5 ％），非ノベル系ゲーム（29.9 ％），音楽CD ／ DVD（40.0 ％），と幅広い分野の作品を購入しているのに対して，女性客ではマンガ（96.6 ％），イラスト（43.0 ％），小説（73.4 ％），評論（21.9 ％，以上複数回答）と，男性に比べて購入分野が絞られていた。これは販売側の分野とも，おおむね対応している。

18　第1章　「初音ミク」概論

　次に，コミケットで同人誌はどれくらいの作品が販売（頒布）されているの
か。調査結果から推計された総販売部数は約 925 万冊に上る。サークル単位で
みると，500 〜 1,000 部を販売するサークル数が 21.0 ％を占めるが，少数販売
数のサークルも多い。サークルがコミケットを含む販売機会から年間で販売す
る作品の収支について，男性サークルで 66.9 ％，女性サークル 66.2 ％が赤字
と回答している。コミケットが同人ファンを中心とした市場で利益獲得が目的
ではないものの，3 割以上が黒字（利益）を出している。そして，サークル参
加者がコミケットに参加する動機についても質問している。その回答では「自
分の作品を他人に見てもらえる」という公開と評価の動機が最も多く，次いで
「お祭りのような雰囲気がある」というイベント自体の満足のほか，「コミケで
しか入手できない同人誌がある」という自分も購入側のユーザーであるとの立
場からの参加動機も見られた。最後に，サークル参加者が自身の作品を商業メ
ディアで発表を望むかという質問に対しては，「強く希望する（16 ％）」「機会
があれば（50 ％）」「特に思わない（35 ％）」であり，商業ベースの発表機会，
つまりプロや職業人としての志向は強いとはいえず，これがコミケットを支え
るアマチュアユーザーの参加思想であると考えられる。

2-1-2.　ユーザー参加の場

　このコミケットはどのように誕生したのか。1975 年にコミケットの初代代
表である霜月たかなか氏による述懐（霜月 2008）からふりかえってみる。1975
年の第 1 回は 1 日開催で，参加者数 7,000 人，参加サークル数はわずかに 32
団体であった。主催者である「コミックマーケット準備会（有限会社コミケッ
ト）」のメンバーは大学の漫画研究会に所属するマンガ好きの学生たちであっ
た。同人誌といえば文学の文壇中心の世界であったものに，新たに「マンガ同
人誌」の市場を誕生させたのは当時の人気漫画家のファンクラブの力だった。
「萩尾望都」「竹宮恵子」「手塚治虫」「大島弓子」らのファンクラブが中心に
なって同人誌即売会として開催された。今も変わらぬシステムは，準備会が会
場を確保して販売用のテーブルや机を参加サークルに貸し出し，サークルは自
己責任で同人誌その他を販売する。この 1 スペースの貸出料は当時 300 円，そ
の後は上昇を続け，2008 年には 7,000 円を超えた。

霜月（2008）は，初回の熱気ある開催風景から，「売り手」と「買い手」，あるいは運営者と顧客ではなく，参加者がサークル参加者と一般参加者に分かれて対等の立場で交流する「マンガ同人誌即売会」の姿を見てとっていた。マンガの読者は，ただ消費者として存在するのではない。発信者でもある出版社や作家からみれば，受信者である読者は本を買って面白がってくれればよいのかもしれないが，読者も成長するにつれ，単に読むより作品を楽しみたいと思うようになる。マンガ家もそうした思いからプロに転向していくが，ここでマンガを楽しむ立場として，「売り手」としてのマンガ家か，「買い手」としての読者の二分以外に，その中間に，読者とアマチュアに留まりつつも作品の面白さを受け手の側から形にして発信する場，それが同人誌であり，その同人誌市場がコミケットであった。「マーケット」という名称を用いることで売り手と買い手にビジネス機会を与え，これを制度化した。この市場概念が，それまでの同人誌市場を自由な参入機会と開放性をもつマーケットに生まれ変わらせたのである。また，マーケットには「広場」の意味もあり，人々が出会い，交わり，新しい関係が生まれる解放空間である。これを大塚（1989）は「物語消費」の文脈から，ユーザーにとって重要なのは自ら「物語る」ことでより強く物語の「世界」にアクセスし，その「世界」が同人誌の仲間やコミケットの参加者間で共有されている実感であると言う。物語を作る担い手がオリジナルの作者ではなく，ユーザー側に移り，同人誌は人気マンガの世界を読者が共有し，彼らが趣向としての物語を自作のコミックとして創出したものである。

このように，コミケットが同人誌の発行を促進することで，描き手である作家も増え，創作に打ち込んでプロを目指し，商業雑誌にデビューする作家も現れる。「らんま１／２」「犬夜叉」など人気作品を数多く生み出した高橋留美子氏はその代表例である。高橋氏は大学時代に漫研に所属して初期のコミケットで作品を描いて同人誌に発表していた。その後も同人誌経由でプロデビューへ至る作家が続々誕生し，現在では将来のプロ作家を発掘するために商業雑誌の編集者が会場に訪れるまでになっている。コミケットは，売り手と買い手の間に中間市場を作り出し，その作品価値を高めて両者を共創させるユーザー参加型プラットフォームを見事に作り上げた好例といえるだろう。そして，このプ

20 第1章 「初音ミク」概論

ラットフォームに，今ではボーカロイド作品も多数登場している。ボカロ楽曲やイラストを制作したクリエイティブ・ユーザーたちが，サークル参加者として会場でCDやイラスト，小説などを販売する場が成長しており，ここでもファンとの交流がさかんである。

　そして，このリアルな巨大コミュニティに対して，インターネットの普及からオンラインでもコミュニティが共鳴するように成長している。同人マンガ作家やアマチュアのイラストレーターが投稿するサイトに「ピクシブ（pixiv）」がある。ピクシブは，2007年にイラスト・コミュニケーション・サービスとして開設された。ユーザーが自分のイラストを公開し，他の視聴ユーザーが評価を付けてくれる。ブックマークを付けたり，コメントをくれる。お気に入りユーザーをフォローすれば，「マイピク」として友だちになれる。コミケットで人気のあった作家は，そのまま，ピクシブに参入することが多く，オンラインでもユーザーの支持を集める。ピクシブから参入した作家が同人誌活動に入り，コミケットに参加するケースもある。リアルなコミケットとオンラインのピクシブは，今や相互に交流するコミュニティとなり，クリエイター同士が交流から作品のコラボレーションに発展する例も活発化している。このピクシブを舞台に，ユーザーが「初音ミク」キャラクターのイラストを二次創作した作品投稿が活発となり，2008年から2009年にかけて，ミク作品が急増していたことも指摘しておきたい[4]。

　このように，コミケットが40年以上にわたって開催され，広くユーザーから支持される事実から，私たちは二次創作の他に例を見ない壮大な実験（experiment）が，参加するユーザーにさまざまな経験（experience）をもたらし，これを深めていくことが許容される「民主的社会」の姿を想起させる。後述するが，アメリカの法学者ローレンス・レッシグ（Lawrence Lessig）は，非合法なコミケットが日本の社会に深く浸透している事実に驚いているが[5]，コミケットという場から，ユーザーは二次創作の経験を他の人々と共有し，その行動から世界と関わっていくプロセスを見てとれないだろうか。「民主主義」といえば，今日では議会制民主制という政治制度を連想させるが，その制度の根本に存在する個人の自由な自治とその原始的な民主主義の感覚を指摘しておき

たい。アメリカの哲学者ジョン・デューイ（John Dewey）は，人間が個人を獲得するうえで必要な経験は生涯の学習であり，それは民主主義のなかで他者との関わりを通じて蓄積されていくという重要性を説いた（Dewey 1927）。その姿はコミケットのなかにも見出せるのではないか。この場合の民主主義の経験とは，プラグマティズムから引用すれば，いまの民主主義から失われつつある平等の感覚であり，形式化・制度化されることで見えにくくなっている原点である（James 1907）。マンガやアニメ，映画など，若者が愛するイベントの多くは，いまでは特定の大手出版社やメーカー企業が主催し，同時に厳格な著作権管理制度のもとで運営されている。筆者は，そのすべてを支持するわけではないものの，クリエイターが自らの創作を平等に発表する場，その経験を共有する場として，コミケットが現代の社会に発信するメッセージは決して小さくないと考える[6]。

2-2. シミュラークルと複製技術

2-2-1. 二次創作とシミュラークル

これまで，日本のオタク系文化を背景に，二次創作が民主化の中で発展する源流として，コミケットの成り立ちについて見てきた。ユーザー参加の思想とプラットフォームの仕組みは，その後の動画共有サイトを初めとするオープン・メディアとそのコミュニティの成り立ちにも大きく影響したと考えられる。それでは，この「二次創作」は歴史的にどのように位置づけられるのだろうか[7]。二次創作は，オタク系文化の中核を占め，その市場は拡大傾向にある。この二次創作の市場をポストモダンの特徴として位置づける先の東（2001）は，フランスの社会学者，ジャン・ボードリヤール（Jean Baudrillard）が予見する文化産業の未来を引用する。ボードリヤールは，未来のポストモダン社会には作品のオリジナルとコピーの区別が希薄化し，その中間形態に相当する「シミュラークル」（simulacre：オリジナルを前提としない模倣）が溢れると予測した。原作とパロディを等しい価値で消費するオタクたちの価値判断は，まさにシミュラークルのレベルで働いていると主張した。そのうえで，ポストモダンの社会ではオリジナルとコピーの区別が消滅し，オリジナルを生み出す作家

が，二次創作ではユーザーが主体的な役割を果たすだろうと予想する。

　ボードリヤールは，近代の産業社会のなかで，その根本的な原則である生産中心主義を批判し，いまや社会のシステムにおいて生産の終焉が訪れ，生産と労働の原則がその中心的な基軸になりえないことを強調した（ボードリヤール，訳書，1982 年）。その前提として，マルクスの生産主義が，生産された実在に使用価値や平等価値などモノの価値を照らし合わせる基準があると主張するのに対して，ボードリヤールはこれを照合系と名付けて整理する一方で，近代の経済システムの発達に伴い，実在するものの価値ではなく，効用（数値）によってモノの価値が計られる傾向が強くなると予言した。それが，オリジナルの完全なコピー，すなわち，「シミュレーション」が支配する社会である。今やすべてのものがシミュレーション化され，モデルのない実在，つまり「シミュラークル」で構成されていると説く。ボードリヤールによれば，「ここでは 2 個あるいは n 個のモノが大量生産される関係が問題となる。これらのモノ同士の関係は，もはやオリジナルとその模造品でもなければ，アナロジーや反映の関係でもなく，等価性，つまり差異の消滅，を意味している。大量生産されるモノは，互いに相手を規定しようのない無限のシミュラークルとなる。モノだけではない。それらを生産する人間もまた，そうしたシミュラークルとなる。オリジナルという準拠枠の消滅だけが，等価性の普遍的法則（生産の可能性そのもの）を可能にするのである」（同訳書，p.132，1982 年）。

　例を挙げると，メイドカフェで人気のメイド（コスプレした女性店員）は，だれか手本とする家政婦のコピーではなく，オリジナルの模倣とはいえない。カフェで顧客を出迎えるメイドにモデルは存在しない。しかし，ユーザーは誰もが彼女たちを「メイド」として認識する。また，東京ディズニーリゾートのテーマパークは「夢と魔法の王国」であるが，これにも実在するモデルはどこにも存在しないが，利用するユーザーは皆，本物を見たことはないのに，これを夢と魔法の王国であるとみなしている。このようなオリジナルが存在しない模倣がシミュラークルであり，シミュレーション化されたリアルな現実世界なのである。こうした世界をボードリヤールは，「ハイパー・リアリティ」の到来と位置づけ，今やわれわれはモノを使うよりも，モノを読み取り，選ぶ人と

して，読解の細胞として生きていると主張する。複製的なメディアの連続的な移行により現実は崩壊していき，代わって現実のための現実，つまり，ハイパー・リアリティが世界を支配する。

2-2-2. 複製技術と展示的価値

　一方，ボードリヤールより以前の1930年代に，複製技術の発達，具体的には写真や映画の登場によって，芸術作品のオリジナルとコピーの差異が消滅したと指摘したのは，思想家のワルター・ベンジャミン（Walter Benjamin）であった。その著作『複製技術時代の芸術作品』において，ベンジャミンは最高の完成度を持つ複製でも，ひとつだけ抜け落ちているものがあり，芸術作品にはそれが存在する場所に，1回限り存在することであり，オリジナルが今ここにあるという事実が真正性（礼拝的価値）を形成するという。しかし，技術による複製では手製による複製よりも自立性（展示的価値）を有している。写真の撮影技術はオリジナルの肉眼では捉えられない映像を作ることができる。また，技術による複製には，オリジナルの模造を想像もつかない場所，たとえば写真や磁気ディスクの形でオリジナルを受け手に届ける。この1回限りで時間と空間が同一の時点で表現される現象をベンジャミンは「アウラ（オーラ）」と呼び，このアウラの消滅に危機感を持っていた。そして，芸術作品が持つ，2つの価値，礼拝的価値と展示的価値のうち，複製技術の登場以前には礼拝的な作品価値が重要視されたが，今日の複製技術時代では展示的価値の重みがいっそう増していく（ベンジャミン，訳書，2000年）。

　ベンジャミンが予見した芸術作品の複製技術の登場で展示的価値が増大すること，そして，シミュラークルの「オリジナルなき模倣」で未来を予見したボードリヤールは，作品の作り手と受け手（ユーザー）の境界が希薄になることを見通していた[8]。本書で研究対象とするボカロ・コンテンツに当てはめれば，音楽制作ソフトウェア（DTM）やボーカロイド・ソフトウェアなどのデジタル制作技術とインターネットの発展によって，作品を受容するだけであったユーザーが，主体的，能動的に楽曲を制作して公開，また，これを観た別のユーザーがインスパイアされて，踊ってみたり，歌ってみたりするようになる。オリジナルと二次創作が互いに共創しながら価値を高め合う。オリジナル

24　第1章　「初音ミク」概論

から派生した二次創作物，三次創作物が次第に独自の価値をもつようになり，自立して展示的価値を高めていく。「初音ミク」現象は，こうした創作の連鎖とN次創作から生まれた世界であり，まさにシミュラークルが支配する大きなハイパー・リアリティを体現している。

3 ●●● オープン・メディア

3-1. ニコニコ動画

3-1-1. ニコニコ動画の概要[9]

　ニコニコ動画は，株式会社ドワンゴ（現カドカワ株式会社グループ）が管理・運営する動画共有サイトである。動画コンテンツを中心にユーザーが投稿するコミュニティサイトである（戀塚 2012）。2006 年，ユーザー生成コンテンツを中心に出発したのち，商用の公式配信コンテンツも含むようになり，コンテンツのフォーマットも，動画のほかに生放送（ニコニコ生放送）やイラスト，漫画，外部コンテンツにコメントを付けるニコニコ実況やニコニコ DVD なども提供する総合的なオープン・メディアに成長しつつある。主力事業の「niconico」は，ニコニコ動画，ニコニコ生放送，ニコニコチャンネルなどのさまざまなサービスを提供する。売上高は，動画や生放送を快適に視聴できるプレミアム会員収入，Web サイト上のバナーや動画などの広告収入，有料動画などの視聴に利用するポイント収入などからなる。2016 年 9 月期末時点における ID 発行数は 6,006 万人（男女比：男性 66 ％，女性 34%），プレミアム会員数は 256 万人，第 2 四半期（7 ～ 9 月）における利用状況は MAU（月間アクティブユーザー）は 954 万人，DAU（1 日当たりアクティブユーザー）は 346 万人となっている。また，企業・団体・ユーザーが動画や生放送を配信できるプラットフォームの「ニコニコチャンネル」は全チャンネル数が 7,458，月額有料チャンネル数 1,056，月額有料会員数 56 万人と順調に拡大している（同社決算報告 2016 年 9 月期）。

　さて，ニコニコ動画で公開されるコンテンツの中でも，「初音ミク」を代表とするボカロ動画の創作連鎖は同サイトの代名詞と呼べるほど大きなムーブメ

ントとなった。「初音ミク」現象を生み出すユーザー・コミュニティの原動力といえる。ではニコニコ動画が，競合する他の動画共有サイトと比べても，なぜ「消費の場」に加えて「創作の場」となってきたのか。戀塚（2012）によれば，開発・運営側からみてシステムの多彩な機能を挙げる。動画を視聴しながら入力したコメント（テキスト）が再生中の画面に時間対応する形で投稿・表示される。動画に対する他のユーザーの感想を見ながら視聴するというコミュニティ内のユーザー参加が再現される。次に，「タグ」と呼ばれる少数（最大10個）の短文を自由に動画に登録できる機能（フォークソノミー：folksonomy）がある。フォークソノミーは，すでに確立されているラベリング階層である「分類法（taxonomy）」と対比される用語であり，タグ付けされたネット情報の分類法である（Solomon 2013）。ニコニコ動画の投稿者には5個まで特定のタグを固定する権限があり，このタグを手掛かりに他の関連動画を検索できるメリットが生まれる。すばらしい着眼点を提示したタグはコメントでも話題となり，これに賛同したユーザーが別の動画にもタグを付け，相互に関連づけられながら作品ネットワークとコミュニティが形成されていくのである。また，何が人気なのかを可視化するためのランキングも用意され，1時間程度の更新サイクルでリアルタイムの人気作をユーザー自身で調べることもできる。そして，投稿できるコンテンツは「動画」であり，映像と音声から組み合わせる方法は，創作の機会を大きく拡大した。

　このように，ニコニコ動画は他に例を見ない「ユーザー参加型プラットフォーム」として成長を遂げている。

3-1-2. 創作連鎖の場

　ユーザー参加型プラットフォームの環境が整った2007年8月に，クリプトン社からヤマハ株式会社の「VOCALOID2」エンジンを搭載した歌声合成ソフトウェア「初音ミク」が発売された。発売と同時に，ニコニコ動画で，このソフトウェアを使用してユーザーが創作した楽曲と映像を組み合わせた動画が投稿され始めた。音声とキャラクタ絵は，次々と新しい歌唱技術や表現手法を生み出し，ユーザーの爆発的な創作投稿の場となった。それまで既存の著作権キャラクターを無断で利用する「MAD」と呼ばれる編集動画が多い中にあっ

26　第1章　「初音ミク」概論

て，「初音ミク」はユーザーのオリジナル創作と投稿を初めて可能にする苗床を提供したのである[(10)]。「初音ミク」動画の投稿が活況になるに従い，作品の新しい指標として，動画を観た後に，お気に入りを登録できる「マイリスト」とこれに基づく「マイリストランキング」も追加された。動画視聴後のポジティブな評価だけを集計するため，より信頼性の高い指標としてユーザーに支持されている。そして，前述のタグシステムでも，人気楽曲が携帯電話の「着うた」配信になったり，カラオケ会社の「カラオケ配信」といった人気指標となるタグも増えていった。

　一方で，「初音ミク」動画の投稿には，オリジナルを元にした「〇してみた」の二次創作や三次創作，いわゆる「N次創作」も多くみられる。ニコニコ動画を舞台にした創作の活発な連鎖は，他人の作品を借用したN次創作だからこそ爆発したともいえる（戀塚 2012）。そして，ここに著作権を巡るトラブルも多発する。他人作品を借用する利用許諾が曖昧だったため，運営側では，最初から動画作成に使用することを前提にした「ニコニ・コモンズ」を導入し，これに「コンテンツツリー」システムを追加して，二次創作作品が参照した元作品を接続して表示できるようにした。コンテンツツリー登録を促進しながら，人気作品の投稿者を奨励するための「クリエイター奨励プログラム」という再生数に応じた報奨金を提供する制度も開始した。さらに，ユーザー生成コンテンツの増加とともに著作権侵害の問題がいっそう広がるにおよび，運営側は創作支援と外部商業著作物の削減に抜本的な改善策に乗り出す。2008年に在京テレビ6局へテレビ放送動画の自主削除を申し入れ，音楽についてもJAS-RAC（一般社団法人日本音楽著作権協会）ほか音楽著作権管理団体と包括契約を結び，ユーザーが利用できる環境を整え，管理団体の楽曲を演奏したり，歌ったりする作品も投稿できるようにした。その後，2011年にはエイベックス・マーケティング株式会社，株式会社ランティス，株式会社ワーナーミュージック・ジャパン，株式会社ドワンゴ・ミュージックエンタテイメントなどが管理する楽曲の原盤利用について許諾を受ける契約も結び，許諾楽曲はオリジナル音源を動画にそのまま利用できるようにもなった。

　2011年にはボーカロイド音楽ポータル「ボカニコ」を開設し，ボカロPの

インタビューやニコニコ動画におけるボーカロイドの歴史などを紹介する。最後に，「初音ミク」とニコニコ動画の未来について，当時ドワンゴCEOである川上量生氏は次のように語る[11]。

「UGCってユーザーのエネルギーがすごいので，僕らが完全にコントロールできないじゃないですか。だから『ちょっと右に逸れるように小さな石を置く』とか，そんなことしかできないわけですよ。右に逸れてくれるはずが，まったく逆方向にいったりもする。それは本当にわからないので，明確な方向性は持てないですね」。

3-2. ピアプロ（piapro）

クリプトン社が運営するピアプロ（piapro）は，ユーザー作品の純粋な創作投稿サイトである。2007年12月に開始され，「初音ミク」を初めとするクリプトン社の公式キャラクター（ピアプロキャラクターズ）等を使用した作品の他，独自に解釈された作品をユーザーが自由に投稿・公開できる場になっている。作品の種類は，音楽（作曲），テキスト（作詞），イラスト，3DM（3次元イラスト）と創作の基本種類の4つに定められており，動画作品の投稿は認めていない。

このユーザー参加型プラットフォームの特徴は，会員間で協働で創作するコラボ機能や企業と連携する公式のコラボ機能である。協働のコラボでは，他のユーザーと協働で作品を制作したい場合，自分が作曲するのであれば，作詞する人，編曲する人，イラストを描く人などを自由に募集できる。公式コラボは，「ピアプロコラボ」のサイトで，随時，企業や自治体とのコラボレーション企画が紹介され，製品・サービスやイベントに必要なコンテンツ（イラスト，動画，詞，曲など）が募集される。そして，ニコニコ動画と同様に，同サイトでも創作のオリジナル，二次，また元の参照先を親作品として明示するために，創作ツリーの登録を義務づけると同時に，他のプラットフォームである，ニコニコ動画やYouTubeとの関連動画のリンク機能も付けている。また，ピアプロを利用するユーザーにとって大きな価値となっているのは，公開される音源のほとんどが自由にダウンロードできる点にある。動画付きのニコ

28　第1章　「初音ミク」概論

ニコ動画と比べて音質の高い音源がアップされているため，これを使用して「歌ってみた」「踊ってみた」などの二次創作利用が可能になっており，同サイトの大きな魅力になっている。このような作品の二次利用を促進しているのが，同サイトの利用規約である。伊藤（2012）の引用で紹介すると，まず，クリプトン社が所有する著作物である「初音ミク」等のキャラクタ絵をピアプロの全ユーザーが利用できるように，自社サイトであるピアプロに対して利用許諾する。ユーザーは，ピアプロ利用規約に同意して登録する。その規約には，①投稿する作品を他のピアプロユーザーが利用することに同意する，②作品を利用した場合，作者に「使いました」と報告する。③作品投稿の際には，ライセンス条件（氏名表示の有無，改変の可否，その他特記事項）を指定する。そして，このルールを定めているのが，クリエイティブ・コモンズ・ライセンス（CCL）を参考にして作られた「ピアプロ・キャラクター・ライセンス（PCL）」である[12]。利用規約の作成に携わったクリプトン社の当時，法務担当の菱山豊史氏は次のように述べる。

「PCL制定時の前提は，日本の二次創作文化とネット文化に貢献すべきものであるという点。個々の作品を主対象にするCCLと異なり，キャラクターを媒介にした二次創作を扱う難しさがありました。結果，これはOK，これはNGといった詳細な規約を羅列するよりも，ある程度抽象的でも後の改正の必然性が少ない形を選びました。そのほうがキャラクターから広がるイラストだけでなく，フィギュア，3Dモデルなど広がり続ける二次創作に適応しやすいとの判断からです」[13]。

　最後に，クリプトン社では，自社のピアプロを含むユーザー参加型プラットフォームから生まれた人気楽曲を販売するボーカロイド専門の音楽レーベル「KARENT（カレント）」を2008年に開設した。iTunes Storeを通じた配信も行う。レーベルでは，厳選したクリエイターと契約を結び，音源販売を委託販売して利益を分配する仕組みはレコードレーベルと同じであるが，リリース内容やその時期，間隔などをクリエイター自身が決められる。同社公式キャラクター以外のバーチャルシンガーの楽曲も取扱い，品揃えの拡充を図り，8,000曲以上をラインナップする（2017年1月時点）。合わせて，YouTubeにも開設

している KarenTCrypton 公式チャンネルでは，5,500 曲以上のラインナップを揃えている（2017 年 1 月時点）。

3-3. YouTube（ユーチューブ）

　YouTube は，Google 社が運営する世界最大の動画共有サイトである。YouTube プレスルームの統計情報によれば，YouTube は 2005 年のサービス開始以来，全世界で 15 億人以上のユーザーに利用されており，1 日あたりの動画視聴時間は数億時間，視聴回数は数十億回にも達する。その仕組みは，ユーザーが用意した動画ファイルを投稿（アップロード）すると，Web ブラウザなどで再生できる形式に変換され，他のユーザーが閲覧・視聴できるように Web サイト上で公開される。Google アカウントを登録していれば，だれでも簡単に動画を投稿できる。投稿した動画は「一般公開」することもできるが，特定ユーザー向けに「限定公開」，また自分だけ視聴する「非公開」を選択できる。公開した動画は，他の Web サイトのページに埋め込み再生でき，動画の視聴は Web ブラウザや専用のスマートフォンアプリなどがあれば誰でも可能となっている。動画画面には視聴回数が表示されるほか，視聴したユーザーが動画に対してコメントを書き込んだり，「Like」「Dislike」という評価を付けたりすることができる。現在では，マイチャンネルとして，動画コンテンツを複数並べて表示できるホームページのポータルサイトに似た機能まで備えるようになり，チャンネル登録者がお勧めする動画の貼り付けや，登録者とのメール交換機能も備わり，いわば「動画中心のホームページ」の形式になっている。

　YouTube がニコニコ動画と異なる点として，動画コンテンツに対して視聴ユーザーが任意で付けられるタグシステムはなく，代わりに，登録者が公開時にキーワードを入れる機能がある。再生された動画画面の右側には，動画に登録されたキーワードから機械学習的に検索，生成された関連動画の一覧が現れ，ユーザーが関心のあるテーマの動画が推奨される。動画の投稿・閲覧ともに原則として無料で利用でき，登録利用者のみが利用できる機能もある。また，YouTube の最大の特長は，動画再生時に広告動画が，再生途中に関連広

告が挿入されるマッチング・システムであり，オープン・メディアの中でも従来型マス・メディアと似て，広告スポンサーによる広告費で収益が成り立つ仕組みを備えている。パートナーとして登録した投稿者が，自分の投稿動画の人気によって得られた広告収入の一部を同社から受け取ることができ，収益目的から YouTube に人気動画を制作して投稿するユーザー（"YouTuber" とも呼ばれる）が現れている。YouTube に投稿できるのは自身が著作権を保有しているか権利者が公開を許諾している動画データのみであり，権利者に無断で投稿・公開することは各国の著作権法に抵触する。公開直後に「著作権保護されたコンテンツが含まれています」と通知された場合にはその指示に従って対応しなければならない。権利者の申し立てがあると削除されるが，その監視や申し立てが追いつかないほど違法な動画公開は後を絶たない。しかし，2006 年から利用規約を整備し，そのなかに著作権に関する方針として，「YouTube の著作権に関するポリシーに従い，特定のユーザーが反復して著作権を侵害する行為を行っていると判断する場合には，そのユーザーによる本ウェブサイトへのアクセスを停止します。侵害行為を二回を超えて通告されたユーザーは，反復して侵害行為を行っているものとみなします」と定めている（同社利用規約より）。

　そして，YouTube においても，ユーザー生成コンテンツの投稿は活発である。音楽や映画，アニメ作品などのパロディ，外伝，「○してみた」などの二次創作の動画が公開され，これを見て触発された別のユーザーがさらに新しいバージョンを作るという N 次創作の連鎖が起こっている。N 次創作の動画視聴画面には関連生成されたオリジナルの動画も現れて注目され，このオリジナルが再評価されて人気を集める。という相乗効果がオリジナル創作と N 次創作の間で共創が起きる。先に述べた著作権管理対応と表裏の関係で N 次創作が増殖を続けているのである。

　YouTube とニコニコ動画のコミュニティとしての比較については，第 7 章でクリエイティブ・ユーザー質問紙調査の結果からも考察するが，ここではシステムの相違から述べておきたい。ニコニコ動画が，タグシステムと画面上の疑似同期型コメントにより，ユーザーが積極的に他者のコンテンツに関与して

コミュニケーションを図る仕組みなのに対して，YouTube ではコンテンツのレコメンデーションが，あくまで運営側のアルゴリズムに基づく機械的な情報処理に基づいて提供されており，ユーザーは個々のコンテンツに「いいね」やコメントを残すものの，ユーザー間のやり取りは別の Facebook や Twitter のような SNS を通じて積極的にコミュニケーションを図ると考えられる。つまり，ニコニコ動画はコンテンツの提供とコミュニケーションが同時に実現される場であるのに対して，YouTube はコンテンツを視聴する場として，それぞれユーザーから支持されている。また，第 6 章で紹介するが，ニコニコ動画が企業の公式チャンネルの開設を制限しているのに対して，YouTube では企業のチャンネル開設が自由であり，ユーザー生成コンテンツと企業主導型コンテンツが競争・共存する。2017 年 4 月からは，米国の主要都市で地上波などのテレビ放送番組を YouTube ユーザーにビデオ・オン・デマンド（VOD）で有料配信するサービスも開始した（日本経済新聞 2017 年 7 月 9 日付）。「動画の巨人」はマス・メディアのオープン化に向かって突き進んでいる。

4 ●●● クリエイティブと著作権

4-1. インターネットとデジタル環境におけるコンテンツ利用

　ユーザーがコンテンツの受容側で消費する立場から，二次創作の形で「創作行為」に参加しようとすると，そこには著作権に関する制度が必ず関わってくる。コンテンツ産業について語る上で著作権の問題は避けて通れない。著作権は，オリジナルのコンテンツを制作，所有する人の立場と権利を保護する法制度であり，日本では著作権法で運用されている。著作権とは，人が創作した作品が生まれた瞬間から登録しなくても自動的に発生する権利であり，絵画や音楽，小説，漫画，写真，映画，建築などが著作物となり，法律で保護される。一方でオリジナリティのないデータやありふれたアイデア，モノなどには著作権が発生しない。そして，日本の著作権制度では原則的に他者の著作物を使用するには著作権者から許諾を得なければならない。音楽や映画，漫画，ゲームなどの商業作品を所有する権利者にとって，利用の許諾と使用料はセットと

図 1-7　著作権法の体系（知的財産権）

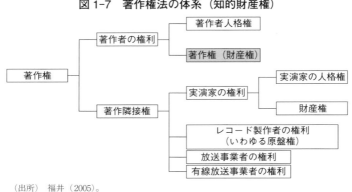

(出所)　福井 (2005)。

なっており，ライセンス・ビジネスの有力な機会となってきた。著作権者は，自分の創作物の特徴に応じて，日本音楽著作権協会（以下，JASRAC）や日本脚本家連盟，アルマなど権利を信託する団体に登録して運用を委託している。このうち JASRAC は，作詞・作曲家が有する楽曲著作権の使用料徴収を代行する一般社団法人であり，日本における音楽イベントや店舗，テレビ局など楽曲使用に関する幅広い徴収で国内シェアの 90 % 以上を占める（日本経済新聞 2017 年 5 月 17 日付）。

　この著作権が著作物をコントロールできるのは多様な利用である。図 1-7 の体系の中で，（狭義の）著作権（財産権）として，①複製権（印刷，撮影，録音など），②上演権・演奏権（公衆に上演，演奏する），③上映権（公衆に上映する），④公衆送信権（放送やインターネットへのアップロードを通じて公衆に伝達する），⑤口述権（朗読やスピーチなど口頭で公衆に伝える），⑥展示権（美術や未発行の写真の原作品を公衆に展示する），⑦頒布権（映画著作物の複製物：コピーを公衆に譲渡，貸与する），⑧譲渡権（映画以外の著作物の原作品や複製物を譲渡して公衆に提供する），⑨貸与権（映画以外の著作物の複製物を貸与して公衆に提供する），⑩翻訳権・翻案権等（翻訳，編曲，変形，翻案する），⑪二次的著作物の利用権（二次創作の著作権者とその原著作権者すべてが有する権利），などである。

　本書で特に問題となるのは，翻案権と二次的著作物の利用権にあたるが，詳

しくは後述する。近年では，インターネットや動画共有サイトの普及で，社会に出るコンテンツは膨大となり，そのスピードも速い。個人が録画したテレビ番組を放送局などに許諾なく YouTube などに公開する違法なアップロードが後を絶たず，著作権法でも違法アップロードを禁じているが，その公開と排除はイタチごっこである。そこで，テレビ局や商業コンテンツを保有する企業がコンテンツの二次利用を減らす，あるいは促進する行動も見られる。たとえば，TBS テレビなど在京民放 5 局は，2015 年秋から動画配信サービス「TVer」（ティーバー）を開始し，ドラマやアニメなど放送直後の番組を約 1 週間，無料視聴できるサービスを始めた。本放送から公式のネット配信までの時間がかかるほど，違法動画を視聴するユーザーが増え，それにより作品の経済的な損失が大きくなるための自衛策といえる（日本経済新聞 2016 年 2 月 29 日付より）。また，玩具・ゲームの大手メーカー，バンダイナムコエンターテイメントは，2015 年春から自社ゲームのコンテンツを広く一般に開放する「カタログ IP オープン化プロジェクト」を始めた。「パックマン」「ゼビウス」など人気タイトルが持つ作品コンテンツ（キャラクター，音楽，設定）をスマートフォンや電子書籍などの二次創作に使用できるようにした（日本経済新聞 2016 年 4 月 4 日付より）。もちろん無償公開ではなく，利用したい企業や個人からの申請を求め，その利用を個々に許諾する。公序良俗に反する内容でなければ原則，利用を認める。利用規約で二次創作物の権利はすべてバンダイナムコに帰属させ，二次創作が有料コンテンツなら売上高の 12 ％，無料であれば広告を付けて，広告収入の 50 ％を対価として受け取る仕組みである。

　こうした取り組みは，インターネットとデジタル環境の普及で，二次創作や違法公開が増えたことによる，ある意味で限定的，保守的な取り組みであり，日本のコンテンツの競争力を根本的に強化，後押しする制度の整備には遠い。この点で，「初音ミク」とその N 次創作の連鎖が切り開いた知的財産権とコンテンツ管理の在り方は，今後のデジタルコンテンツ産業を展望するうえで大変興味深い。

34   第1章 「初音ミク」概論

4-2. コンテンツ創造促進法

　ここで，本書で扱う「コンテンツ（content）」の意味について簡単に整理しておきたい[14]。日本のコンテンツ調査において，電通総研から1994年から毎年発行される『情報メディア白書』は最も歴史が古く，さらに2001年からはデジタルコンテンツ分野に絞った『デジタルコンテンツ白書』（デジタルコンテンツ協会）が発行されている。それによれば，主なコンテンツは書籍，音楽，映像，ゲームに分類されている。その後，政府の知的財産戦略本部が知的財産基本法に基づいて作成した「知的財産の創造，保護及び活用に関する推進計画」の中で，コンテンツ産業が国の政策支援として位置づけられた。そして，2004年に公布された「コンテンツの創造，保護，及び活用の促進に関する法律（コンテンツ創造促進法）」により，「この法律において「コンテンツ」とは映像，音楽，演劇，文芸，写真，漫画，アニメーション，コンピュータゲームその他の文字，図形，色彩，音声，動作若しくは映像若しくはこれらを組み合わせたもの又はこれらに係る情報を電子計算機を介して提供するためのプログラムであって，人間の創造的活動により生み出されるもののうち，教養又は娯楽の範囲に属するものをいう（同法第2条1項）」と定義された。この包括的な定義から，コンテンツは教養や娯楽，すなわちエンターテイメントに属する分野であることが明記され，同法第2条2項ではコンテンツの制作行為を，次のように定めている。(1)コンテンツの制作，(2)コンテンツの複製，上映，公演，公衆送信その他の利用（コンテンツの複製物の譲渡，貸与及び展示を含む），(3)コンテンツに係る知的財産権の管理，の3つである。そして，これらのコンテンツ振興の目的について，同法第3条で，多様な文化創造と経済活力の発展という文化と経済の両面においている。コンテンツ促進法においても，コンテンツの複製を創作行為に含めている点は注目される。

4-3. クリエイティブ・コモンズ

　さて，デジタル時代の知的財産権を広く「公共財（public goods）」の意味としての「コモンズ（commons）」として捉えようとする考え方と，その具体的な活動が登場している。公共財とは，道路や水道のように利用者が自由に使え

る資源を指し，文化的な創造物も皆が自由に消費したり利用したりできるべきであるという考え方である。コモンズも人々が自由に共有できる資源を意味する。コンテンツと知的財産権は，その行き過ぎた権利保護が返って文化の創造を阻害し，クリエイターの創作意欲を損なうとする危惧から，デジタル時代の新しい著作権の運用ルールとして国際的な普及を目指す団体や考え方である「クリエイティブ・コモンズ・ライセンス（CCL，CCライセンス）」が生まれた。CCライセンスでは，著作権管理の運用を弾力化し，他者が作品を二次利用する条件として，オリジナルの権利者に「表示」「改変禁止」「非営利」「継承」の4つの組み合わせ，計6つのライセンスを用意する。権利者は，その中から作品の性質に合わせて，どの範囲まで権利を保持し，どこまで権利を開放するかを自由に決めることができる。このルール制定を主導的に進めてきたのは，アメリカのサイバー法に詳しい法学者，ローレンス・レッシグ（Lawrence Lessig）である。レッシグは，知的財産の所有者の権利を侵害する海賊行為を強く否定しながら，一方で創作活動の源泉となる世の中のあらゆる情報を自由に使える環境の必要性を説く。規制と知的財産権をともに放棄するのではなく，これらが新しい創造性と成長を過去の産業に脅かされずに保証できるような両立を目指すことが何より重要である（Lessig 2001）。その考え方は，図1-8のように，権利の規制は法律のみならず，市場や規範，そして，アーキテクチャから構成されると主張し，著作権がこれら4つの規制が相互作用して保護や規制の在り方が決まるとする（Lessig 2004）。

　図1-8の中心にいるのは，個人や集団，そして権利保持者などの規制対象者を表す。まず，「法律」は目に見える最もわかりやすい制約であり，AKB48のプロモーションビデオを許諾なくYouTubeで公開すれば，罰金の対象になる。「規範」は，コミュニティや社会が暗黙的なルールを作り，違反者の行動を律する条件である。行列に割り込む客をけん制したり，ゴミを道路に捨てる住民に注意したりする行為である。「市場」は，「法律」と「規範」で制限できない個人や集団の行為に制約を与える。そして，4番目の「アーキテクチャ」は，コンテンツが運用される技術的な環境を指す。本書に当てはめれば，ユーザー参加型プラットフォームになる。ニコニコ動画やYouTubeにはユーザー

36　第1章　「初音ミク」概論

図1-8　権利と規制の相互作用

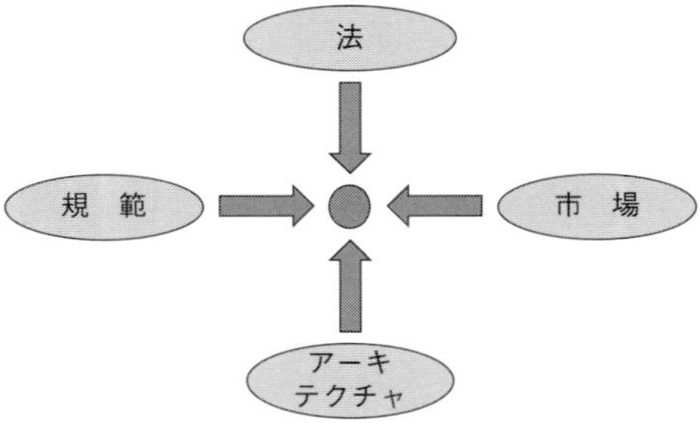

（出所）　Lessig（2004）。

から著作権を侵害する多数のコピーや二次創作が投稿された。JASRACを初めとする著作権の権利信託団体は法律を根拠に，これらプラットフォーム運営側と激しく対立したが，ユーザー側の圧倒的な支持に押される形で，両者間で運用のルールが話し合われ，新たな規範が形成されつつある。Apple社の音楽配信サービス「itunes」も同様である。そして，これら4つの要因は，相互に作用しながら個人や集団の権利に影響を与える。特に，インターネットとデジタル社会の発達では，そのアーキテクチャの普及が，それまでの市場や規範，そして法律を変えていくといえるだろう。

　さて，クリエイティブ・コモンズ・ジャパン[15]によれば，CCライセンスとはインターネット時代のための新しい著作権ルールで，作品を公開する作者が「この条件を守れば私の作品を自由に使って構いません」という意思決定のためのルールを指す。CCライセンスを利用することで，作者は著作権を保持したまま作品を自由に流通させることができ，受け手はライセンス条件の範囲内で再配布やリミックスなどをすることできる。作者が作品利用者（再配布やリミックス作品の上映，実演など）に対して付与できる条件が次の4つである。

①　表示：元作品のクレジットを表示する。

②　改変禁止：元の作品を改変しない。

③　非営利：営利目的での利用をしない。

④　継承：元の作品と同じ組み合わせのCCライセンスで公開する。

4　クリエイティブと著作権　37

図1-9　CCライセンス一覧

表示

原作者のクレジット（氏名，作品タイトルなど）を表示することを主な条件とし，改変はもちろん，営利目的での二次利用も許可される最も自由度の高いCCライセンス。

表示―継承

原作者のクレジット（氏名，作品タイトルなど）を表示し，改変した場合には元の作品と同じCCライセンス（このライセンス）で公開することを主な条件に，営利目的での二次利用も許可されるCCライセンス。

表示―改変禁止

原作者のクレジット（氏名，作品タイトルなど）を表示し，かつ元の作品を改変しないことを主な条件に，営利目的での利用（転載，コピー，共有）が行えるCCライセンス。

表示―非営利

原作者のクレジット（氏名，作品タイトルなど）を表示し，かつ非営利目的であることを主な条件に，改変したり再配布したりすることができるCCライセンス。

表示―非営利―継承

原作者のクレジット（氏名，作品タイトルなど）を表示し，かつ非営利目的に限り，また改変を行った際には元の作品と同じ組み合わせのCCライセンスで公開することを主な条件に，改変したり再配布したりすることができるCCライセンス。

表示―非営利―改変禁止

原作者のクレジット（氏名，作品タイトルなど）を表示し，かつ非営利目的であり，そして元の作品を改変しないことを主な条件に，作品を自由に再配布できるCCライセンス。

（出所）　クリエイティブ・コモンズ表示4.0ライセンス。

　これら4つの条件を組み合わせてできる全6種類のCCライセンスにより，権利者は，自分の作品をどのように流通させたいかを決め，必要に応じて適切な組み合わせのライセンスを選ぶ（図1-9）。

　さて，レッシグは，来日の際に先に紹介したコミケットを訪れており，著作権法で侵害にあたる同人誌というオリジナルの「派生作品」の見本市がなぜ大盛況で続いているのか，不思議に感じている。明らかに商業マンガ市場と競合しているにもかかわらず，その市場から同人誌市場を潰そうとする強い力は見られず，あっても長続きしていない。同人誌市場は，競争や法律があっても現実に存在し続け，ユーザーから高い支持を得ている。この自由放任の状態を生み出すメカニズムが何かはっきりしない（Lessig 2004）。同人誌市場という「非合法」なイベントが著作権法を基に商業マンガ市場から排除されず，むしろ共存している姿の中に，レッシグは創作活動の自由な土壌とCCライセンスの意義を見出しているのかもしれない。

38　第1章　「初音ミク」概論

4-4. 著作権法と二次的著作物のN次連鎖

　次に，著作権法に定める「翻案権」「二次的著作物の利用権」と，ボカロ楽曲の二次創作の関係について考察していきたい。著作権法の「翻案」とは，オリジナルの著作物にある物語やデザイン，キャラクターなどの表現を使い，これに改変を加えて新しい著作物を創る行為を指す。原作となる小説やマンガを元に，新しい創作性を加えて脚本を創り，これを元に映画作品を制作する。脚本と映画はどちらも独立した著作物であり，原著作物の翻案である。このような翻案はエンターテイメントの産業では主流であり，小説の映画化やマンガのアニメ化やゲーム化，また最近では人気ゲームからアニメや映画が制作される例もある。このような翻案から新たに創造されたものが「二次的著作物」であり，元の著作物は「原著作物」にあたる。小説（原著作物）から生まれたシナリオ（二次的著作物），またシナリオ（原著作物）から生まれた映画（二次的著作物）という関係になる。

　①《原著作物と二次的著作物の連鎖》

　　原作小説　➡　シナリオ　➡　アニメ　➡　ゲーム

　シナリオ作家は，原作小説の著作権者から許諾を得て創作し，アニメ制作会社は，原作小説とシナリオの著作権者から許諾を得て制作する。そして，ゲーム制作会社は，これら三者すべてから許諾を受けなければならない。つまり，引用する立場にある者は，それまでのすべての著作権利者の上流にさかのぼって，その使用許諾を求めるルールである。

　ボーカロイド楽曲の二次創作の例についても同様である。ファンから今も人気の高い「千本桜（feat. 初音ミク）」（作者：WhiteFlame）は，多くのユーザーから「○してみた」の二次創作の投稿が後を絶たない。その例として，「千本桜を弾いてみた」（作者：まらしぃ）で，ピアノで生演奏する作品が動画共有サイトに投稿・公開されて大人気となる。この「ピアノ版千本桜」は，その後，作者オリジナルのCDとして音楽会社から発売される。また，トヨタの自動車「アクア」のCMで，音楽として使用されて放送された。

　②《ボカロ楽曲と二次的著作物のN次連鎖》

　　オリジナルの千本桜　➡　ピアノ版千本桜　➡　CDで発売

➡ トヨタの CM 音楽に起用

　この N 次連鎖では，まず，ピアノ演奏して（演奏権），動画共有サイトにアップロードする（公衆送信権）行為に対して，ピアノ演奏の作者は，オリジナル楽曲の著作権者から許諾を得る。次に，CD（コンパクトディスク）を発売する際には，音楽会社もオリジナル作者から当然，複製物の頒布権を得なければならない。そして，CM の音楽として起用したトヨタ自動車は，ピアノ作者（著作隣接権者）とオリジナル作者（著作財産権者）から，二次的創作物の利用権を得なければならない。ちなみに，「千本桜」オリジナルは，演奏権は JAS-RAC，録音権は株式会社 NexTone へそれぞれ信託されている。

　そして，この「千本桜」がニコニコ動画に投稿されたオリジナルの動画には，「初音ミク」というソフトウェアとキャラクターが使用されている。「初音ミク」には，歌声ソフトウェアとキャラクター・イラストという 2 つの著作権が存在し，どちらも発売元のクリプトン社が，その権利を保有している。つまり，千本桜の作者が楽曲と動画を制作して公開するには，クリプトン社から，ソフトウェアとは別に，キャラクターという権利の利用許諾を得る必要があり，「弾いてみた」の作者も，前二者から必要な権利の利用許諾を得なければならない。

　③《「初音ミク」とボカロ楽曲，二次的著作物の N 次連鎖》

　「初音ミク」➡ オリジナルの千本桜 ➡ ピアノで弾いてみた（以下省略）

4-5. 「初音ミク」とピアプロ・キャラクター・ライセンス（PCL）

　ボーカロイド・ソフトウェア「初音ミク」のうち，歌声ソフトウェアの部分は商品なので，購入したユーザーは利用許諾条件に同意の上で利用できる。キャラクターのイラストにも著作権がある。「初音ミク」といっても，実体は複合的な権利集合の束から構成されている（まえがき）。しかし，2007 年に「VOCALOID2 初音ミク」の発売後，ユーザーの創作意欲を喚起して，楽曲と動画の投稿が急増した。「初音ミク」をモチーフにしたイラストや 3D グラフィックソフトを使ったモデル，アニメーション動画，さらにはリアルな世界に飛び出してコスプレ衣装をまとう。ニコニコ動画では人気動画を人が振り付

図 1-10　クリプトン社公式キャラクターの二次創作物

鏡音リン

巡音ルカ

MEIKO

鏡音リン　illustration by【YenMi】© Crypton Future Media, INC. www.piapro.net　piapro
巡音ルカ　illustration by【みさき】© Crypton Future Media, INC. www.piapro.net　piapro
MEIKO　illustration by【はるき】© Crypton Future Media, INC. www.piapro.net　piapro

ける「踊ってみた」，人が歌う「歌ってみた」，さらに実際の楽器で演奏する「演奏してみた」など，「○してみた」の作品投稿も急増する。その特徴は，「初音ミク」オリジナルを二次創作するだけでなく，二次創作を元に三次創作，四次創作とつながる「創作の連鎖」が起きていたのである[16]（図 1-10）。

これをみた発売元のクリプトン社では，「初音ミク」から派生する創作連鎖をクリエイターのエネルギーとして途切れさせないために，何をするべきかが議論された（伊藤 2012）。現行の著作権法では商品のイラストがクリプトン社に帰属する著作物として自動的に規定されてしまい，ユーザーが自由に「初音ミク」を描いて作品を動画共有サイトに公開することができない。N 次創作の過程では当然，作者同士のコミュニケーション不足やマナーの欠如から参照作品の無断利用も増え，ユーザー間でトラブルも起きていた。また，クリプトン

社にも利用をめぐる問い合わせが相次いだ。そこで同社では，ユーザーが参照した元作品に対する感謝の意を表す「ありがとうを伝える場」を用意することがN次創作の問題を解消して「創作の連鎖」を持続的に発展させる最善策であると考えた（伊藤 2012）。それが，創作投稿サイト「ピアプロ」の開設と，「ピアプロ・キャラクター・ライセンス（PCL）」の制定につながるのである。

2007年12月，クリプトン社は「キャラクター利用のガイドライン」として，「初音ミク」を初めとする当社キャラクターのイラストの二次創作の許可を表明し，2009年にPCLとして規約を明文化した。このライセンス規定では，禁止要件（・非商用で対価を伴わない，・公序良俗に反しない，・第三者の権利を侵害しない）に抵触しないかぎり，「初音ミク」等を自由に二次創作できる。ピアプロの「キャラクター利用のガイドライン」によれば，クリエイターにとって，自ら汗をかいて制作した作品は，それが二次創作物であってもインターネットなどで公表したいと願うのは自然であり，当社も営利を目的としない利用については，当社のキャラクターをできる限り使ってもらいたいと考える。そこで，クリエイターと権利者双方の願いと，現行の著作権法とのギャップを埋めるために，営利を目的とせず，かつ，対価を受け取らない場合（非営利かつ無償の場合）の当社キャラクターの二次創作物の利用について，ピアプロ・キャラクター・ライセンス（PCL）という利用許諾契約を用意した。

PCLは次のように運用される[17]。クリプトン社が所有する著作物「初音ミク」等のキャラクタ絵をすべてのユーザーが利用できるべく，その利用許諾を付与されたピアプロに対して，そのユーザー利用規約（・投稿作品を他のピアプロユーザーが使用することに同意する，・他者作品を利用したら「使いました」を報告する）に同意したうえで，作品を投稿するユーザーは先のCCライセンスを参考に作成した以下のライセンス条件を指定する。

(1) 氏名表示（クレジット）の有無（有りの場合の表記名）
(2) 改変の可否
(3) その他特記事項（任意）

このルールにより，二次創作物には条件のクレジット表示を勧告して著作権法下での位置づけを明確にしながら，二次創作で可能になる範囲を拡張した。

42　第1章　「初音ミク」概論

二次創作物を有償で配布する際にも，非営利目的（原価回収程度の収益）であれば，利用者からの申請を受けて認める仕組みも盛り込まれた。「初音ミク」ソフトウェアを使用してオリジナル楽曲を制作してピアプロに投稿し（一次オリジナル），その作品が他者により改変編曲され（二次創作），さらにイラストや動画を付与されてニコニコ動画や YouTube のような動画共有サイトへ投稿され（三次創作），また別の人が「踊ってみた」で動画を制作・投稿する（四次創作）。「初音ミク」の二次創作物の自由化により，クリエイターの創作機会とN次創作の連鎖が促進する環境が整えられ，現在まで大きなルール変更もなく，ユーザー側に浸透して運用されている。

　また，ドワンゴ社が運営するニコニコ動画でも「ニコニ・コモンズ」という仕組みを作り，クリエイター同士の交流やコラボレーション，作品利用のためのクリエイター奨励プログラムを運営している。そして，2012年，「初音ミク」現象がグローバルに拡大するに至り，CC ライセンスに対応することとなる。「初音ミク」を含むクリプトンのキャラクター・シリーズは，「表示―非営利」（CC BY-NC）で運用される（図1-9参照）。

　一方で，ニコニコ動画や YouTube では，運営会社が JASRAC を初めとする著作権管理団体と楽曲使用について包括契約を締結しており，一般ユーザーは信託団体が管理する楽曲を歌ったり，演奏したりすることができるようになっている。インターネットは，個々のユーザーがコンテンツを自由に制作，改変できる創作環境を用意した半面で，企業が違法な海賊行為やダウンロードを厳罰化して著作権の権利保護を強化するような動きが見られ，創作の自由を求めるユーザー側との対立場面もある[18]。クリエイターとユーザーがインターネットで直接つながるデジタル環境では，クリエイター自身が創作した作品の使われ方や提供の仕方をある程度，自由に選べる時代に入っており，「初音ミク」や CC ライセンスはそうした視点に立って著作権法の権利の束を見直す解決策を提示したといえるだろう。つまり，権利をオープンにするか，クローズにするかの二者択一ではなく，「初音ミク」ではイラスト（キャラクタ絵）について商用以外の二次利用を開放する一方，ソフトウェアについては現行の著作権を維持していくフレキシブルなライセンス設計である。特に前者イラストの

開放がその後のコンテンツ型ユーザー・コミュニティを活発にしたのである。

注
(1) 本書では,「初音ミク」を4つの価値の複合体の意味で,カッコつきで表記する。また,ピアプロ・キャラクター・シリーズは,「初音ミク」以前にも存在する。「美術手帖」2013年6月号(美術出版社)に記載の「発展史」によれば,クリプトン社は2004年11月に,VOCALOIDを採用した初めての日本語女声ボーカル・ソフトウェア「MEIKO」,2005年2月には日本語男声ボーカル・ソフトウェア「KAITO」が,それぞれ発売されている。
(2) オープンソース・ソフトウェアは,複数のユーザーがコミュニティを通じて開発・改良に参加するユーザー主導で開発されるソフトウェアであり,古典的な事例は,1990年代初頭にフィンランドのリーナス・トーバルズが開発したオープンソースのソフトウェア,「Linux」の開発と改良である。コンピュータの基本ソフト(OS)の多くが特定企業のクローズドな開発で進むのに対して,Linuxは,無償公開されたオンライン・コミュニティの中で世界中のプログラマーが,欠陥を発見したり,機能向上を自律的に行い,製品の開発と機能向上のスピードを飛躍的に高めたとされる(Raymond 1999)。
(3) 「コミックマーケット35周年調査」(コミックマーケット準備会・東京工業大学コンテンツ研究チーム,2011年)。
(4) イラスト・コミュニケーションサービス「ピクシブ」代表(当時)片桐孝憲氏による雑誌記事「片桐孝憲が語る初音ミク」(美術手帖2013年6月号所収)より。
　　また,現在,ピクシブはコミケットに出展する同人誌サークルのために頒布物の印刷サービスや販促物の制作などを幅広く支援するサービスを提供している。
　　(インタビュー:2017年8月1日,ピクシブ株式会社代表取締役社長 伊藤浩樹氏)
(5) Lessig(2004)の「あとがき」より。
　　また,アメリカでは著作権とユーザーの利害をバランスさせるフェアユース(faire use)が議論されてきた。著作権のあるコンテンツをユーザーが何に利用するのか,著作物の性質は何か,また利用する量はどれくらいかを決めてから著作物の利用を可能にするという考え方である。市場の失敗を回避して,経済合理的にコンテンツ市場を機能させようとする取り組みである(Gordon 1982)。
(6) 民主主義の経験(experience)とは,個人が所有するのではなく,人々が他者とともに,その行動から世界と関わる過程である。哲学者ジェイムズは根源的な「純粋経験」を説き,デューイは民主的社会が個人の多様な実験と経験の深耕を許容し,学校や職場,政治的制度によって支える必要性(経験の民主化)を説いた(James 1907, Dewey 1927)。プラグマティズムは,デカルト以来の原子論的な世界観を批判し,根源的なものは個人の経験であり,経験こそ個人の主観より先行すると主張する思想である。Dewey(1916)は,「経験から学ぶということは,われわれが事物に対してなしたことと,結果としてわれわれが事物から受けて楽しんだり苦しんだりしたこととの間の前後の関連をつけることである。そのような事情の下では,行うことは,試みることにな

44　第1章　「初音ミク」概論

る。つまり，世界はどんなものかを明らかにするために行う，世界についての実験になるのであり，被ることは，教訓―事物の関連の発見―になるのである」（訳書，1975年，pp.223）と述べ，その舞台として民主社会やコミュニティの必要を訴えた。その思想は抽象的な民主主義の擁護とも捉えられるが，現代社会にソーシャルメディアが拡大する今日において，再度注目されるべき思想である。

(7) 日本の研究では，出口他（2009）がコミケットと二次創作を生み出す歴史的な土壌として，江戸時代に大衆マーケットとして花開いた娯楽文化に注目している。それによれば，日本のコンテンツ産業は，大衆の木戸銭で成り立つ町人の大衆庇護型の市場から形成されており，浮世絵や草双紙，歌舞伎などは広範な複製市場であり，パロディや物語の改変が大衆に受け入れられ，クリエイター（作家）も多く生まれた。

　「コミックマーケット（コミケ）やワンダーフェスティバル（ワンフェス）に代表される作り手と受け手のコミュニティの隆盛，ゲームからマンガ，アニメ，フィギュア，ライトノベルを横断して形成されるメディアミックスとそこでの世界観の共有，趣向をさまざまに付け加えた遊び方は，現代の日本の新しいコンテンツ領域で起きていることが江戸のコンテンツ産業に根を持つことを如実に示している」（出口他2009まえがきより）。

(8) ボードリヤールは，ベンジャミンの著作についても次のように語っている。

　「連続して複製された芸術が失ったものは，そのアウラであり，いま，ここに，という不可思議な価値，その美的形態（それは美的価値が下がり儀式的な形態をとっくに失っていた）だ。そしてベンジャミンによれば，複製品は，必然的に政治的な形態をとる運命にある。失われたのはオリジナルであり，ノスタルジックで懐古趣味的な歴史だけが《本物》として再構成されるにすぎない」（Baudrillard 1981）。

(9) 事業概要は，株式会社カドカワ2016年9月期決算報告資料に基づく。株式会社カドカワは，大手出版社KADOKAWAと，ニコニコ動画を運営する株式会社ドワンゴが2014年10月に経営統合されて誕生した総合メディア提供企業である。

(10) 「美術手帖」2013年6月号の「発展史」によれば，ニコニコ動画に2007年9月に早くも投稿された「初音ミクが来ないのでスネています」（ワンカップP），「VOCALOID2初音ミクに『levan Polka』を歌わせてみた」（Otomania）など，当初は既存曲のカバーや替え歌が主流であったが，「恋スルVOC@LOID」（OSTER project）の投稿からボーカロイドオリジナル曲が生まれる。また，「ワンカップP」という投稿者名からP＝プロデューサーを意味するボーカロイド楽曲制作者の呼称が用いられる。

(11) 川上量生「ニコニコ動画と初音ミクが起こしたクリエイションの変革」「美術手帖」2013年6月号所収。

(12) ピアプロ・キャラクター・ライセンスには次のように正文が規定されている。

　「PCLを結ぶには，特別な手続きを必要としません。利用者であるクリエイターが当社キャラクターの二次創作物（「二次創作物」の定義はPCL第1条第1項第5号をご覧下さい。）を作成し公表することで，その利用者と当社の間に自動的に契約が結ばれます。これによりすべてのクリエイターは当社に直接連絡し確認をとることなしに，PCLで許諾された範囲で，当社キャラクターを二次創作してご利用いただくことが可能にな

ります」。

（出所：http://piapro.jp/license/character_guideline#pcl）

　この利用規約を実際にユーザーはどのように利用しているのか。先の伊藤（2012）によれば，N 次創作に際して，オリジナル作者の氏名表示を必須とする条件を付けた作品は全作品の 35.2 ％と少なく，77.2 ％は改変を禁止していない，つまり改変 OK の N 次創作を認めていた。従来の企業主導のコンテンツビジネスと比べて，UGC のオープンな創作文化が伺える。

(13) 菱山豊史「piapro［ピアプロ］」「美術手帖」2013 年 6 月号所収。

(14) 以下の統計資料に動向が詳しい。

　電通総研『情報メディア白書』各年版，ダイヤモンド社発行。

　一般財団法人デジタルコンテンツ協会『デジタルコンテンツ白書』各年版，デジタルコンテンツ協会発行。

　また，コンテンツ創造促進法については以下の政府内閣官房ホームページを参照した。

http://www.cas.go.jp/jp/hourei/houritu/kontentu.html

　あわせて，日本のコンテンツ産業全体の動向について，海外との国際比較をしながら，その特長を「書籍」「音楽」「映像」「ゲーム」の分野に絞ってまとめた出口（2009）も参照してほしい。

(15) 本書ではこのような他者の作品を参照する創作の連鎖を「N 次創作」と呼ぶが，詳しくは第 4 章のところで説明する。

(16) 上述の PCL に関する一連のガイドラインによる。

(17) クリエイティブ・コモンズ・ジャパン（CCJP：特定非営利活動法人コモンスフィア）は，クリエイティブ・コモンズ・ライセンスの普及を行っている。2004 年 3 月に米国に次いで世界で 2 番目に日本語版ライセンスをリリースした（同法人の公式サイトより）。

https://creativecommons.jp/

(18) その中でも，二次創作物として多い公開動画が「歌ってみた」の投稿であるが，著作権法上で最近問題となっているのが，カラオケ店舗で収録された動画である。第 5 章でニコニコ動画においてボカロ曲のヒットがカラオケ配信に結びつく例を紹介するが，ニコニコ動画や YouTube など大手オープン・メディアでは，ユーザーの楽曲使用について JASRAC と著作権に関する包括契約を結んでいる一方，カラオケ機器を使用した演奏曲には著作隣接権（演奏者の権利）が発生している。カラオケ機器の楽曲は CD などの原盤から独自に作成されており，著作権に準じる著作隣接権として保護されることから，カラオケ機器メーカーは，これまでも YouTube などへ違法動画の削除を要請している（第一興商で年間 12 万件以上）。2016 年に，DAM を販売する第一興商が投稿者に対して著作隣接権の侵害で動画削除を求めた訴訟で，権利侵害を認める判決が初めて下っている（日本経済新聞 2017 年 7 月 14 日付）。

第 **2** 章

理論研究

要約

　ユーザー・コミュニティを考察するうえで重要かつ有用な理論研究をレビューする。①消費者間相互作用と製品普及の研究(消費者行動とマーケティング分野)，②社会ネットワーク分析(グラフ理論を含む分野)，③社会関係資本と趣味コミュニティの研究(社会学の系譜からコミュニティ研究の分野)，④ユーザー・コミュニティと参加型プラットフォームの研究(価値共創，ユーザー・イノベーション，クラウド・ソーシングなどの関連研究)，の4つである。これらを背景に，本書におけるユーザー生成コンテンツ(UGC)を初めとする重要な概念や用語についての定義も行う。

---

48 第2章 理論研究

1 ••• ソーシャルメディアと UGC の時代

インターネットの普及に伴うソーシャルメディアの拡大が目覚ましい。消費者はコミュニケーションの有力かつ効率的な手段として，ソーシャル機能をもつサービスを積極的に利用し，企業サービスもまた多様に展開されている（図2-1）。これらのサービスを利用する消費者は，自分の意見をコメントで，電子掲示板（BBS）やブログ，プロフ，Wiki，SNS（ソーシャルネットワーキング・サービス）などに書き込むのに始まり，彼ら自身が制作した写真やイラスト，動画などを，動画共有サイト，写真共有サイト，イラスト投稿サイトなどに投稿するようになった。これらのコンテンツは，制作者とユーザーが直接つながるインターネットを介したオープン・メディアに適合することで，目覚ましい

図 2-1　ソーシャル機能型サービスのポジショニング

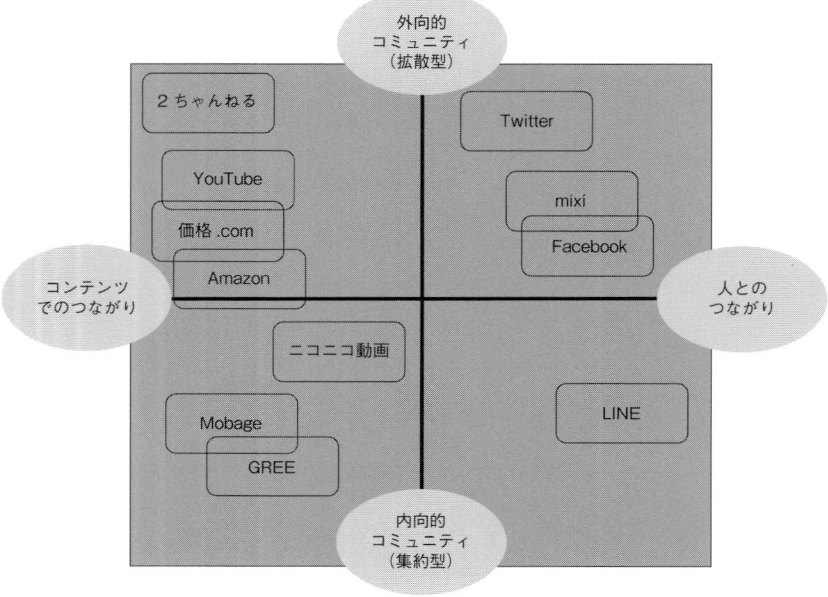

（出所）　福井編（2014）。

勢いで拡大している。こうしたインターネット・サービスのユーザーによって制作・生成されたコンテンツは，「ユーザー生成コンテンツ（user-generated content：UGC）」と総称され，この UGC が投稿されるメディアを「ユーザー生成型メディア（user-generated media：UGM），あるいは「消費者生成型メディア（consumer-generated media：CGM）とも呼ばれている。インターネットというリアルタイムかつ広範囲に情報が届く特性を生かして，当初は限定的な領域や成果物であったものが，今やネット時代のイニシアティブをとるまでに成長し，これらの定義は，インターネット・サービスを機能させるうえで最も基本的な概念として構造上に組み込まれている（福井編 2014）。消費者にとって今や生活に欠かせないコミュニケーション手段である SNS として，Twitter，mixi，Facebook，LINE などのサービスが普及する一方で，YouTube，Ustream，ニコニコ動画など UGC を中心にコンテンツ内容を構成して提供するサービスも成長している。杉本（福井編 2014）によれば，Facebook や Twitter，LINE のようなマイクロブログやインスタントメッセンジャーは，消費者自身が社会的な話題や興味の流れを generate（生成）する場所となり，それぞれの意見や感想の交換を通じて類似のメンバーがつながり始め，そのグループや空間が次第にコミュニティとして形成され，自分に関わる話題，「自分ごと」として積極的に関わるようになっていくという。

　一方で，企業側に立つマス・メディアも，この UGC 主導の市場形成を受けて変容を迫られている。従来型のマスコミ 4 媒体（新聞，雑誌，テレビ，ラジオ）は，自らコンテンツ（情報）を制作し，自ら流通させ，消費者に届けてきた。新聞や雑誌であれば，現場の記者が記事を制作して新聞・雑誌という「パッケージ」を作り，販売店を通じて家庭や企業に届ける。つまり，制作から流通までの過程を垂直統合する「メディア一体型モデル」である（森 2015）。この情報コンテンツは，一過性であるために希少価値が高く，コンテンツ制作企業の独占的な収益源となってきた。本書では，これを「企業主導型コンテンツ（Firm-Driven Content：FDC）と名付け，主に第 6 章で UGC との比較を行う。その後にコンテンツ流通は，記録や再生，複製といった技術をもつパーソナルデバイスや，デジタル技術によるビデオ化，DVD 化などの複製

技術の登場に加えて，コンテンツの二次利用が増え，書籍と映画のような異なるメディアが協働して同一コンテンツを流通させる「クロス・メディア型モデル」が拡大した。メディアの多様化と技術革新によって，コンテンツ流通の垂直統合モデルは崩れた。そして，インターネットとデジタル環境が普及するにつれて，作り手とユーザーが直接つながる時代となり，上述したコンテンツ中心のインターネット・サービスが登場するに及び，コンテンツの制作から流通，そして消費までのプロセスが社会に開放される「オープン・メディア型モデル」が登場する。成果を上げる事例として，映画やドラマなどの映像コンテンツを月額定額で配信する「ネットフリックス」や，ユーザーの希望に合わせてインターネット上のコンテンツを加工・編集した記事にして提供するショートコンテンツ（バイラル・メディアとも呼ばれる）を配信する「バズフィード」，さらに日本の料理レシピサイト「クックパッド」ではユーザーがレシピのコンテンツを制作する。

　UGCはインターネットとデジタル技術の普及でコンテンツを制作，生産，流通させるコストが下がることで一気に社会に急増した。その内容は，SNSや電子掲示板，ブログなどに書き込まれたテキストやコンテンツの共有サイトにアップロード・公開された写真や画像，音声，動画，アニメーションなど多岐にわたる。世界的には，写真の共有サイト「flicker」，「instagram」，ソーシャル・ブックマーク・サイト「del.icio.us」，動画共有サイト「YouTube（ユーチューブ）」，SNSサイト「MySpace」，百科事典サイト「Wikipedia」など先進的なオープン・メディアがあり，日本ではイラスト投稿サイト「ピクシブ（pixiv）」や動画共有サイト「ニコニコ動画」も人気である。これらのオープン・メディアに投稿されるコンテンツは，個人の趣味の延長でもあることからクオリティの保証がなく，著作権法に照らして非合法的なものも多いために音楽や映像の著作権を巡る争いも絶えないのは第1章で述べた。

　Howe（2009）によれば，かつて，ほとんどの文化はUGCだと考えられる時代があったと述べる。芸術や科学の分野で達成された偉業の多くはアマチュアの手によるものであり，写真や映画，蓄音機，ラジオなどの大量再生産の技術と文化的生産物の商業化が進むと，文化の生産者と消費者が区別されることと

なった。クリエイティブな音楽コンテンツを生み出すアーティストやレーベル企業と，これを消費して楽しむファンやユーザーの関係である。そして，オープン・メディアの登場は，この作り手と買い手の距離を再び縮めることとなり，ユーザーの創作活動への参加を促進するようになった。

こうした流れを受けて，当然ながら企業も自社のマーケティングやプロモーションのためにソーシャルメディアからの消費者情報に高い価値を見出し，企業コミュニティの仕組みづくりを急いでいる。一方で，本書で注目するコンテンツ中心のオープン・メディアにおける筆者の調査では，YouTube から膨大な音楽やボーカロイドに関するコンテンツのビッグデータを収集したが，その中にはコンテンツとしての価値を疑うような粗悪な物も玉石混合で含まれており，そのクオリティは，マス・メディア企業の制作物に当然及ばない面もある。それでも，コンテンツのクオリティを高めるユーザー側の経験値は上がっており，企業側の仕組みも日々改善，進歩して，市場形成の担い手はFDCからUGCへ移行するストリームは着実に大きくなっている。

それでは，UGC に関する学術研究にはどのようなものがあるか。UGC は，企業がソーシャルメディアを使用した公式ページを使ってマーケティング・コミュニケーションを主導する「企業生成型コンテンツ（firm-generated content：FGC）と対比される用語として使用される文脈から，Twitter や Facebook のようなソーシャルメディアが書籍やビデオ，音楽アルバムのようなコンテンツ製品分野で伝統的なマス・メディアに対してどのように売上に影響を与えるか，というコミュニケーション研究が多い（Chevalier and Mayzlin 2006, Toubia and Stephen 2013, Kumar et al. 2013）。その場合の「コンテンツ（content)」とは，消費者のメッセージを指しており，知的な財を意味するものではなかったが，Kaplan and Haenlein（2010）は，コンテンツの意味をふまえてUGC の定義とソーシャルメディアを分類している。それによれば，「UGC とは，人々が日常的なソーシャルメディアの中で，専門的な機関とその実践の外側から創られ，個人的あるいは集合的に生成，調整，共有，消費されるものである」と定義し，UGC が生成されるソーシャルメディアについて，①協働プロジェクト（Wikipedia)，②ブログ，③コンテンツ型コミュニティ（You-

52　第2章　理論研究

表2-1　ソーシャルメディアの分類

		社会的存在感，メディアリッチネス		
		low	medium	high
自己の 表現と公開	high	ブログ	ソーシャルネット ワーキングサイト （Facebook）	仮想社会 （SecondLife）
	low	協働プロジェクト （Wikipedia）	コンテンツ・ コミュニティ （YouTube）	仮想ゲーム （World of Warcraft）

（出所）　Kaplan and Haenlein（2010）.

Tube），④SNS，⑤バーチャルゲーム，⑥バーチャルソーシャル・ワールド，に分ける。これらを表2-1のように，「自己の表現と公開」「社会的存在感とメディアリッチネス」の尺度から分類する。これらのうち「Second Life」とは，コミュニティ形成や交流，モノづくりを体験できる3D仮想世界であり，「World of Warcraft」は，世界最大のプレイヤーを擁するオンライン戦争ゲームである。どちらもリアルな3Dワールドを仮想体験できるメディアリッチネスの高いものであるが，日本のユーザーにはそれほど普及していない。

　以上をふまえて本書では「ユーザー生成コンテンツ（user-generated content：UGC）」について，「プロフェッショナルな作り手や売り手ではなく，一般の消費者や製品ユーザーがソーシャルメディアを介して個人的または集合的に創作，アレンジ，編集，共有される多様なコンテンツの総称」と定義する。また，先行研究ではUGCを価値ある情報として創造・編集された「コンテンツ（content）」と理解する文脈と，そのコンテンツが生成される場，「メディア（media）」としての意味でも捉えており，その区別は必ずしも明確でないようである。本書では，これらを区分し，特に断わらないかぎり，UGCを「コンテンツ」を指す意味で用いたい[1]。

2 ●●● 消費者間相互作用と製品普及の研究

　上述した背景から，本書では，今や企業のビジネスに多大な影響を与える力

2 消費者間相互作用と製品普及の研究　53

となりつつある消費者ないしユーザーの関係，特にコンテンツを介して積極的につながる「ユーザー・コミュニティ（user-community）」に注目していく。マーケティング分野において「コミュニティ」の研究を語るにあたり，伝統的な消費者間の相互作用，いわゆる「口コミ（Word of Mouth：WOM）」の研究が源流として位置づけられるだろう。広くマーケティング研究全体からみても，消費者の行動はマス・メディアの広告に誰がどのように反応するか，が関心領域であったといってよい。その中心にあるのは，他者に影響を与える影響者（インフルエンサー：influencer，インフルエンシャル：influential）の存在である。マス・メディアを通じた選挙キャンペーンにおいて，個人的な情報伝達（パーソナル・コミュニケーション）から他者の態度を変容させる影響力をもつ人として「オピニオン・リーダー」が定義され，この影響者を介してマス・メディア情報が広く一般大衆に伝達されるコミュニケーションのプロセスが説かれた（Katz and Lazarsfeld 1955）。類似の概念として，製品分野ごとに重要な情報をもつとされる「マーケット・メイブン（市場通）」，世界を束ねる特殊な才能をもつ「コネクター（媒介者）」，ネットワーク上のリンクを多く有する「ハブ」などが提唱された（Gladwell 2000, Rosen 2000, Keller and Berry 2003）。このオピニオン・リーダー概念は，ロジャースのイノベーション普及過程に取り入れられ，製品・サービスの普及において重要なカギを握るインフルエンサーとしても定説化されてきた（Rogers 1962）。これによれば，農村での農機具の普及を調査した結果，イノベーションが社会全体に釣鐘状に普及していく過程で，新製品を購入していく順番に，消費者を5つのカテゴリー（イノベーター，初期採用者，前期多数採用者，後期多数採用者，採用遅滞者）に分類できると説き，その中の初期採用者（アーリー・アダプター）にオピニオン・リーダーシップの役割を見いだし，一般大衆への普及に重要な影響を与えるインフルエンサーに位置づけた。この理論仮説は長らく今日まで支持されたが，5つの採用区分の中で初期採用者と前期多数採用者の間には乗り越えることが困難な不連続な溝（クラック：crack）があるとするキャズム（chasm）と呼ばれる理論も登場した（Moore 1991）。

　これに対して，インフルエンサーの概念や仮説だけでなく，数理的なモデル

図 2-2 普及過程の形状と革新係数 p・模倣係数 q の関係
(ニコニコ動画への投稿コンテンツの再生と普及)

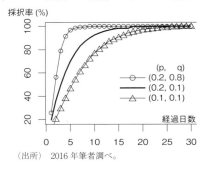

(出所) 2016 年筆者調べ。

で新製品の普及過程を説明した Bass の普及モデルに関する一連の研究もある。マーケティング学者フランク・バス (Frank Bass) が提唱したモデルでは, イノベーションの採用者を 2 つのグループに分け, 第 1 のグループはマス・メディアの外的な情報伝達から影響を受ける革新者 (innovator), 第 2 は内的な口コミから影響を受ける模倣者 (imitator) のグループである。新製品は, これら 2 つのグループが相互に作用しながら採用され, 普及して累積的な採用者数が決まる (Bass 1969)。具体的には, 時点 t での条件付採用確率がすでに採用した人の割合に影響して増加する過程を革新係数 p と模倣係数 q を含む微分方程式で記述する。潜在的な最終採用者数を m 人として, t 時点での累積採用者 $N(t)$ は次式の関数で示され, その普及過程は一般に S 字型の形状を示す。

$$N(t) = \frac{1 - \exp(-(p+q)t)}{1 + (q/p)\exp(-(p+q)t)}$$

図 2-2 は, このオリジナルの Bass モデルを使い, ニコニコ動画に投稿されたボカロ動画約 1 万 8 千作品のコンテンツの再生回数がどのように増えていくか, その普及過程について, 革新係数 p と模倣係数 q の値の異なる組み合わせから得られた普及パターンを示した筆者の分析例である。

その後に Bass モデルは, 2 つのパラメータを変更することで多様な普及過

程の形状を説明するとともに，トライアル（新規購買者）とリピート（反復購買者）の区分を説明するモデルやブランド知名率を組み込むなど多様な応用モデルが発展している。本書に関係する音楽・映画コンテンツを短期的なライフサイクルへ応用した研究（Sawhney and Eliashberg 1996, Krider and Weinberg 1998, Lehmann and Weinberg 2000, 荒木 2009）もある。

3 ●●● 社会ネットワーク分析（social network analysis）

3-1. インフルエンサーと感染

　以上の口コミやインフルエンサーを代表する個人の影響力から集団行動を理解する研究に対して，よりマクロな観点から数理モデルを適用して，社会学的に人や組織のつながりをネットワーク構造として分析するのが「社会ネットワーク分析（social network analysis）」，あるいは「ネットワーク科学（network science）」と呼ばれる研究分野である。本書では，特にことわらないかぎり「社会ネットワーク分析」と称して社会学的な発展のトピックと成果を紹介するが，その数学的な根拠である「グラフ理論（graph theory）は本書の実証分析でも使用していることから，関連する第4，5章のところで捕捉したい。

　さて，話の流れとして，社会学的なネットワーク分析が注目される初期の研究として，社会学者マーク・グラノヴェッター（Mark Granovetter）の「暴動モデル」から紹介したい。かつて「群衆の心理」について研究したル・ボン（Gustave Le Bon）は，群衆は知能では単独の個人より劣るが，感情とこれに刺激されて引き起こされる行為からみれば，個人に勝ることもあると述べた（Le Bon 2009）が，グラノヴェッターは，群衆が暴動に参加するか否かについて，100人の学生が，政府の授業料値上げ方針に反対する抗議集会を町の広場で開くシミュレーションを行った（Granvetter 1978）。群衆に参加する学生たちは平和的に抗議するか，それとも暴動に参加するかを迫られていると仮定し，暴動への参加を決断する個人の「閾値（いきち）」をすでに参加している人数から決めるという単純な分布にする。結果は暴動が雪だるま式に拡大した。もう1つの比較集団として，個人の閾値が少しだけ異なるメンバーを数人だけ入れ

56　第2章　理論研究

替えて，あとは同一条件でシミュレーションを行ったところ，暴動は大きく発展しなかった。この結果は，個人の特性と影響力だけで集団と群衆の行動を理解する限界を示唆していた。ここから，社会ネットワーク分析の理論では「感染」という情報の伝達や行動の影響が，ネットワークというつながりを経て伝染病のように広がるプロセスを重視する。上述したインフルエンサーの理論は，社会的な感染という現象を取り入れ，「ひと握りの少数者が社会的な感染をもたらす法則」（Gladwell 2000）として修正され，この法則には，①他人よりも影響力のある個人が存在する，②その個人の影響は感染の過程で大きく増幅する，という2つの仮説を含むことになる（Watts 2011）。そこで，ネットワーク科学者である，ダンカン・ワッツとピーター・ドッズは，このインフルエンサー効果と少数者の法則を検証するため，先述の「Bassの普及モデル」と「暴動モデル」を比較している（Watts and Dodds 2007）。2人はシミュレーション実験から，社会には影響力の強い個人の存在とその社会的伝染の効果が発見されたものの，伝統的なインフルエンサー理論が強調する乗数効果ほど大きくなかったという結論を得た。つまり，先の仮説でいえば，①の少数者の法則やインフルエンサーは存在するものの，その影響力は大きくなく，個人の特性よりも，むしろ，②の感染過程，つまりネットワーク全体の構造に大きく依存することであった。

3-2. 弱い紐帯とスモールワールド
3-2-1. 弱いつながりは強い

　情報や影響が感染する関係や経路をミクロ―マクロなネットワーク構造から捉えるという理論の基礎を提供した重要な研究は，先のグラノヴェッターの「弱い紐帯の強さ研究」と，社会心理学者，スタンレー・ミルグラム（Stanley Milgram）の「スモールワールド問題」である。まず，グラノヴェッター（Granovetter 1973）は，労働市場における個人の転職活動が，日常的に親交がある家族や友人らの「強い紐帯（strong ties）」の紹介やつながりに頼るよりも，日ごろ接触が少ない「弱い紐帯（weak ties）」の知人を介するほうが成果が上がる，という調査結果を示した。弱い紐帯で連結する知人は，自分の交際

圏とは異なる交際圏に接続している可能性が高く，そうした知人は自分が持っている情報とは異なる有益な情報を持っているというのが理由である。われわれ個人が 2 人でつながる紐帯関係の強度を「時間量，親密性，感情の強さ，相互の支援」から定義し，強い紐帯は共有時間が長く，感情の結びつきが強い。会う時間が少なく親密度が低いのが弱い紐帯になる。強い紐帯の交際圏＝「クリーク（clique：三者以上でつながる相互関係）」は，集団間を橋渡しする「局所的ブリッジ」になれず，弱い紐帯にはネットワークの拡散や転職情報の収集に有効な局所ブリッジが形成されやすく転職に有利に機能するメカニズムを鮮やかに描き出した。これまでの社会学で重視されてきた集団の凝集性やコミュニケーションの密度が，むしろ成果にマイナスに作用するという仮説は，その後の社会ネットワーク分析の思想ともなり，のちに見る「媒介中心性」のような分析指標の開発にもつながっていく[2]。また，その知見は現代のインターネット社会における緩やかなつながりを考察する際に有力な展望を与えてくれ，本書でも「弱い紐帯を橋渡しする」コンテンツに着目して，ネットワークとコミュニティを活発にする実証研究を行った。

3-2-2. スモールワールドとネットワーク特性

次に，ミルグラムの古典的論文「スモールワールド問題：The Small-World Problem」も，社会ネットワーク分析の理論と手法の前進に大きく貢献した。ミルグラムは，ボストンに住むある人が遠方に住む目標の人物に手紙を届けるために，身近な知人から別の知人に手紙を転送する連鎖を繰り返し，いったいどれくらいの回数で届くかという「スモールワールド実験」を試みた（Milgram 1967）。このチェーンレター・テクニックと呼ばれる実験の結果，世界の誰とでも「6 次の隔たり（six degrees of separation）」でつながることを示した。社会がどれくらい緻密なネットワークの構造で構成されているのか，社会・文化階層や人種間でネットワークの分離はあるのか，といったマクロな問題を二者間関係の連鎖というミクロな視点から描き出した。ミルグラムは，「アメリカのどこに住んでいるかにかかわらず，無作為に選んだ人と人の間をつなぐには，平均して 5 人の媒介者がいればよい，という事実は大きな驚きを与えた」と述べながら，一般的な社会のコミュニケーション構造がさまざまな断絶に直

58　第2章　理論研究

面しながらも，私たちは皆，緊密に編まれた社会的な織物の中にしっかり織り込まれていると結論づけている。

　この実験は，その後にネットワークの頂点間をつなぐ平均距離の問題として定式化されている。任意の頂点（人，ノード）v_i から任意の頂点 v_j まで，枝（つながり，紐帯，エッジ）を経由して行き着くことができるとき，この通過する辺の本数をパス長（length of path），距離（distance）とよび，パス長の中でも最小の本数を v_i と v_j 間の最短距離 dij とよぶ。この dij の平均値（平均パス長）L は次のような式で表される。頂点数が N 個であれば，対となる頂点の選び方は $N(N-1)/2$ 通りある。

$$L = \frac{2}{N(N-1)} \sum_{1 \leq i < j \leq N} d(v_i,\ v_j)$$

　平均パス長 L は1個のネットワークに対して1つだけ定まる特徴量であり，現実には頂点数 N が増大しても $log(N)$ に比例する程度で緩やかにしか増えないことが多く，「スモールワールド実験」では $L=6$ で手紙が目標人物に届く結果を示した。

　平均パス長 L は，さまざまなケースで実験と検証が試みられているが，いずれもミルグラムと類似の結果を得ている。数学者の間で論文共著ネットワークを調べた「エルデシュ数」では，互いに見知らぬ数学者同士が論文共著のつながり（枝）からたどると，L は平均で5〜6以下であることが見いだされた（Goffman 1969）。また，Watts（2003）でも，大規模なスモールワールド実験が実施され，インターネットのウェブサイトを通して，全世界から98,847人の登録者を集め，13か国18人の目標人物に対して，電子メールのリレーを行った。目標人物に届いた手紙の到達率は0.3％であったが，その始点から目標人物までの平均パス長 L は5〜7であることが検証された[3]。

　それでは，6次の隔たり（6回の伝達）で世界がつながるスモールワールドとは，いったいどのようなネットワーク構造になっているのか。ミルグラムが「緊密に編まれた織物」と例えた「編み込み」は，「クラスター」として表現されている。3人の人間関係で，私（v_1）の友人（v_2）の友人（v_3）は実は自分の

図 2-3 クラスターとクラスターの形成

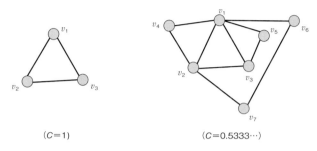

知人だったという関係を図 2-3(a)のように三角形（頂点と枝の連結）で表現し，これをクラスターとよぶ。

クラスターは自然科学で群れや集団を意味するが，ここでは三角形の意味で用い，その数を「クラスター係数」で測る。頂点 v_i から出る枝「次数（degree）」を k_i で表し，k_i 個ある v_i と隣接する頂点から 2 つの点を選ぶ組み合わせは，$k_i(k_i-1)/2$ 通りである。これら 2 点が枝となって，v_i の 3 点から三角形（＝クラスター）ができると，v_i を含むクラスターの最大個数も，$k_i(k_i-1)/2$ 個となる。そこで，v_i を含む三角形の数を「$k_i(k_i-1)/2$」で割った数値を C_i（$0 \leq C_i \leq 1$）と定義し，ネットワーク全体のクラスター係数 C はその平均値として，頂点数 N 個の式として次のように定義する。

$$C_i = \frac{v_i \text{を含む三角形の合計数}}{k_i(k_i-1)/2} \quad (C_i \text{ は各頂点ごとの特徴量})$$

$$\text{クラスター係数}: C = \frac{1}{N}\sum_{i=1}^{N} C_i$$

これらの式から図 2-3 の例(b)で頂点数が 7 個のクラスター係数 C を計算すると，$8/15 = 0.533\cdots$ になる。この C を使うとネットワークの形状やサイズがシンプルにわかり，どのネットワークについても，$0 \leq C \leq 1$ の値を示し，すべての頂点間に枝が結ばれていれば $C=1$ となり（これを完全グラフという），

60　第2章　理論研究

反対に三角形が1つもない場合には $C=0$ となる。後の実証研究であるが，第6章において，YouTube におけるレコードレーベルのアーティストと，ボカロアーティストの公式チャンネルを調べ，各チャンネルの中でおすすめする他者のチャンネルをどのようにつないでいるのかをこのクラスター係数で計算してみた。レコードアーティストのチャンネルの中には完全グラフも存在した。

　現実のほとんどのネットワークでは C が大きくなり，平均パス長 L は小さくなる。世界中が6次の隔たりで結びついていれば（小さい L），新しく知り合った人でも共通の知人を見つけやすく（大きな C），これら2つの特徴量からスモールワールドが数学的に「スモールワールド・ネットワーク」として改めて定義された（Watts and Strogatz 1998）。

3-3.　ネットワークの中心性

3-3-1.　次数中心性

　社会学の発展分野としての社会ネットワーク分析では，人間と社会のつながりを客観的に測定するための指標が考案されてきた。ここでは Wasserman and Faust（1994）や Freeman（2004）を参考に，中心性の概念と指標を解説する。インフルエンサーやオピニオン・リーダーは，知人への影響力が強く，その経路はその中心人物と影響を受ける人との関係である。そのつながりが，人，つまり頂点と頂点を結ぶ紐帯（枝）であり，頂点 v_i から出る枝の数，つまり次数（degree）k_i を v_i の「次数中心性（degree centrality）」とよぶ。先の図2-3(b)の例でいえば，頂点 v_1 の次数中心性が5本と最も多い。この枝には方向性をもつもの（頂点から出る出次数，頂点へ入る入次数）があり，本書の実証研究では，コンテンツの作品や作者間でオリジナルを参照して二次創作しているかどうかを見るので，矢印付きの枝（有向グラフとよぶ）を使用する。

3-3-2.　近接中心性

　頂点 v_i が，自分から他人まで平均的にどれくらい近いか，で定義されるのが「近接中心性」であり，単に次数をたくさん集めているだけでなく，ネットワーク全体にどれくらい情報や影響力を発信しているかを測る特徴量である。枝の本数だけでなく，ある頂点から発信するすべての頂点への距離の計算から

求める。v_i から v_j までの距離は $d(v_i, v_j)$，Li は v_i から別の頂点（$N-1$）への距離の平均値である。

$$\frac{N-1}{\displaystyle\sum_{j=1; j \neq i}^{N} d(v_i, v_j)} = \frac{1}{Li}$$

3-3-3. 媒介中心性

中心性の高い次数をもつ頂点間を橋渡しする位置にいる頂点からみた中心性である。自分がもつ次数は少なくても，隣接する頂点が高い次数をもつとき，この指標は高くなる。ネットワークの中で，いわば重要な媒介を行う「ハブ」である。先述のグラノヴェッターの論点でいえば，転職のキーマンは媒介中心性が高い位置にいることになる。ある頂点 v_i の媒介中心性 B_i は，v_i がネットワーク全体の流れを橋渡しし，あるいは制御したりする程度であり，次の式で計算する。$g_i^{(i_s i_t)}$ は v_{i_s} から v_{i_t} へ行く最短経路の中で v_i を通る枝の数，$N_{i_s i_t}$ は v_{i_s} から v_{i_t} へ行くための最短経路の合計数を表す。

$$B_i = \frac{\displaystyle\sum_{i_s=1; i_s \neq i}^{N} \sum_{i_t=1; i_t \neq i}^{i_s=1} \frac{g_i^{(i_s i_t)}}{N_{i_s i_t}}}{(N-1)(N-2)/2}$$

3-3-4. 固有ベクトル中心性

固有ベクトル中心性は，中心性の高い頂点に隣接し，その人気の高さをいわば利用して自分の中心性を高める指標である。自分の頂点の中心性が高い場合には，周囲に影響を与えて他の頂点の中心性を引き上げる効果がある。固有ベクトル中心性の解釈にはいくつかあるが，増田・今野（2010），Tsvetovat and Kouznetsov（2011），によれば，固有ベクトル中心性はネットワークの骨組みを与えると考え，無向グラフ（方向性のない）のネットワーク A は対称行列になり，次の式で表される。

$$A = \sum_{i=1}^{N} \lambda i \boldsymbol{u}(i) \boldsymbol{u}(i)^{\top}$$

図 2-4 「初音ミク」のオリジナルと二次創作のネットワークからみる次数中心性

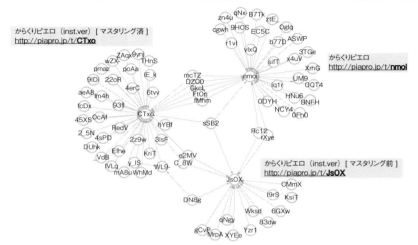

は，A の i 番目の固有値（eigenvector）を表し，$u(i)$ は対応する固有ベクトルを規準化し，$u(N) \equiv u$ になり，λ_N が最大の固有値で，項 $\lambda_N uu^\top$ がネットワーク A に最も大きく寄与すると考える。

図 2-4 は，ピアプロに投稿された「初音ミク」オリジナル楽曲3つに対して，別の作品が二次創作として投稿された姿を81個の頂点（作品）とその枝（矢印，有向グラフ）のネットワーク図として描いた例である。3つのオリジナル作品を中心に二次創作の次数が集まっており，中心性が形成されているのがわかる。

3-4. 次数分布とスケールフリー・ネットワーク

社会ネットワーク分析の紹介の最後に，次数分布とスケールフリーについても触れておきたい。頂点と枝で形成されるネットワークに枝が1本追加されると，その枝の両端にある頂点の次数が1本増える。ネットワークに含まれる頂点すべての次数の合計は，そのネットワークに含む枝の2倍に等しく，頂点数 N，枝の数 E の関係は次の式になる。

$$\sum_{i=1}^{N} k_i = 2E$$

N 個の頂点のなかで次数 k である頂点の割合，$p(k)$ はネットワークに次数 k の頂点が出現する確率であり，確率分布関数になる。その分布を「次数分布」とよぶ。この次数分布には次の関係も成立している。

$$\sum_{k=0}^{\infty} p(k) = \sum_{k=0}^{N-1} p(k) = 1 \qquad (0 \leqq p(k) \leqq 1)$$

　社会ネットワーク分析のさまざまな研究事例では，この次数分布がランダム過程の対象を研究した「ポワソン分布」や「正規分布」とは異なる形状になることが発見されている。正規分布は平均値のところで最頻値が現れるが，次数分布では現れない。少数の頂点が多くの次数を集め，大多数の頂点は少ない次数しか持たない（Watts 2003）。人間関係でいえば，大多数の人は少数の知人しかもたず，ごく少数の人だけが多数の知人をもつ。このような社会ネットワークがもつ不平等な数理特性は次数分布の「べき法則（power-law degree distribution)」と呼ばれ，「パレートの法則」「ロングテールの法則」などとも同様の意味で知られている。また，社会ネットワーク分析の世界では，平均値や標準偏差などのいわゆる基本統計量の尺度（スケール）が当てはまらないことから「スケールフリー：scale free」と呼び，次数分布がべき法則に従うネットワークを「スケールフリー・ネットワーク」と称する。典型的な，べき法則の分布は規模の対数プロットをとるとき，次数分布が右下がりの直線となり，そのマイナスの傾き（回帰係数）は「べき指数：γ」と呼ばれる。世の中に見られる多くのネットワークで，べき法則が当てはまるという発見は社会ネットワーク分析の重要な知見であり，これまでに，インターネットの物理的ネットワークや映画俳優の知人ネットワーク，有機体の代謝ネットワークなどスケールフリーに従う多数の事例が報告されている（Barabási 2002）。そして，これらの，べき指数（マイナスの回帰係数）は $2 \leqq \gamma \leqq 3$ 程度の数値である。

　図 2-5 は筆者がニコニコ動画に投稿されたボカロ動画約 80 万件のデータか

図 2-5 ボカロ動画の二次創作の次数分布（入次数）

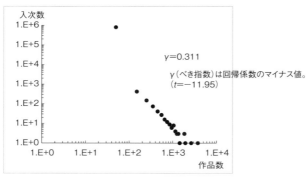

（注）全作品（800,991件）の次数（degree：頂点に接続する枝の数）を作品数の関係でみる次数分布（頂点に向かう有向グラフの入次数，両軸は対数プロット）。回帰分析の $t=-11.95$

ら，作品数を横軸に，それぞれの作品が二次創作として参照された作品数を縦軸に，それぞれ対数プロットした例である。作品数を入次数（二次創作の作品数）との関係で並べると，少数の人気作品に二次創作が集中し，大多数の作品には参照が少ない実態が表れており，べき指数は，0.311（回帰分析の t 値は -11.95）となり，この次数分布もスケールフリー・ネットワークになっていた。これら社会ネットワークを説明する概念と分析指標は，統計学の「統計量」とは区別して「特徴量」と呼ばれるが，詳細はグラフ理論として，後の第4章および第5章の実証分析のところで触れることにしたい。

4 社会関係資本と趣味コミュニティ

4-1. 社会学と社会関係資本論

ユーザー・コミュニティの研究には，オンラインという手段の特性や関係のネットワーク行動などを論じる以前に，そもそも人々が集まる集団としてのコミュニティの特質を社会学的観点から捉える出発点も忘れてはならない。社会学研究の中では，「コミュニティの危機」が古くから論じられてきた。アメリカの社会学者，マッキヴァー（R. M. MacIver）は，『コミュニティ』において，

社会の歴史的な統一を全体的かつ包括的に捉えるため，「コミュニティ」と「アソシエーション」の概念を主張した（MacIver 1917）。「コミュニティ」は，人間の共同生活を血縁や地縁で支える基盤としての役割を果たすが，近代化とともに衰退していき，これを補う役割として，自らの意思で目的や関心をもって参加する「自発的結社（ボランタリー・アソシエーション）」が注目されていく。ボランタリー・アソシエーションとは「人々が自由・平等の資格で，かつ自由意思に基づいて自発的に共通目的のために集まる非営利・非政府の民主的組織」であり，具体的には，職業別労働組合や社会運動，ボランティア活動，地域の趣味的クラブやサークルなどである。佐藤（1982）は，このボランタリー・アソシエーションを分析し，(a)誰もが自由・対等に意思決定に参加し，(b)メンバーの自発主義で運営され，(c)ネットワーク組織を形成する，という特質を指摘した。

　一方で，ソーシャルメディアに特徴的な多様な「つながり」はどのように説明されるのだろうか。mixi のコミュニティは管理者とメンバーの存在が可視化され，Twitter では個人対個人のつながりが形成され，グループの境界ははっきりしない。LINE では中心となるメンバーのトークは個人対個人か親しいグループに限られる。一方で仮装空間でプレイヤー同士が交流する「アメーバピグ」のようにメンバーの目的や利害を強く共有して結びつくサービスもある。

　本書では，ネット社会の協働コミュニティにおけるユーザーの参加行動を捉えるために，社会関係資本論で蓄積された概念と仮説を引用したい。これまでに，社会関係資本（social capital）とは，社会の人間関係の中に資本的要素を見出すところから，社会のネットワークにおいて規則性や行動規範が発達すると，集団の取引コストが削減されるという視点に立つ（Coleman 1988）。ある集団内部で形成されたネットワークや規範，信頼などが資本的な役割を果たし，メンバーの教育や雇用の目標達成に貢献するという主張である。つまり，資本（capital）を人的資本や物的資本ではなく，人間関係とそのネットワークそのものに当てはめるユニークな概念を指す。このネットワークの単位は家族や地域といった狭いコミュニティから拡張され，集合財的な視点から，政治学

者のロバート・パットナム（Robert Putnam）は社会関係資本を「信頼や互酬性の規範が成り立つソーシャル・ネットワークとそこに埋め込まれた社会的資源」として定義し（Putnam 1993），「信頼（trust）」「互酬性規範（norms of reciprocity）」「市民参加のネットワーク（network of civic engagement）」という 3 つの要素から構成されるものと定義した。社会のメンバー間にまず信頼が醸成されると，「他人の利益のために行動すると自分に見返りがある」との期待が生まれ，他者の利益に貢献する。この互酬性が社会的な規範にまで高まると，規範に基づくソーシャル・ネットワークが形成されていく。これが社会関係資本であり，それが社会に埋め込まれると，今度は社会関係の中で人々が相互の利益を獲得するように，協調や調整が促される。続く Putnam（2000）では，過去 30 年間でアメリカの社会関係資本があらゆる社会や組織で衰退している事例を示し，とくに若い世代ほど社会参加の指向が薄れている影響の大きさを指摘している。

　一方で，社会関係資本論は，個人や組織に埋め込まれた個人財的な資源（resource）と考える視点もある。個人のキャリア形成や昇進に寄与するネットワークや個人の心身の健康にネットワークが与える影響などであり，Lin（2001）は，社会関係資本に対する投資とアクセス方法，その効果というプロセスから社会関係資本のモデルを提示している。

　さて，集合財的視点から社会関係資本を主張する Putnam（2000）によれば，2 つの典型的な形態がある。人々が閉鎖的で強い紐帯（結びつき）からなるネットワークの中で特定メンバー間の個人的な信頼を育て，特定相手の互酬性規範を作り上げる「結束型社会関係資本」と，開放的で弱い紐帯からなるネットワーク内で一般化された互酬性に基づいて行動しながら信頼を形成する「橋渡し型社会関係資本」である。前者には同質性の高い資源が，後者には多様な資源が蓄積される。「結束型社会関係資本」は，特定の互酬性を安定させて連帯を動かすのに都合がよく，メンバーの選択や必要性によって内向きの指向をもち，排他的なアイデンティティと同質的集団を強化していく。例として，民族ごとの友愛組織やカントリークラブなどがある。これとは対照的に，「橋渡し型社会関係資本」は外部の資源との連携や情報伝搬において優れ，グ

ラノヴェッターが主張した職探しの場面で強力に働いた「弱い紐帯の強い結びつき」のような例がある。これら2つの形態は，社会ネットワークの分類方法ではなく，社会関係資本のさまざまな形態を比較して説明する際の次元である[4]。

4-2. オンラインと趣味コミュニティ

　次に，インターネットメディアのつながりを研究する宮田（2005）は，インターネットのオンライン・コミュニティ（電子掲示板やメーリングリスト）において消費者が商品関連情報を見たり発信したりする行動について質問紙調査を行っている。コミュニティにコメントを書き込む消費者の動機として，「他人と情報共有することで自分も得をする」「他人が私を助けてくれると期待しているので，自分も他人を助けるのが公正と思う」という社会一般の互酬性規範や，「問題を解決するのがうれしい」という自己効力感の理由などで高い回答を示している。そして，オンライン・コミュニティに参加する不特定個人が信頼できるかどうかについて，人間関係信頼と情報的信頼とに分け，それぞれの対象を3つに区分し，特定参加者との相互作用経験から信頼を形成する特定的信頼，コミュニティへのアイデンティティを信頼するカテゴリー的信頼，そして社会一般への信頼に細分化して整理する。そして，オンラインの消費者間コミュニティを橋渡し型に類似させて，コミュニティには不特定多数の人々が匿名かつ低い関与で対等に参加しているので，開放的で弱い紐帯が形成されるという。多くのユーザーが互酬性規範の期待から情報や資源を提供することで自分の利益になると考える動機から一般化された互酬性が形成されていき，それが協力行動を促し，さらに信頼感が醸成される。しかし，一人ひとりの提供回数は少ないので，そこに埋め込まれる資源は異質であり，多様になる。つまり橋渡し型社会関係資本が生まれると結論づけた。

　一方で，社会関係資本論を趣味でつながる協働コミュニティの文脈で研究する流れもある。浅野（2011）は，趣味コミュニティに関する研究として，社会関係資本論を援用し，異質な人たちが趣味を通じてつながる人間関係，すなわち「趣味縁」を取り上げている。趣味縁は，地域の草野球チームから学生時代

から続くサークル仲間，勉強会，さらにはコミックマーケットに出店するマンガの同人誌サークルから能や歌舞伎を鑑賞するグループまで，さまざまなつながりで見られる。浅野（2011）は，趣味という私的に楽しむ領域が公共性とどのように関係するのかに注目して社会関係資本の考え方を援用する。

　パットナムも，趣味でつながるグループが，二次的結社として対等な横並び関係の中で，一人ひとりの個人では解決困難な問題に取り組む重要性を指摘しているが（Putnam 1993），問題は趣味縁がどうして異質な人たちをつなげる効果をもつのかである。この点で浅野は，趣味縁のコミュニティには，その趣味が共通点となって個人の生活環境の異質性が相対化されて交流の敷居が下がり，コミュニティの内部に集団外のさまざまな上下関係を無効にする力が働くからであると推測する。つまり，好きなマンガやボカロについて語るコミュニティでは，年齢や職業，また国籍や社会的な地位など個人的属性の違いが障害になることはなく，マンガやボカロを愛好する人たちは対等な立場で交流できるわけである。さらに趣味でつながる縁の求心力として次の3つを挙げる。第1に，趣味縁では趣味への愛が深ければ深いほど，その内部に葛藤を生みだすこと，第2に，その葛藤は同じくその趣味への愛によって（つねにというわけではないが）克服されること，第3に，その葛藤が克服される過程で尊敬や敬意の承認関係がメンバー間に働くことが重要になる，と指摘している。

　最後に鈴木（2014）は，オンライン上の趣味や楽しみを中心としたコミュニティが，ある種の公共性を獲得し，佐藤（1982）が挙げるボランタリー・アソシエーションを形成していることを指摘した。本来，社会性が欠如した差別対象として見られる「オタク」が，趣味およびネットを媒介としたコミュニケーションにおいては，卓越した協働能力を発揮して新たな参加型社会の原理を生み出しているという。また，人間が身近なコミュニティから誰しも求める他者からの「承認」や「賞賛」という願望が，家族や友人，恋人という一人ひとりの影響力よりも，膨大な数の影響力がフィードバックされる。ニコニコ動画のコメントや再生回数，Facebookの「いいね！」，Twitterの「リツイート」「お気に入り」の数が数百人から数百万人におよぶ承認の機会が，等しく投稿者に与えられており，そうした「表現と承認の場」もユーザーにとって，コミュニ

ティに参加する大きな動機になっていると考えられる。

5... ユーザー・コミュニティと参加型プラットフォームの研究

　以上，消費者間相互作用，社会ネットワーク分析，社会関係資本論などの理論研究を紹介してきたが，ここでは本書のテーマである「ユーザー・コミュニティ（user-community）」に関連する既存研究をレビューする。ユーザー・コミュニティは企業の経営者やマーケティング担当者にとって，製品・サービスを開発するための有益な情報やヒント，アイデアを提供する源泉であり，ユーザーが積極的にビジネスのプロセスに参加して売り手企業と価値を高め合う（共創する）場にもなる。そこで，①価値共創とユーザー・コミュニティ，②ユーザー・イノベーションとクラウド・ソーシング，③ユーザー参加型プラットフォームの観点に分けて紹介する。

5-1.　価値共創研究とユーザー・コミュニティ

　本書では，ユーザー・コミュニティ（user-community）について，「売り手や市場を意識した消費者（consumer），顧客（customer），ユーザー（user）が，情報共有や交流，支援，また集団への帰属意識，社会の中でアイデンティティを共有する人たちの間でつながるネットワーク」と定義しておく。このユーザー・コミュニティが価値共創（value co-creation）の場として注目されている。実務的には，ユーザー（消費者）・コミュニティは，企業が自社のインターネット上のサイトにソーシャルメディアを開設し，企業と顧客，また顧客間の関係をつくり，それぞれが主体的な行動で価値を創造する場であり，社会参加の場という意味にもなる（Prahalad and Ramaswamy 2004, 武田 2015）。その成果は，企業が製品開発や効果的なマーケティング戦略に活用する狙いがある。ここには，売り手である企業，買い手である消費者，そして消費者が集まる市場という三者間の関係パラダイムの大きな転換が示されている。すなわち，従来の市場概念では企業が価値を創造して，その製品・サービスの販売対象である消費者に対して，市場は価値を交換する場であると捉えられていた。新しい市

70 第2章 理論研究

場概念では，消費者と企業の関わりは近づき，両者は協働のパートナーであり，競争相手にもなり，市場は時々の文脈に沿って共創の経験を育む場に変わる。Prahalad and Ramaswamy（2004），Ramaswamy and Gouillart（2010）は，企業とユーザー，ユーザー間の対話が盛んになると，企業に頼らずに個々のユーザーが企業を選んで価値を探るようになると指摘して，このユーザー・コミュニティを原動力に「フォーラムとしての市場」が形成されると述べた。レゴブロックや電子証券取引等の事例研究から，ユーザー・コミュニティが誕生して企業を介さない価値共創が起こり，ユーザー自身が製品を開発する結果を報告したり，売り手である企業自身が自社製品・サービスの権利を一部放棄したりすることで，ユーザー・コミュニティが活性化する事例も示されている[5]。企業がユーザー・コミュニティを活用するメリットとして，企業のR&D（研究開発）を助け，経営資源の充実を挙げている。デメリットは，熱心だが未熟なユーザーがいると品質と評判を下げることにつながり，企業がコミュニティを管理するための不文律を設ける必要を説いている。その後に，この概念は，Ramaswamy and Ozcan（2014）で，ビジネス，市民，社会，さらに自然の各コミュニティに拡張され，全体として共創のエコシステム（生態系）をプラットフォームで管理するケイパビリティ（能力）の必要性が論じられている。そこでは，ビジネスのコア・コンピタンス（中核能力）の所在が，企業内から取引関係，さらに消費者のコミュニティへシフトする変遷が整理されており，ビジネスのコア・コンピタンスを長年追求してきた研究者らがたどり着いた新たな源泉が，ユーザー・コミュニティなのである。価値創造の源泉の中で，共創（co-creation）の用語は経営学やマーケティングの研究，また実務でも概念的，思想的な文脈で論じられるときもあるが，本書では狭義の意味で共創の概念を使用したい[6]。

5-2. ユーザー・イノベーション研究とコミュニティ

　このように，ユーザー・コミュニティの概念は，価値共創の苗床として理論的に位置づけられる一方で，実務的にも，コミュニティから創発された成果でビジネスが拡大する事例が多数報告されており，主に製品開発におけるアイデ

ア創出や製品後の改善改良の段階でユーザーの貢献が示されている。一般に，ユーザー・コミュニティといっても，SNSで開設されるユーザー自由度と開放度の高いものから，特定企業が開設する，ややクローズドなユーザー顧客のコミュニティまで幅広い。武田（2011, 2015）は，現代のソーシャルメディアについて，実務的な観点から，①求めるものや目的（情報交換か関係構築か），②拠り所（実名で活動する現実生活か，匿名で活動する価値観を共有する発話空間か），という2つの基準で分類しており，企業のコミュニティは「関係構築×価値観共有の匿名空間」のポジションからスタートするのが望ましいと経験的に述べている。企業と消費者が，価値観で共鳴できる関係をつくる場ができれば，両者を隔てる間に対話という橋が架かり，そして，コミュニティの参加者間に帰属意識が育まれるのは，「ありがとう」という感謝のメッセージが含まれるときであるという。ピアプロのコミュニティを運営するクリプトン社も，その開設目的を「クリエイターに感謝する場」であると語っていた（第1章，伊藤 2012）。

　このユーザー・コミュニティから生まれる成果は，近年のユーザー・イノベーション研究でも注目されている。ユーザー・イノベーション（user innovation）とは，文字どおり，メーカーや売り手ではなく，製品を使用するユーザー（顧客）自身が，製品開発の担い手になるという意味であり，von Hippel（2005）を中心に，産業財や専門的な消費財を例に，ユーザー・イノベーションの担い手として「リード・ユーザー（lead-user）と呼ばれる先端的なメンバーの存在を重視し，リード・ユーザー主導で製品の開発や改良が促進される事例の研究と調査が蓄積されてきた。リード・ユーザーとは，重要な市場の中で先端的なニーズに直面し，その問題解決から高い効用が期待できる人たちである（von Hippel 1986）。

　このリード・ユーザーが関わって開発された製品が商品化されるのがユーザー・イノベーションの成果であり，多様な製品分野で実証研究が行われている。プリント基板の配線設計に使用するソフトウェア製品（Urban and von Hippel 1988），図書館のオンライン検索システム（OPAC）の改良（Morrison et al. 2000），スポーツ愛好者が活動する複数のコミュニティにおける製品改良に

関する先端的ユーザーの貢献（Franke and Shah 2003）などであり，いずれの研究もイノベーションに関わる少数のリード・ユーザーの存在可能性を示唆し，質問紙調査の結果をロジットモデルなどで検証している。最近の Franke and von Hippel（2003）や小川（2013）では，消費者を対象にしたユーザー・イノベーションの調査で，コミュニティに属するユーザーは，個人ユーザーよりもイノベーション成果（複製，採用，商用化）が高い点を報告している[7]。コミュニティに属するユーザーは，他人を意識してイノベーション情報を公開する傾向があり，その理由として，「他人や企業に認められたい」「他人の手を借りて製品をより良くしたい」「金銭的報酬を得られるかもしれない」を挙げている。こうした消費者ないしユーザーがコミュニティを介してビジネスの主導的な役割を果たす点に注目した先駆的な研究として，コンピュータの基本ソフト，Linux を初めとするオープンソース・ソフトウェアの研究があり，Raymond（1999），Lerner and Tirole（2002）は，オープンソース・ソフトウェアの開発プロジェクトに参加するプログラマーたちが，高品質のコードを無償公開することでコミュニティ内での名声が高まると感じていることを主張した。Jeppesen and Frederiksen（2006）の研究では，ソフトウェア開発企業が音楽制作用ソフトウェアの製品改良にあたり，自社のインターネット・サイトにユーザー・コミュニティを主催し，ユーザー自身が改良作業を担う仕組みを作った成果について，ユーザーへの質問紙調査の結果から報告している。それによると，ユーザーがイノベーション情報を自由に公開することでユーザー間相互に利益が生まれ，開発企業にとっては開発コストの低減につながる成果を挙げ，また革新的なユーザーの特性として，IT スキルはあるが職業的なプロフェッショナルではなく趣味愛好家であり，仲間ではなく企業からの承認に動機づけられていることも発見している。コミュニティへの参加動機には，このほか参加から得られる直接的な金銭報酬のほか，キャリアやスキルのアップ，学習など間接的な要因が指摘されている（Lakhani and Wolf 2005）。イノベーション・ユーザーが自分の情報やコンテンツを無償で公開すると社会の公共財に変わり，知的財産権の利益を失うというデメリットがある一方で，ユーザーのこうした行動が積極的に見られるのはなぜなのか。その動機についても研究

の関心が集まっている（von Hippel and von Krogh 2003, 2006）。

5-3. クラウド・ソーシングと集合知

　インターネットの普及とデジタル技術の発展に伴い，企業が，自社のイノベーションや問題を解決するために，インターネットを使用した不特定多数のユーザー，群衆（クラウド）を活用する例も増えている。日本では，石井・厚美編（2002）や池尾編（2003），石井・水越編（2006）が，オンライン・コミュニティの本質と可能性を経営・マーケティングの立場から取り上げた実証的研究がある。池尾編（2003）では，ネット・コミュニティの特性を時間と空間の制約を越えて，n対nの匿名のコミュニケーションが行われ，その結果が不特定多数の人々に向けて，時間と空間の制約を越えて開かれており，そこには顧客間の相互作用に企業にも参加機会があるとしている。石井・水越編（2006）では，オンライン・コミュニティをマーケティング上のツールとして活用する方法（直接的な課金収益，人々が集まる場，商品のイメージと共感を育む，製品情報のデータベース，製品開発のアイデア源）もまとめている。その後に，ユーザー・コミュニティから創発される成果を製品開発に生かす「消費者参加型商品開発のビジネスモデル」が登場し，ユーザー・イノベーションのインフラ環境としても期待されるインターネット上のコミュニティについて，日本企業の先行事例を研究した小川（2002），清水（2003）は，消費者主導型商品開発の仕組みを紹介する。この分野の先駆けである日本の企業，「空想生活」サイトを運営する株式会社 CUUSOO SYSTEM では，消費者の「集合知」を活用して多くのヒット商品を世に送り出している。「空想生活」について研究した清水（2003）は，製品開発ビジネスモデルとしての可能性を検討し，消費者の意見を取り入れる基準と条件の重要性を指摘した。同様に，西川・本條（2011）は，「無印商品」のクラウド・ソーシングについて事例研究を行い，ユーザー参加の多様な目的がコミュニケーションの不全や意見の拡散を招く問題点を指摘し，その多様性をどのように収束させマネジメントしていくかが重要であると述べている。

　この「クラウド・ソーシング（crowd-sourcing）」とは，一般に企業等が抱え

74　第2章　理論研究

るさまざまな問題を解決するために，インターネットなどを通じて広く群衆に
解や提案を求める仕組みである。そのプロセスで注目されるのが「集合知（col-
lective wisdom）」である。集合知とは先のオープンソースのソフトウェア開発
プロジェクトでも注目されたが，多様かつ大規模な人たちが集まる労働力は，
1つの深い専門分野に精通した労働力と比べて，よりよい解決法を効率的に見
つけ出すという経験則から導かれている[8]（Surowiecki 2004）。

　Page（2007）は，この原理を理論的かつ数学的な厳密性から解明を試みた。
多様性を予測する定理として，簡単な数値例で，集団が予測する誤差は，個人
の誤算の平均値から予測の多様性（分散）を引き算したものに等しいことを示
した。予想の分散幅が大きいと予想の多様性は互いに打ち消し合う（二人の予
測が，30と70，正解が50である例など）。ここから，Pageは一定の条件下（①
問題の難易度が高い，②集まるメンバーが皆，優秀である，③その人たちの思考は
多様である，④メンバーの集団規模が大きい）において，専門性の高い能力の個
人が集まる集団がもつ同一性思考よりも，大規模で多様性の高い人たちが集
まって生まれる思考のほうがよりよい解決策に到達しやすいという結論を導い
た。具体的には，社会や経済の現象を予測するモデルとして，また難解な問題
について最適な解を導き出すヒューリスティクス（手続き的知識）として有効
である。続くHowe（2009）では，この集合知を有効に活用できるクラウド・
ソーシングの分野として，難問解決や市場予測のほか，クリエイティブな
UGCを挙げている。ウィキペディアやYouTubeへの投稿は，ユーザーのク
リエイティブなエネルギーを引き出し，これを集合知のコンテンツとして一般
大衆へ伝える。しかし，クリエイティブな作業にクラウド・ソーシングを活用
するには，参加メンバーが深く関わりあうコミュニティを育む必要があり，そ
こでは経済的報酬よりも，メンバー同士の交流を通したスキルの向上について
相互に支援し合う場になるという。

　最後に，このクラウド・ソーシングについて，Boudreau et al.（2011），Bou-
dreau and Lakhani（2013）は，包括的に4つのタイプに分類している。①大
規模かつ多様な実験を自由に行い，複雑で新しい問題に対する価値の高いソ
リューションを生み出す「コンテスト方式」，②ユーザーと群衆が協力した成

果物を集め，統合することで全体として整合性のある価値を生み出す「協働コミュニティ」，③自社の主力製品に対して，ユーザーが抱える多種多様な問題を解決するイノベーションの基盤（プラットフォーム）を補完的に生み出す「コンプリメンター」，④独立した多種多様な業務を遂行する人材を効率よく柔軟にマッチングさせる「労働市場」，の4つである。コンテスト方式は，複雑で未知な難問で解決策が見出されていない場合に，Apples社がiTunesのようなプラットフォームを活用して補完的事業者からの協力を引き出したように自社製品を中心に顧客へのソリューションが有効な場合にそれぞれ適しており，そして労働市場での活用はクラウド・ソーシングの早期の事例である。協働コミュニティは本書のテーマでもあり，Boudreau and Lakhani はクラウドには企業組織のようなコントロール可能な手段やルールがないため，知的財産権を保護することができず，ゆえに比較的単純なプロジェクトに適していると述べている。

5-4. ユーザー参加型プラットフォーム[9]

ユーザー・コミュニティがビジネスの価値共創として創発成果を生み出す研究が進むのと並行して，創発が生み出される「場」の設計や仕組みについても，既存研究でユーザーが参加する「プラットフォーム（platform）」と呼ばれる協働の共通基盤が注目されてきた（Kotler et al. 2010）。これまでに紹介してきたクラウド・ソーシングや消費者参加型商品開発，そしてユーザー・イノベーションの各研究は，すべてコミュニティから生まれる成果に注目しており，その環境をどのように設計して運営するかが，企業にとって重要な実務上の課題となっている。プラットフォームは産業界でも広くビジネス活用の手段として用いられ，Evans et al. (2006)，平野・ハギウ (2010) は，「プラットフォーム・ビジネスとは複数のグループのニーズを仲介することによってグループ間の相互作用を喚起し，その市場経済圏を作る産業基盤型のビジネスモデル」と広く定義して，昔から築地市場や証券取引所，百貨店，雑誌などにも見られたが，いま注目されている理由として，①技術進歩が速く，1社の技術でサービスを提供するよりも他社との提携のほうが効率的である，②顧客ニー

ズが多様化して，1社の力で応えることが容易でなくなってきた，③インターネットを初めとするITの進化で取引コストが劇的に低下して外部ネットワーク効果が働くようになった，④デジタル技術や通信技術の発達から，電話，放送，通信，出版など今まで出口の位置で分類されてきた産業がいったん壊され，全く新しいメディアに収束・統合されるデジタル・コンバージェンスが進んでいる，ことを挙げている。これに対して，長年にわたりビジネスとプラットフォームの関わりについて研究してきた國領（2013）は，プラットフォームが重要になるのは，異質なものの結合から価値を生み出そうとする際に，多様性と共通性のバランスが大切になるからだと指摘する。同質のものがいくら集まっても相互作用の中から新しいものは生まれず，多様なものがあっても，共通性となる接点がないとつながらない。そこで，共通基盤となるプラットフォームを提供することで，多様で異質なヒトやモノが情報を介してつながる構造が形成され，その設計が今日のネットワーク経営の中心的な課題になると述べている。

　一方で，プラットフォームをビジネスに組み込む経済合理性について，Rochet and Tirole（2003）は，プラットフォーム間競争の「両サイド市場（two-sided markets）」と呼ばれるネットワーク外部性（network externalities）を使用した経済モデルから，業界や製品など相互に関係のある複数のグループをつなぐことで，無償による財やサービスの供給が利用ユーザーを増やすメリットなど合理性があることを見いだしている。この両サイド市場について，Eisenmann et al.（2006）では，インターネットを経由した小売業とクレジットカード決済サービスなどの双方向市場で，2つのサイドに所属するユーザーを同時に引きつけることで，どのように効率性が高まるのか，また，そこにはどのような企業間連携が見られるのか，などについて検証を行っている。

　それでは，すぐれたユーザー参加型のプラットフォームを設計するには，どのような具体的な指針が必要になるのか。ふたたび國領（2013）では，引き続き参加インセンティブの代表例として経済的インセンティブを挙げる。経済的インセンティブをどのように提供するかは，プラットフォームによって異なり，つながりが生み出す創発的な価値をプラットフォームが補足して収益化し

た上で，メンバー間に分配する形をとるのが自然であると述べるが，インセンティブには非経済的なものとして，ボランティアの貢献のような社会的な認知や達成感の提供もある。すべてのメンバーが経済的・非経済的なメリットを享受できる関係を作りだせるか否かが，つながりのプラットフォームの成功の分かれ目になるという。

　最後に，価値共創研究の文脈から，Ramaswamy and Gouillart（2010），Ramaswamy and Ozcan（2014）でも，共創システムを構築するうえで，参加型プラットフォームがユーザーや従業員，サプライヤーなど関係者間で生まれた経験を独自の価値創造につなげていくために欠かせない基盤であるとして，ウェブサイトや小売店，モバイル端末，公開コミュニティなど，さまざまな形態について事例を挙げている。バリュー・チェーンの上流（デルの製品開発，ノキアのソフトウェア開発，アップルのアプリ開発）からマーケティング・ブランド設定の段階，さらに下流における多様な顧客体験（製品，サービスと顧客間の交流）で，関係者の交流を促進する基盤になるとしている。このようなプラットフォームを運営するために，Parker and Alstyne（2010），Parker et al.（2016）では優れた規則とアーキテクチャー（基本設計）として，参加者の自由度や開放度をどのように設定するかが重要であると主張する。オープン・アーキテクチャーはアプリ開発ツールのようなプラットフォームのリソースを広く使用することを認めて新しい価値源泉を生み出す仕組みであるが，取引と報酬の規則を開放しつつ，アーキテクチャーを閉鎖的にするとプラットフォームへの参加が増えない。またアーキテクチャーへのアクセスを開放するほどコンテンツの品質低下を招く。初期のプラットフォームは閉鎖的な規則とアーキテクチャーでスタートし，その後に新しいインタラクションの方法を取り入れて開放的に向かうが，コンテンツの作り手と買い手が交換を通じて共創的に価値を向上させていかなければならない。

6 ●●● 展望（ユーザー・コミュニティの理論と本書の目標）

　最後に，本書の UGC のユーザー・コミュニティ研究に対して，これまでレ

78　第2章　理論研究

ビューしてきた理論研究がどのように関わるのかについてまとめておきたい。

　まず，ユーザーが集まるコミュニティの中でも，本書ではクリエイティブな UGC が集まるインターネット・コミュニティを研究対象にし，これを「コンテンツ型ユーザー・コミュニティ」と称する。そこでは，ユーザーが創作したオリジナル作品が投稿される場になると同時に，二次・三次創作など N 次創作が連鎖的に派生する創発の場ともなる。この投稿作品の連鎖的ネットワークは，第 1 章でみたように実務的には示されてきたが，経験的には実証されていないため，社会ネットワーク分析（およびグラフ理論）を用いて構造的に解明するとともに，消費者間相互作用と製品普及の理論から定量的な成果指標を解釈する。一方，価値共創とユーザー・イノベーション研究の概念と研究成果は，コミュニティ内ユーザーの動機や行動を考察するのに有用である。ユーザーが自分の作品をコミュニティへ積極的に投稿・公開するのはなぜか。他者からの二次創作を許容するのはどうしてか，などユーザー行動を説明する仮説モデルを構築するうえで足がかりになる。その際に，ユーザー間のやりとりとコミュニティ特性を解明するために，社会関係資本論の視点が役立つだろう。そして，ユーザー・コミュニティを参加型プラットフォームとして設計・運営するために，クラウド・ソーシングの課題やそこで集合知が形成されるダイナミクスについて既存研究をもとに考察する意義がある。

　これらの理論研究をふまえた上で実証研究を行い，その成果から，UGC が集まるユーザー・コミュニティに関する新たな理論仮説を導くのが本書の最終的な目標である。

注

(1) 同様に，「ソーシャルメディア」や「オープン・メディア」なども文脈によって多様な意味で用いられている。本書では，UGC について研究する意義から，ソーシャルメディアの中でも，コンテンツの流通が主体になる媒体をオープン・メディアと称することにしたい。これはサイトの運営側から見た視点である。一方で，そのメディアの中でもユーザー視点でその集まりを議論する際には「ユーザー・コミュニティ（user-community)」（ユーザー側）と称していく。

(2) 「弱い紐帯がもつ強さ」の仮説は，このほか，コミュニティ問題からパーソナル・ネットワークを考察した Wellman（1979）の古典的な研究でも，紐帯が多様で，ネットワー

クの密度が隙間だらけであることは，協働の連帯性を弱めるものの，さまざまな偶発的な事象に対応するための構造的基盤を提供してくれると述べている。

(3) スモールワールド・ネットワークは，その後に具体的なデータによる実証が進んでいるが，その中で頂点の均等的な配置に関する非現実性が問題点として指摘されている。現実の情報伝播やネットワークには頂点に質的影響力の非対称性や階層性があり，必ずしも中心性の大きさがネットワーク構造を決めるものではないとする批判である。たとえば，中心性ではなく，その外側にクモの巣状に頂点間を橋渡ししながら拡大していくネットワーク構造（Wu and Holme 2011）や，中心性の低い弱い紐帯でつながった頂点の集団的影響（Morone and Makse 2015）などである。本書でも第5章のニコニコ動画コミュニティ内で抽出された大きな作品間の参照ネットワークは，作品・作者の中心性がそれほど高くない頂点の集まりであった。

(4) 日本のマーケティング研究においても，ネット・コミュニティのビジネスを考察する視点として「橋渡し型社会関係資本」が参照されている（石井・水越編 2006）。また，企業のコミュニティサイトの先進事例を研究してビジネスモデルを提案した石井・厚美編（2002）もある。

(5) 「売り手である企業自身が自社製品・サービスの権利を一部放棄することで，ユーザー・コミュニティが活性化する事例も示されている」。

　これについては第4章でも，ボーカロイド・ソフトウェア製品を発売するクリプトン社が開設する創作投稿サイト「ピアプロ」において，同社公式キャラクターを模倣するバーチャルシンガーのコンテンツが投稿されたのち，この模倣キャラクター（「重音テト」など）の二次創作に関する投稿を当社自身が「公認」したところ，二次創作のイラスト投稿が急増した事実が紹介されている。クリプトン社が自社製品に関する著作権を厳格に行使する形で模倣コンテンツを排除せず，むしろ投稿を許容することにより，このコミュニティへのユーザー投稿が活発になったのである。

(6) 一方で，「顧客は価値の共創者である」という基本前提から価値共創の世界観を捉えなおす視点が「サービスドミナント・ロジック」（以下 S-D ロジック：Service Dominant logic）である。この論理の提唱者である Vargo and Lusch（2004）によれば，「価値共創」には製品開発やサービス・マーケティングで考察されている消費者参加型の製品やサービス提供プロセスに顧客が参加する行為は含まない。自動車メーカーの例でいえば，自動車メーカーと部品サプライヤーは部品の調達と組み立て生産では価値を生み出すことはない。自動車を運転するドライバーの行為があって初めて両者の価値は共創されるのであり，顧客がイケアの家具を自ら組み立てたり，製品デザインの企画に参加したりする例を指す（Vargo et al. 2008）。本文でレビューした Prahalad and Ramaswamy（2004）に始まる価値共創研究は，企業にとって価値ある競争力の源泉が企業内から企業間ネットワーク，そして消費者（顧客）の中に所在するという戦略論の立場からみた変遷であったが，S-D ロジックは「すべての経済取引の基盤はサービスである」という基本前提（fundamental premises）を置き，それまでの製品中心の論理（G-D ロジック：Goods Domimant logic）が交換価値の実現を重要視したのに対し，製品やサービスの使用や経験という現象を通して顧客が主観的に価値を認識する「文脈価値」に重きを

80 第2章 理論研究

置く。この文脈価値が,「受益者（顧客）によって現象学的に評価される」という基本
前提は抽象レベルの高いメタ理論であり，具体的な企業やユーザーの価値共創を S-D ロ
ジックで説明して理解するにはさらなる精緻化が求められる（Vargo and Lusch
2014）。その中で，本書で扱うユーザーの手による UGC の N 次創作の連鎖とネットワー
クは，S-D ロジックをより精緻化するのにも有効なヒントを提供してくれると考える
が，これは別の機会に議論したい。

(7) 最近のユーザー・イノベーション研究の成果をまとめた Harhoff and Lakhani（2016）
の論文集のタイトルは『イノベーション革命：ユーザー，コミュニティ，オープン・イ
ノベーション』となっており，ユーザー・イノベーションとコミュニティの関わりを示
した論文が多く収録されている。

(8) 集合知の研究事例には，個人の能力が多様である前提で，家畜見本市で雄牛の体重を参
加者が投票で当てる事例や，ビンに詰めたジェリービーンズの数を学生が推定した事例
などがあり，本格的な実験ではチェスの世界チャンピオンにネット集合知（世界から自
由参加で集まった 5 万人のチーム）が対決を挑んだ例がある（Surowiecki 2004）。

(9) 本書では，「コミュニティ」「オープン・メディア」「プラットフォーム」などの類似用
語を次のような意味に整理して使用していく。「コミュニティ」は人と人が集まる場と
いう意味で，「プラットフォーム」はコミュニティという場の制度的な設計や仕組み，
そして「オープン・メディア」は視聴者ないしリスナー・ユーザーからみたプラット
フォームとそのインターフェイス，をそれぞれ論じる際に区別して使用する。

第3章

ビジネス創発事例

要約

　本章では，コンテンツ型ユーザー・コミュニティから創発されたビジネスの事例研究を紹介する。第1節では，ゲームソフトの開発に焦点を当てて事例研究を行い，ユーザー（顧客）と企業が開発時点でどのようにインタラクションを展開し，開発が進められたのか記述する。そこから得た知見は，単にキャラクターや原作を「コンテンツ」として企業が活用するのではなく，ユーザー・コミュニティから創発された集合的な共創価値の中に企業が参加するという姿であった。それは，これまでの価値共創研究が説明してきた企業主催のコミュニティに顧客を参加させるというプロセスとは異なるものである。

　また第2節では，ユーザー・コミュニティの力を企業内部で創発してマーケティング戦略へ生かす企業のユニークな事例研究を行う。ユーザー・イノベーションなどの理論研究では，ユーザー・コミュニティは売り手（企業）が主導で，企業の外側に形成される例が多いのに対して，ここではユーザー・コミュニティの形態が多様であることを示したい。事例研究から得た知見は，企業内の従業員がユーザーとなってコミュニティを作り，自由な創作活動を共創し，その成果をマーケティング戦略に活用するというユニークな取り組みであった。すでに存在するユーザー・コミュニティの力を活用するのではなく，企業自らが社内に従業員を中心としたユーザー・コミュニティを組織し，そこで創発された内部の力から独創的なマーケティング戦略を生みだすプロセスである。

1 ユーザー・コミュニティ創発のゲームソフト開発

1-1. 本節の目的とビジネス創発の展開

本節では，「初音ミク」現象の中から，「初音ミク」を中心に据えたゲームソフト開発事例を取り上げる。株式会社セガホールディングス（以下，セガ社）のゲームソフト『初音ミク -Project DIVA-』（図3-1）を取り上げ，その開発プロセスから集合的な共創価値がどのように実現されてきたかについて事例研究を行い，ユーザー・コミュニティ主導の開発プロセスを明らかにする。

「初音ミク」現象のビジネス展開は，図3-2のように2つの軸から捉えられ，第1に活動が展開される分野：「非商業展開（創作目的）―商業展開（ビジネス目的）」であり，第2に活動主体が誰か：「ユーザー主導―企業主導」であり，これらの組み合わせから展開される場面を以下の①～④の4つに分類する（図3-2）。

①**ユーザー主導×非商業展開**：クリエイティブ・ユーザー主導で創作を目的に作品を創る展開であり，ソフトウェア「初音ミク」をユーザーが使用して楽

図3-1 『初音ミク -Project DIVA-』の商品パッケージ

（出所）© SEGA
© Crypton Future Media, INC. www.piapro.net piapro

図 3-2 「初音ミク」現象のビジネス展開区分

	非商業展開（創作目的）	商業展開（ビジネス目的）
ユーザー主導	① N 次創作 作曲⇒調整⇒作画⇒編集 ➡	③ CD，コンサート
企業主導	②動画共有サービス ➡	④カラオケ，着うた ゲームソフト コラボ・マーケティング

（注）　商業展開はすべて発売元との有償契約・提携あり。

しむ展開である。一般の製品・サービスと異なるのは，動画共有サイトに投稿されたユーザーの作品が，視聴者に楽しみを提供するだけでなく，視聴者＝リスナー・ユーザーがクリエイティブ・ユーザーに代わり，「N 次創作」と呼ばれる作曲⇒調整（チューニング）⇒作画⇒○してみた，などの連鎖が展開される場面である。

　②**企業主導×非商業展開**：第 2 は，①で生まれた創作の作品群を企業が動画共有や動画投稿のサービスで支援する展開である。ドワンゴ社の「ニコニコ動画」，クリプトン社の「ピアプロ」などがあり，ユーザーの作品投稿，視聴，上書きによる N 次創作の場となるユーザー参加型プラットフォームを提供する。

　③**ユーザー主導×商業展開**：①と②の展開で創作活動が活発になると，そこから商業展開に向けた流れが生まれてくる。「初音ミク」を初めとする歌声合成ソフトを使って楽曲を作るユーザーが，「ボカロ P（P はプロデューサーの意味)」を名乗り，自主制作のアルバム（CD）を発売したり，実際にコンサートを開く。特に人気となったボカロ P は，自作曲のアルバムを出すだけでなく，DJ としてライブイベントに出演したり，人気歌手やアイドルに曲を提供したりしながら活動の場を拡大する[1]。

　④**企業主導×商業展開**：①と②の展開は，さらに本格的なビジネス活動にも発展する。楽曲がカラオケ会社から配信されたり，携帯電話の着うたに採用されたり，またはゲームソフトやフィギュア，グッズ，感謝祭などへの展開である。ここでは，プロである企業が主導となり，ゲームソフトの開発，フィギュア，グッズの制作などを行い，市場が拡大する。ここで制作された「初音ミ

84　第3章　ビジネス創発事例

ク」は，ユーザー主導で創作された作品や素材をもとに，企業の専門技術と人材，組織などの経営資源をベースに完成度の高い製品として販売される。

　このように，「初音ミク」現象のビジネス展開は，クリエイティブ・ユーザー主導の創作活動から始まり，企業がユーザー参加型プラットフォームを提供して，動画共有や動画投稿のサイトを提供して共創価値が強化される。この参加型プラットフォームを起点として，ユーザーが活動の場をビジネスに移して本格的に広げたり，あるいは企業主導でビジネス展開される形で市場が拡大している。「初音ミク」現象を説明するには，これら4つのすべての場面の展開について，調査研究する必要があるが，本節ではこれらのうち，企業主導×商業展開の例であるゲームソフトの開発事例を取り上げ，製品開発の過程で，共創価値どのように実現されてきたか，そのプロセスを解明することにしたい。

1-2. 『初音ミク -Project DIVA-』の開発事例[2]
1-2-1. 製品の概要

　『初音ミク -Project DIVA-（プロジェクト ディーヴァ）』は，セガ社から発売されている音楽リズムゲームソフトである。ソフトウェア「初音ミク」に設定されているキャラクター「初音ミク」を起用し，「初音ミク」の楽曲とともにメロディアイコンに対応するボタンを曲のリズムに合わせて押して楽しむ。2009年7月にソニー・プレイステーション・ポータブル（PSP）専用ソフトとして発売され，2012年末までにシリーズ4作，2012年8月発売の4作目はプレイステーション・ヴィータ（PS Vita）版として発売，第4，5作はプレイステーション3（PS3）対応ソフトも同時に発売されている。2011年12月時点でシリーズ累計の売上は100万本を超えた。また，ゲームセンター専用の『初音ミク -Project DIVA-Arcade』も2010年から稼働している。

　本作は，クリプトン社から発売されたボーカロイド・ソフトウェアそのものの移植ではなく，キャラクターとしての「初音ミク」が登場し，歌声合成をもとに制作された楽曲を使用したリズムアクションを楽しむほか，キャラクターの衣装（モジュールと呼ばれる）を変更したり，部屋でくつろぐミクの様子を

観察したりできる。2012年発売の第4作では，AR（拡張現実）機能を使って映像や写真撮影ができるARモードのほか，PVやリズムゲームを自由に作れるエディットモード，キャラクターの日常生活を覗けるDIVAルームなども用意されている。楽曲は，オリジナル曲，ピアプロ公募曲，人気話題曲をうまくミックスしながら全体構成の魅力を高める一方で，ハード面である「PS Vita」の技術を十分に生かした機能を各作品に取り入れている。合わせて，家庭用ゲーム機であるPS3にも移植されている。

1-2-2. ユーザーとの協働による開発プロセス

本作が，他のゲームソフト開発と決定的に異なるのは，ゲームコンテンツの核心部分が，セガ社の所有や他の原作版権ではない点にある。ソフトウェア「初音ミク」を使用してユーザーが創作した数々の作品群の，いわばユーザー・コミュニティから創発されたコンテンツ（UGC）である。先の図3-2でみた①の区分である。このユーザー・コミュニティから生まれたコンテンツに，セガ社のゲームソフト開発技術を組み合わせて生まれた製品である。

シリーズの開発プロデューサーである林誠司氏は，「初音ミク」を主人公にしたゲームを開発するきっかけを次のように述べている。

「2007年9月にネットサーフィンをしていたら，『初音ミクがすごい！』という記事を見つけて，動画を見たら本当にすごかったんですよ。『これはおもしろいな！』って思って，さっそく次の日に同僚と話をしていたら，『じゃあ企画を作ろうか』っていう流れになって」

「その後に企画の方向性を巡って，長い期間，試行錯誤をしました。当初は，恋愛ゲームや，育成ゲームのようなものを作ろうか…という考えもありました。当時は初音ミクというキャラをどう扱うのがいいかわからず，いわゆる萌えキャラのように捉えようとしていたんです」

「リズムゲームの案は初期からありました。ただ，最初はシミュレーションパートの間にリズムゲームを挟みこんでいくようなものを検討しており，しかも既存の曲ではなく，ゲームオリジナルの楽曲を収録する方向で考えていました。しかし，クリエイターの手による人気楽曲がどんどん増えてきまして，個々の楽曲にフォーカスする方向にシフトしていきました」

86 第3章 ビジネス創発事例

「初音ミク」というコンテンツをどのように自社のゲームコンテンツに取り入れるか，試行錯誤が伺われ，また並行してコミュニティに楽曲が増加している現状も見据えていた。そこで「初音ミク」発売元のクリプトン社と許諾契約を結び，製品開発に着手する。その際に，クリプトン社が運営する創作投稿サイト「ピアプロ」を通じて，本作のための楽曲や衣装，ローディング画面などのイラスト作品を募集した。企画には 2,000 件を超える応募があり，実際に総勢 200 名以上のクリエイター作品が採用された。このユーザー参加について，林氏は次のように語る。

「1 作目の書き下ろしについては，まずメールなどで連絡差し上げて，そのあとに実際にお会いし，説明させていただきました。簡単なストーリーだけをお伝えして，あとはご自由にお願いします，という依頼でした。初音ミクのイメージのベースになるものはなく，みなさんが作った曲それぞれのイメージに付随しているんです。だから，これは SEGA が作った初音ミクだ，というスタンスではダメだと思ったんです。みなさんが創作をしているなかに，われわれも参加するような，そんな作り方を意識してました」。

ユーザー・コミュニティを通じた依頼から，楽曲 7 曲のほか，イラスト，コスチュームデザインが数多く採用されている。ピアプロを通じたユーザー参加のほか，すでにドワンゴ社が運営する「ニコニコ動画」で発表されている話題曲（代表曲は 500 万回以上の再生数を誇る「ワールドイズマイン」）も取り入れられた。

一方で，ゲームに登場するキャラクターは，既存の原作ではなく，ユーザーがイラストや動画の N 次創作の連鎖によって形成されているため，ユーザー主導で生まれた創作物を企業が製品に取り入れる際の苦労もある。林氏は次のように続ける。

「そもそも，初音ミクとは？というところから始まって，しゃべっていいのか？とか，歌うのは当然としても，ダンサーのように踊るのはアリなのか？など，ほかのキャラクターものであれば自明なことも，いちから考えなくてはいけませんでした。とはいえ，悩んでいるだけでは進まないので，プロの振り付け師とダンサーの方にお願いしてモーションをつけたところ，違和感がなかっ

たので，ミクって踊っても大丈夫なんだとわかりました」

「ミクはいわゆる"原作"というものがなく，いろんな動画やイラストが形作っているキャラクターなので，どうすればユーザーの皆さんに納得していただけるか，悩みましたね。結局，ミクという流れに棹さすのではなく，流れに乗ろう，という考えに至り，やがてクリエイターの皆さんと協力して作るスタイルができあがっていきました」。

　「初音ミク」には，コンテンツとして完成された原作が存在しないため，ソフトの中で動かすキャラクターとして詳細な仕様を決める必要があり，それには独自の解釈が伴う。同社エンターテイメントパーク事業部（当時）の赤堀敏孝氏も次のように述べる。

「これまでの自社開発のキャラクターを使用したソフト開発であれば親和性が高かったが，Project DIVA では，ユーザーが開発したコンテンツを使用しているので品質の維持に難しい点もあります」。

　次に，収録されているリズムゲーム曲がどのように制作されているか見てみる。まず，楽曲の選択は，先のユーザーとのコラボレーションを含めてクリプトン社との話し合いで決められる。その後，プロデューサー，ディレクター，演出担当でPVと呼ばれるプロモーション・ビデオ（映像作品）の構成を決める。構成案は，PV制作班がモーション・キャプチャー（現実の人物や物体の動きをデジタルで記録する技術）に変換し，各班の制作物を合わせていく。アニメ制作会社に背景制作を依頼することもある。また，PV制作でもユーザーと協働することがある。映像作品に続いて譜面を制作する。キャラクターの顔が隠れないようにしたり，曲のイメージやテーマに合わせて配置を変更したりする。譜面は家庭用とアーケード用のチームが合同で制作に取組み，ゲームの難易度別に4種類を作り分ける。

　その中で，動画共有サイトで楽曲を発表して人気となったユーザーであり，クリエイター（kz氏と八王子P氏）が，本作に楽曲提供するエピソードを紹介する。2人はともに，楽曲の公開で注目され，アルバムを発表してメジャーデビューを果たし，コンサートでDJ活動にも参加する。セガ社から楽曲（Weekender Girl）を依頼された際に協働で制作したプロセスは次のとおりである。

88   第3章　ビジネス創発事例

「八王子Pが作曲とVOCALOIDの打ち込みを担当し，kzが作詞とアレンジを担当した。八王子Pは作曲でラフな感じで気軽に聴けるメロディを書き，kzはアレンジと作詞で，1980年代のディスコ音楽を2000年代風にアレンジしたラフさと，サビに自分らしさを詰め込むコンセプトを重視した」。

　kz氏自身の参加についてのコメント：

「当初はゲームの企画に，オムニバス形式でいくつかのストーリーモードがあり，そのためのオリジナル曲を作ってほしいという依頼があったんです。『Far Away』『Star Story』の2曲はそのために作った楽曲です。……確か，『Star Story』のシナリオが宇宙を舞台にしたラブストーリーだったのは覚えています。『Far Away』も歌詞の内容に沿っていたストーリーだったとは思うんですけど…」。

　初音ミクとVOCALOIDシーンの初期から活躍したミュージシャンで作曲家のOSTER project氏は次のように語る。

「私がVOCALOID曲をニコニコ動画に投稿し始めたころは，今のようなVOCALOID文化は影も形もありませんでした。しばらくして，ドワンゴさんからお話をいただき私の曲が着メロになったりして，何かすごいことになってきたな，と驚いているときに，SEGAさんから，「初音ミクのゲームを作ります」というご連絡をいただきました」。

「最初は，SEGAさんから，参加アーティストごとにそれぞれにストーリーモードを作りたい，という提案をいただいたんですよ。……ストーリーが，絵描きの女の子をミクが歌で元気付ける，という内容でした。SEGAさんからはお話の最後に，ミラクルペイントを持ってきたいから，その前段階として，自信をなくしている女の子を元気づける曲がほしいと言われて，それで作ったのが『雨のちSweet*Drops』なんです」。

　同じくVOCALOIDシーンの初期から活躍し，初音ミクの多数のヒット曲を生み出すクリエイター，ryo氏は次のようにふりかえる。

「毎回お題などはいただいていなくて，好きなように作らせてもらえるし，納期はちゃんと決めてくれるしと，自分みたいなタイプの人間にはいいことしかない条件の中で，毎回チャレンジ的な部分を含めて作らせていただいていまし

た」。

作曲家で初音ミク概念を曲にした「初音ミクの消失」で大ブレイクした cos-Mo@ 暴走 P 氏も語る。

「SEGA さんからゲームに楽曲を収録したいというお話をメールでいただきまして，そこから楽曲を提供するようになりました。『初音ミクの激唱』がボス曲を想定した依頼ということで，これでもかとボーカルラインを詰め込んで打ち合わせにデモを持っていったら，SEGA のスタッフのみなさんが一瞬ポカーンとされていたことですかね」。

クリエイターでもある，これらボーカロイドのユーザーたちは，ニコニコ動画などのコミュニティへの投稿を契機に，企業の製品開発に参加することになり，制作された楽曲を，セガ社が二次創作する形で PV 作品とモジュールに仕上げていき，これも上のリズムゲーム制作プロセスに入る。

1-3. 考察─コンテンツではなくコミュニティ

以上，見てきたユーザーと企業の協働開発プロセスからわかる知見をまとめてみたい。まず，企業が発売するゲームソフトの開発は，「企業主導型（ここではセガ社）×商業展開」の分野に属するが，ここにはユーザー主導のプロセスも見出せる。これまでの既存研究において取り上げられる価値共創の事例では，ユーザー参加型プラットフォームを提供してユーザーの意見や要望を取り入れて製品を開発していく推進力は，あくまで企業主導である。製品・サービスの提供者である売り手が，顧客が参加しやすい仕組みやプラットフォームを用意し，顧客の力を借りて自社の製品・サービスの品質を高めようとする行動が見られる。しかし，『初音ミク -Project DIVA-』の開発では，クリエイティブ・ユーザーがコンテンツをセガ社に提供して開発に入るというよりも，「初音ミク」を中心に集まるユーザー・コミュニティの中に，セガ社がメンバーとして参加していると見るほうが自然である。しかも，そのコミュニティは特定企業が主催するものではない。それは大坪ディレクターの次のようなコメントに見いだせる。

「僕は，ミクは"コンテンツ"ではなくて，みんなで盛り上げていく"コミュ

90 第3章 ビジネス創発事例

ニティ"なのかなと思っています。楽曲を作る方や絵を描く方がいて，ユーザーの方がそれを見て，また新しいものを作っていく。その中で，僕らはゲームを作っているという感じです」。

　それでは「初音ミク」を中心にユーザーが参加するコミュニティとは，どのようなものなのか。図3-2の「ユーザー主導型×非商業展開」の中にあるN次創作の連鎖と，これを企業主導で支援する動画共有サイトの提供から形成されている。本書のあとの部分で明らかにするが，要約すれば，ユーザー同士が「初音ミク」を使って二次創作，あるいは三次創作を行い，その連鎖がオープン・メディアを基盤に拡大する中で形成される派生関係である。ここで，N次創作とは，一次創作物が二次創作物の構成要素となり，この二次創作物がさらに三次創作物へとつながる連鎖である。そして，これらN次創作の発表の場となっているのが，動画共有や動画投稿のサイトの存在である。ドワンゴ社が提供する「ニコニコ動画」やクリプトン社の「ピアプロ」が代表的なオープン・メディアである（第1章を参照）。ユーザー作品を動画で視聴体験できるという場が用意され，ユーザー同士の異なる体験の時間が同じ時間に同期される疑似同期型の仕組みが，1つのコミュニティとなりえる根拠となる。

　以上を整理すると図3-3のようになる。セガ社のゲームソフト『初音ミク-Project DIVA-』シリーズは，創発されたユーザー・コミュニティの存在と，動画共有サイトが提供するユーザー参加型プラットフォームから生まれる価値を共創するプロセスから開発されている。まず，ユーザー間で「初音ミク」の作品が生まれ，動画共有サイトをユーザー参加型プラットフォームとしてN次創作の連鎖が起こる（このN次創作については第4章で詳述）。セガ社はここでコミュニティに参加して楽曲の提供を受ける。その後，明確な原作や仕様のない「初音ミク」に解釈を行い，独自に価値を付与していく。セガ社が価値を付与した「初音ミク」仕様をもとにリズムゲームが制作される。開発・発売されたソフトの内容は，再び，ユーザー・コミュニティの中で評価され，動画共有サイトの中で製品を使用したユーザーが，その使用経験をアップロードして広める。そして，このループから，次の第2，第3のシリーズ続編が生まれて再び価値共創が繰り返され，製品価値は自己増殖的に向上していく。セガ社

図3-3 「初音ミク」ゲームソフト開発にみる集合的な共創価値

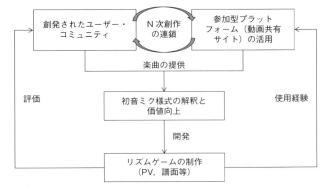

筆者作成。

は，このような集合的共創価値（collective co-creation value）が増殖するプロセスのメンバーとして，作品価値の向上に寄与している立場なのである。ここで集合的共創価値とは，コミュニティに属するユーザーの知恵や創作行動を集めて1つの作品ないしコンテンツ（ここではゲームソフトウェア）を創りあげる有用物の意味である。

1-4. 結論

ユーザーとユーザー，あるいはユーザーと企業が作品コンテンツの価値をコミュニティの中で共創して高めあう事例を紹介した。このような集合的な共創価値のプロセスには，企業主導でコミュニティをコントロールできないために，製品・サービスの開発が計画的に進まない問題点がある。ユーザー・コミュニティの中では，N次創作の連鎖が日々，自生的・無秩序的に生まれており，企業がそのコンテンツをどのように活用していくのかについて，線形の開発プロセスを想定することは難しい。これまでの顧客経験を取り入れる方法とは異なる新たな開発ルールが求められるだろう。多様な主体が発信する情報の結合から生まれる創発現象をコントロールするのは困難だからである。

次の課題として，「初音ミク」を中心とするユーザー・コミュニティそのものの詳細な解明と考察，特にN次創作連鎖の定量的研究が求められる。ユー

92 第3章 ビジネス創発事例

ザー・コミュニティとN次創作の連鎖が，全体として，どのような構造やプロセスを形成しているのか，その派生関係が「初音ミク」のビジネス展開にどのように影響を及ぼしているのかなど，解明すべき点は多い。また，「初音ミク」現象の展開は，これまでのビジネスの論理と枠組みで捉えることができないくらい，自己増殖的な拡大を見せている。これらの課題と事例研究から生まれた問題提起については第4章以下で順次，実証研究を行っていく。

2 ••• 企業内ユーザー・コミュニティ創発のマーケティング戦略

2-1. 本節の目的

「初音ミク」現象のビジネス展開として，ゲームソフトの開発事例研究を紹介した前節では，企業主導の製品開発でありながら，これまでのユーザー・イノベーション研究やオープン・サービス・イノベーション研究の報告には見られないユーザー・コミュニティの主導的な役割を報告した。特定企業がコミュニティを主催して，顧客の声を製品開発に活用するという限定的，かつ企業主導のプロセスでなく，ユーザー・コミュニティ主導で生まれた成果を企業が活用していく。ユーザーと企業との新しい集合的な共創価値を見出すことができ，これまでの既存の製品・サービスの開発事例や企業主導の個客経験の共創プロセスには見られない特異性を見出した。また，小川（2013）でも，消費者を対象にしたユーザー・イノベーションの調査で，コミュニティに属するユーザーは，個人ユーザーよりも高いイノベーション（複製，採用，商用化）を上げている成果が報告されている。

一方で，ユーザー・コミュニティの創発力は，つねに企業の外側で起きるのか。先行研究では，ユーザー・コミュニティは，つねに企業の外側から，企業主導か，またはユーザーの自発的意思によって生成され，共創による製品価値の向上に貢献してきた。しかし，ユーザー・コミュニティの生成には，それ以外の形態はないのか。そこで本節では，企業組織の中にも自発的にユーザー・コミュニティが従業員によって生成され，そのメンバーの創発力を自社商品のマーケティング戦略につなげるというユニークな事例研究を通して，ユー

ザー・コミュニティの形態が多様であることを例証する。本研究における共創の位置づけをバリューチェーンで示すと，ユーザー参加型プラットフォームを活用したマーケティング戦略の展開に当たる（Ramaswamy and Gouillart 2010）。

　なお，本節では先端事例をもとにした仮説探索型の方法を採っており，ユーザー・コミュニティの既存の形態と比較した多様な展開をインプリケーションとして引き出すことを目的に検証を進める。先端事例は，理論の発展が初期段階にあるような領域に有効であり，初期に起きている現象から課題や問題点等を抽出し，将来の理論化に向けて意味を解釈する意義がある。

2-2. ドミノ・ピザ「初音ミク」コラボ・プロジェクト事例[3]
2-2-1. クルーのチーム結成と PV 制作

　株式会社ドミノ・ピザ・ジャパン（以下，ドミノ・ピザ社）は，世界で1万2千店舗を展開する宅配ピザ・チェーンの日本法人であり，2016年9月期の売上高は334億円，店舗数461（直営＋FC），従業員数は正社員500名，アルバイト約7千名を抱える国内最大手企業である（2016年9月時点）。同社は2012年，「初音ミク」とのコラボレーション企画を計画し，発売元であるクリプトン社に申し入れた。クリプトン社伊藤博之氏は，「初音ミクは創作活動そのものであり，既存のキャラクタービジネスのようにコンテンツを提供できるものではなく，また，ピザと初音ミクとの間には親和性がない」と当初に返答していた。その後にクリプトン社側から，ドミノ・ピザのクルー（従業員）自身が，ユーザーとなって「初音ミク」の楽曲を創作し，その成果が出た時にビジネスとしてコラボレーションを検討するという条件を提示した。「3,000人（当時）ものクルーがいれば，きっとボーカロイドを知っている人もいるだろう」との理由からである（伊藤氏）。そして，ドミノ・ピザ社では，これに応えるべく企画案として社内のアルバイト従業員全員に対して「ボカロP募集」の通達を出してメンバーを募り，ピザ作りや宅配をしている人たちが，「初音ミク」のクリエイティブ・ユーザーとなって創作活動に取り組む社内プロジェクトを発足させた。10月に開催された参加者説明会には全国からクルーが集まり，メンバー募集から最終的に3つの地域でチーム「ドミノ・ピザボカロブ」

が結成され，「初音ミク」のオリジナルボカロ曲の制作が始まった。参加メンバー全員がボーカロイド・ソフトウェア未経験であったため，会社側から「初音ミク」ソフトウェアが支給された。

　ドミノ・ピザ社の当時プロジェクト担当者だった唐澤淳氏は次のように語っている。

「ボーカロイドＰ，調教師，絵師，動画師を募って，くるかどうか心配だったんですけど，かなりの数がきましたね。中にはピアプロに投稿している人もいたりして。その中から 10 人を選んで，3 チームをつくって，1 ヵ月半ぐらいで全部で 9 曲をつくりました。全員ボーカロイド未経験で，初音ミクのソフトを持ってなかったので，こちらで用意しました」。

　各チームは，それぞれ楽曲の作詞・作曲・アレンジを行うボカロＰ 2 名，イラストを描く絵師 1 名の計 3 名で構成され，ほかに動画を制作する動画師が 1 名加わった。関東エリアの「ODA Q'S チーム」，関西エリアの「コナモーンチーム」，関東と九州のクルーから編成された「赤ぴす！チーム」である。ボーカロイドのソフトウェアは全員が未経験の挑戦になる中で，「テーマは限りなく自由で，楽しみながら，このチームにしか作れないものを」を条件にして創作が進められた。その創作プロセスそのものがドキュメンタリーとしても記録され，ニコニコ動画で紹介された。創作の流れは，まず楽曲制作として，メロディを制作し，これに「初音ミク」の声を入力してミックス，アレンジされ，これをもとに絵師がイラストを付け，さらに動画師がアニメーションを制作していく。こうして完成した 3 作品が，まず「ドミノ・ピザボカロブ」のサイトにアップされ，ユーザーが自由にダウンロードして視聴できるようにした。同時に作品もニコニコ動画と YouTube へ投稿され，再生が 10,000 回を超える人気楽曲も出た。12 月には各チームから完成した PV（プロモーションビデオ）が 3 曲公開され，その後，2013 年夏までに 7 曲が追加公開された。その中で，8 月に秋葉原で開催される「初音ミク　夏祭初音鑑」コンサートに，クルーチームが特別協賛として参加することになり，このイベントで使用するタイアップ曲『Ever Green』も制作された。

2-2-2. 専用アプリとプロモーション・コンテンツの制作

このボカロ作品のコンテンツをベースに,「初音ミク」とドミノ・ピザ社がコラボするマーケティング戦略が企画され, 2013年3月にスタートした。iphone専用アプリ「Domino's App feat 初音ミク」をリリースし, このアプリから宅配注文をすると, 作品のパッケージイラスト, 配送状況を知らせる音楽, AR(拡張現実)機能でピザのボックス上で3Dの初音ミクが踊る「ARライブ」など, 多彩なサービスが提供された。まず, PVで使用されたクルー制作のイラストでパッケージングされた特製ピザボックスは大人気となり, キャンペーン開始5日目でボックスの在庫が品切れる店舗が続出したほどである。特に好評だったのは, ボックスのパッケージにスマートフォンでARカメラをかざすと, 初音ミクが現れるステージライブ機能であった。クルーチームが制作したPVを使い, ボックス上で初音ミクがダンスしながら歌う。この「ARライブ」の制作にも, クルーの中にいたダンサーがダンス作りに協力し, 自らモーションキャプチャー(動作捕足)のモデルを演じてくれた。ソフトの制作は面白法人カヤックが担当し, 専用アプリ「Domino's App feat. 初音ミク」のキャラクターには, niconicoで有名なフリーの3Dソフト『MikuMikuDance』(MMD)をベースに, 人気クリエイターらが手がけた "ままま式あぴミク" が使われている(図3-4)。

また, 一部地域では,「初音ミク」のイラストが描かれた宅配バイクも登場して話題を集めた。この反響は大きく, 7月までに同アプリのダウンロード数53万件, アプリを経由したピザの売上高だけで20億円に達するなど大きな成果を上げた。この好評をうけて, 7月からはアプリを充実した第2弾がスタートし, 9月末まで継続された。ボカロチームの作品も計10曲が完成して動画共有サイトで公開されている。

プロジェクト責任者の同社唐澤氏は次のように成果をふりかえる。「過去, キャラクターもののタイアップをいくつもやってきているので, それをベースに必要な数を予測していたんですが, はるかに上回る平均で5倍ぐらい, 秋葉原のお店は10倍のオーダーがあったんです。1日中この箱ばかり届けることになった店舗もあります。だから2ヵ月分が5日でなくなってしまっ

図3-4 コラボ・マーケティング戦略の展開

パッケージイラスト

ソーシャルビデオカメラ

壁紙プレゼント

(出所) © Domino's Pizza Japan inc.
© Crypton Future Media, INC. www.piapro.net piapro

た。顧客も新規の人が多くて，ほかのキャラクターのタイアップと比べて，倍ぐらいの割合じゃないですかね」。

2-3. 考察（コラボ・マーケティング戦略）

本事例は，商品やサービスを提供する企業が，人気のキャラクター（漫画，アニメ，アイドルなど）のライセンスを利用する「キャラクター・ビジネス」とは一線を画するものと筆者は考えている。そこで，従来型のキャラクター活用ビジネスと比較しながら，今回のプロジェクトの成功要因ないし仕組みを考察していきたい。それは，(1)商品との親和性の要求，(2)著作権の柔軟な運用ルール，(3)ユーザー参加型のサービス，の3つである。

2-3-1. 商品との親和性の要求

ドミノ・ピザ社と「初音ミク」のコラボ・マーケティングにあたり，「初音ミク」の発売元のクリプトン社では，「商品と初音ミクとの親和性」を要求した。従来型のキャラクター・ビジネスでは，ライセンス提供された人気キャラ

クターのイラストを商品のパッケージなどに付けるが,「初音ミク」は原作としてのキャラクターではなく,ユーザーの創作活動が生み出した「コミュニティ」そのものであると解釈できる。ゲームソフトの開発事例でも考察したが,開発企業は,「初音ミク」をキャラクターやコンテンツではなく,ユーザーが集まるコミュニティから生まれる「集合的な共創価値」として捉えていた。よって,キャラクターとしての初音ミクを商品パッケージやプロモーションに利用しても,そこには「ユーザーが参加するコミュニティ」の姿は見られないのである。このコミュニティとドミノ・ピザとの間を結びつける関係ないしストーリーが,ユーザー・コミュニティから生まれる親和性にほかならない。クリプトン社は,ドミノ・ピザと親和するユーザー・コミュニティをドミノ・ピザ社の組織内,つまり従業員の中に作ることを提案した。企業内で創発されたユーザー主導のコミュニティの力をその企業が活用するという,これまでの消費者参加型マーケティングとは異なるユニークな取り組みである。企業内で創発されたユーザー・コミュニティの作品は,動画共有サイトというオープン・メディアを経由して一般ユーザーに公開,評価され,これをマーケティング戦略の企画につなげた。従来型の消費者参加型マーケティングでは,企業が顧客の声を聴くサイトを用意したり,従業員から商品開発の意見やアイデアを募ったりするという限定的な「ユーザー参加」だったが,このプロジェクトではクリエイティブ・ユーザーが自律的に参加したコミュニティから作り出したコンテンツをプロモーションに活用するというユニークな取り組みであり,従来型キャラクター・ビジネスからみれば,リスクの高い意思決定である。ドミノ・ピザ社からみれば,企業のイメージやブランドとうまく適合するのか。クリプトン社側からみれば,「初音ミク」の創作経験のないドミノ・クルーが制作したコンテンツが自社の公式キャラクターのクオリティやイメージを損なう恐れはないのか。そうした不確実な要因を抱えながらプロジェクトは進行した。このプロジェクトでは,創発された企業内のユーザー・コミュニティの創作がオープン・メディアを通じて社外に公開され,そのフィードバックを受けながらマーケティング戦略を企画していくという独自の取り組みであった。

　作品の創作プロセスを通じて見えてくるのは,従業員が商品開発を目的とし

98　第3章　ビジネス創発事例

てアイデアを出すのではなく，ユーザー自身が楽しんで作品コンテンツを創作
している姿である。会社が決めた商品開発の計画やスケジュールに沿って業務
として従業員を参加させているのではない。見方を変えれば，アウトプットで
ある作品が完成しなければ，このコラボ企画も実現しなかったわけである。本
事例の成功要因の第一は，ドミノ・ピザと「初音ミク」の間にできたコミュニ
ティとその親和性にあるだろう。

2-3-2.　著作権の柔軟な運用ルール

　本事例では，ユーザーが素人の立場で創作した活動の成果を企業の商品企画
に生かすものだが，ユーザーが創作した「初音ミク」を自由に公開するのは，
通常のコンテンツビジネスでは簡単ではない。第1章でみたように，著作者に
キャラクターの利用を含む著作権が発生するからだ。「初音ミク」の一切の著
作権を所有するクリプトン社では，「キャラクターの利用に関するガイドライ
ン」を作成している。ソフトウェア「初音ミク」の発売後，ユーザーから制作
した楽曲や動画をインターネット上に公開してもよいのかどうか，またはその
許諾に関する問い合わせが相次いだ。そこで，「初音ミク」の自由な創作連鎖
を妨げないように同社独自のガイドラインを作成し，後に「ピアプロ・キャラ
クター・ライセンス」が発行された。「初音ミク」の音声自体は，営利・非営
利を問わず自由に使えるものとする。名前やイラストなどの「キャラクター」
の部分は，非営利であれば，二次創作物の公開と配布を許諾なしに認める。要
件は，①非商用で対価を伴わない，②公序良俗に反しない，③第三者の権利を
侵害しない，の3つである。企業の営利活動への利用に関しては同社と利用許
諾の契約を結ぶ。このライセンス規定によって，「初音ミク」の創作連鎖は，
著作権に拘束されずに活発に拡大したのである（第1章参照）。ドミノ・ピザ社
との場合，従業員であるボカロ制作チームメンバーが作品を創作して動画共有
サイトへ投稿するまでは，ユーザーの非営利活動として自由の範囲となる。一
方，コラボ・マーケティングのキャンペーンについては売上に関わる営利行為
となるので，クリプトン社との間にビジネスのライセンス契約が結ばれ，「公
認コラボ」事業として運営されている。ボカロ制作チームの制作物をクリプト
ン社がフィーチャーし，iPhone の「Domino's App」を公認コラボとして支援

する形である。

　コラボ・マーケティング第2の成功要因は，ユーザーが創作活動の中で自由に制作した「初音ミク」を動画コンテンツに利用し，そして公認コラボとしてリリースすることを許容する柔軟な著作権ルールの環境にあったと考えられる。この著作権ルールについては第1章で詳しく論じた。

2-3-3. ユーザー参加型サービス

　そして，コラボ・マーケティング戦略の成功要因の3つ目は，コラボ企画の内容にユーザー参加型のサービスを全面的に採用している点である。ドミノ・ピザ社では，企画にあたり，ユーザーの「オフ会」と呼ばれる集いに参加したり，インターネットの関連サイトを常時視聴したりするなど，「初音ミク」ファンであるユーザーの心理を徹底的に研究した。その結果，AR（拡張現実）機能を持たせた商品パッケージ上で初音ミクが今回のボカロ作品を歌うピザステージライブを視聴できるようにしたり，「ソーシャルビデオカメラ機能」と呼ぶ撮影機能を使い，初音ミクを自由に写真撮影できたり，また注文時の地図表示画面に初音ミクのピンが現れたりなど，ファンの目線で多彩なユーザー参加型サービスを用意した。これらのうち，AR（拡張現実）機能を使ったライブステージは，第1節でみた「初音ミク」を主人公にしたセガ社のゲームソフト（『初音ミク -Project DIVA-』）にも使われている。最も好評だったピザの商品パッケージに使用したイラストも，制作チームのメンバーが描いた。

　同時に，ドミノ・クルーの作品創作のメイキングビデオも，この注文アプリから閲覧できるようにして，企業内のユーザーが楽曲やイラストを制作していくユーザー目線をここでも強調した。

2-3-4. ユーザー・コミュニティの開設パターン

　最後に，企業がユーザー・コミュニティをビジネスに活用するのに際して，そのコミュニティをどのような場所や位置に作るのか考えてみたい。本事例と，これまでの例に見られる成果をもとに，企業のユーザー・コミュニティ開設パターンを図3-5のように整理してみた。

　第1は，日用品や耐久消費財など幅広く消費財分野で見られ，企業が自社製品開発のためにインターネットの自社サイト（オウンド・メディアとも称する）

図 3-5 ユーザー・コミュニティの開設パターン

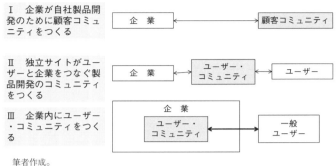

筆者作成。

に顧客コミュニティを開設して，意見交換や顧客同士の交流，さらにファンクラブ組織などの活動を行う形態であり，ユーザー・コミュニティのほとんどがこれに当てはまる。Ramaswamy and Gouillart（2010）や Ramaswamy and Ozcan（2014）で紹介される共創事例の多くも，顧客コミュニティを活用したインタラクションの取り組みであり，消費者参加型商品開発として取り上げられる典型的な例である。これは，Twitter や Facebook などのソーシャル・ネットワーキング・サービス（SNS）に自社の公式アカウントを開設する動きとなって拡大している。

　第2は，本節では取り上げられなかったが，商品・サービスを提供する企業とユーザーをつなぐ専門の独立コミュニティ・サイトの運営形態である。この分野の老舗である株式会社 CUUSOO SYSTEM が運営する「空想生活」は，ユーザーの「ほしい」の声を商品化するビジネスを手がける商品企画開発を専門とするサイトである[4]。まず，ユーザーが欲しいと思う商品のアイデアを投稿する。ユーザーの声が数多く集まると，提携するメーカー等により商品化に向けてコンセプトやデザインが企画される。その後，ユーザーの支持を事前予約の形で集め，一定の予約量に達したら初めて生産が開始される。この仕組みでは，空想生活の投稿サイトが作り手と顧客の中間にあって独立したユーザー参加型プラットフォームとして機能する。同サイトのユーザー・コミュニティから生まれた商品の中で，一般販売される「定番商品」となった商品も，雑貨

や小物，家電製品と多岐にわたっている。

　そして第3の形態がドミノ・ピザ社のコラボ・マーケティングで活用された「企業内ユーザー・コミュニティ」である。「初音ミク」の創作コミュニティを社内の従業員（ドミノ・クルー）で組織し，作品の創発を促す。この形態が他と異なるのは，ユーザー・コミュニティが企業の外側ではなく，企業とユーザーの中間でもなく，企業の中に組織される点である。他の設置形態と比べ，その成果をビジネスに迅速に活用しやすいというメリットがある。ドミノ・ピザという商品が事前に存在するため，企業内ユーザーも，ターゲットを絞った創作活動が展開できる。一方で，企業内で組織されても，それは単に「ユーザーの立場で意見を述べる社員のグループ」とは異なり，あくまでユーザーが自発的に作品を創作する自律的ユーザー・コミュニティとして機能しているのも特長であった。この点で，企業内ユーザー・コミュニティは，企業とユーザーの間にあって独立したユーザー参加型プラットフォームを提供する「空想生活」の投稿サイトに近い。企業内に組織されていても，外部の一般ユーザーや社会ともつながっており，コミュニティの成果は，オープン・メディアを通じて，一般ユーザーへの公開と評価がフィードバックされる仕組みになっているからである。さらに，企業内ではあるが，企業側の商品企画や開発の意向に沿った創作ではなく，ユーザーが純粋に自由な発想で「初音ミク」の楽曲とイラストを「楽しみながら」制作し，これが市場で認知され，コラボ・マーケティングに発展したのである。

2-4. 結論

　ユーザー・コミュニティを企業内に組織するという活用パターンは，これまでに例を見ないユニークな取り組みだが，ユーザー・コミュニティの有力な活用法として定着するには課題もある。第1に企業内に製品開発能力を持つ従業員の存在がある。ドミノ・ピザ社内には楽曲やイラストを制作できるスタッフが存在した。会社側が従業員にボカロ楽曲の制作を呼びかけても，これに答える人的な資源がなければ実現しない。ドミノ・クルーの中には音楽やイラストを趣味とする人たちがいたのである。第2に，いったん創作作品をオープン・

メディアを通じて社会に公開し，その反響を見て商品化を決めるという経路の不安定性である。ドミノ・クルーで編成されたボカロチームは全員が「初音ミク」ソフトの未経験者であった。制作した楽曲やイラストの完成度が低ければ，一般ユーザーからの一定の評価や支持が得られず，そのコンテンツを利用したプロモーションも当然ながら成功しないだろう。

　これら2つには製品開発に伴う不安定さやリスクが伴う。企業は，ユーザー・コミュニティを管理する不文律をどのように設けたら，その創造的な成果を確実にビジネスに結びつけられるのか。Prahalad and Ramaswamy（2004）は，消費者コミュニティの活用にメリットとデメリットを挙げて整理している。メリットは，消費者コミュニティが社内のR&D活動を後押ししてくれ，経営資源を補完できる。デメリットとして，熱心だが未熟な消費者が自由に動くと品質や安全性が低下してしまい，企業の評判に傷がつく危険があるという。本事例に当てはめれば，「初音ミク」の楽曲をアマチュアである従業員ユーザーが制作すれば，低コストですむ。しかし，素人の創作であるだけに，プロのクリエイター作品と比べて品質が劣るリスクがあり，そうした「初音ミク」は一般ユーザーから低い評価を受け，コラボレーションするドミノ・ピザ社の評判も下がるかもしれない。にもかかわらず，このコラボレーションが成功したのは，先の親和性を強調したクリプトン社の意思決定があったからだと筆者は考えている。「初音ミク」の著作権を所有する同社は，「初音ミク」を「コンテンツ」として管理するのではなく，「コミュニティ」として位置づけていた。ドミノ・ピザ商品との親和性を重視する同社は，アマチュアユーザーによる創作を提案し，その作品の評価を一般ユーザーに委ねたのである。企業内ユーザーが創作する「初音ミク」はコミュニティとして一般ユーザーに評価され，受け入れられた。一般ユーザーが集まる広い意味での「初音ミク」コミュニティからの評価を信頼して活用したともいえる。この「初音ミク」コミュニティからの受容により，チーム「ドミノ・ピザボカロブ」の作品の品質が保証され，共創価値が向上したのである。

　企業内ユーザー・コミュニティの活用は，いまだ試験的な意味合いが強く，その活用方法が一般化されるには至っていない。よって，今後も事例研究を蓄

2　企業内ユーザー・コミュニティ創発のマーケティング戦略　　103

積して，製品開発の有力な手段として，その可能性や課題について継続して考
察する必要がある。

注

(1) 日本経済新聞 2012 年 8 月 13 日付夕刊。
(2) 本製品に関する記述は以下の文献資料とインタビューに基づいている。
　　「週刊ファミ通」No.1239，2012 年 9 月 13 日号。
　　「電撃プレイステーション」No.524, 2012 年 8 月 30 日号。
　　「電撃プレイステーション」No.525, 2012 年 9 月 13 日号。
　　『SEGA feat. HATSUNE MIKU Project 5th Anniversary Book』エンターブレイン，
　　KADOKAWA，2015 年。
　　株式会社セガ エンターテイメントパーク事業部（当時）赤堀敏孝氏，2012 年 8 月 28 日
　　インタビュー。なお，『初音ミク -PROJECT DIVA-』シリーズは 2017 年 6 月時点で，
　　PS4 用ソフトウェアとしても新作が継続してリリースされている。
(3) 本プロジェクトに関する記述は以下の文献資料とインタビュー調査の記録に基づいてい
　　る。
　　株式会社ドミノ・ピザジャパン　コーポレート情報　ホームページ
　　http://www.dominos.jp/corporate/
　　「ITpro ニュース」日経 BP 社，2013 年 7 月 26 日付。
　　「週刊アスキー」2013 年 4 月 4 日号。
　　「Domino's App feat　初音ミク」サイト　http://miku.dominos.jp/
　　「Domino's ボカロブ」サイト　http://www.dominos-vocalo.jp/
　　インタビュー調査：2013 年 6 月 24 日 クリプトン・フューチャー・メディア株式会社本
　　社（札幌市）代表取締役社長　伊藤博之氏。
(4) 株式会社 CUUSOO SYSTEM のユーザー・コミュニティサイト「空想生活」については
　　次のサイトを参照されたい。https://cuusoo.com/
　　「ユーザーの欲しいをカタチにする」をミッションに，ユーザー主導型商品開発とソ
　　リューションサービスを提供している。また，同社の事例研究として，小川（2002），
　　清水（2003）がある。

第4章

創作投稿コミュニティのネットワーク構造と集合的共創価値

要約

　本章では，クリエイティブな UGC であるボカロ関連コンテンツ(音楽，イラストなど)が投稿されるオープン・メディアの1つである「ピアプロ」コミュニティを事例研究として取り上げる。ピアプロ(クリプトン社運営)は，ユーザーが創作をメインに投稿するサイトであり，その中で活動する作者数7万人と作品数65万件から形成されるユーザー・コミュニティの構造について社会ネットワーク分析を行う。具体的には，「論文の引用関係ネットワーク」の手法を使い，作品の有向グラフ(参照する側から参照される側へ結ぶ)を作る。手順は，第1にネットワークの特徴量を計算し，コミュニティ抽出を行い，ユーザー・コミュニティの構造を可視的に解明する。第2に，ユーザー・コミュニティ研究における成果を手がかりに，クリエイティブ・ユーザーの行動について探索的な発見を試みた。この結果，「初音ミク」のシミュラークルがコミュニティの中で大きな創作連鎖のネットワークを形成していることを発見し，企業がイノベーション成果を活用する先端的な取り組みを見出すと同時に，趣味コミュニティにおける現代ユーザーの社会参加の在り方などの示唆を得た。

1 ... 本章の目的と関連研究

1-1. 問題提起

「初音ミク」の作品（楽曲，イラスト，動画ほか）は，実際にオープン・メディアであるコミュニティの中でどのように投稿されているのか。どんなジャンルの作品がオリジナルとして投稿され，これに派生する二次創作はどのような作品なのか。また，コミュニティを活発にするうえで中心となる作品にはどのような性格があるのか。さらに，第1章で紹介してきたような，コミュニティの運営者が語るN次創作（創作の派生的な連鎖）は実際に起きているのか。これらを探索的に発見するとともに，ユーザー・イノベーション研究などで指摘されてきたユーザーによるコンテンツの無償公開は投稿行動にどのように影響するのか。これらについて，実際のコミュニティからの実証データを取得・分析して明らかにするのが目的である。

(1) オリジナルと二次創作の作品ジャンルにはどのような特徴が見られるのか。

(2) 投稿行動とネットワークを活発にしている中心的な作品はどのようなものか。

(3) N次創作の連鎖は起きているのか（観察されるのか）。

(4) クリエイティブ・ユーザーによるコンテンツの無償公開はコミュニティにどのように影響するのか。

これらの問題意識に基づいて探索的な発見を通じて検証を行いたい。そのためのユーザー・コミュニティの構造を解明するアプローチとして，第2章で紹介した社会ネットワーク分析（social network analysis）を用いる。ボーカロイド・ソフトウェアを利用して創作する作品をコミュニティへ投稿・公開するクリエイティブ・ユーザーの創作行動は，作品から作品をつなぐネットワーク（作品＝頂点と，つながり＝枝の関係）として捉えられ，これは社会ネットワーク分析との親和性が高い（濱崎他 2010）。社会ネットワーク分析の基礎理論は第2章で紹介したが，実データから導かれたグラフ（頂点と枝のつながり）が

どのような形や性質を持っているのか，どのような仕組みでできたのか，ネットワークの頂点はどのような相互作用をしているのか，といったことを調べる学問である（増田・今野 2010）。ネットワークの形状を早期に整理したバランによれば，3つのタイプ（星形の一点集中型，中心が複数ある多極中心型，メッシュ状の分散型）を分類し，インターネットを初めとする通信ネットワークのあり方について論じている（Barabási 2002）。

　一方，ユーザーのボーカロイド作品の創作行動のネットワークを，濱野（2008，2012）は「N 次創作」と名付けている。N 次創作の元になるのは「二次創作」である。濱野によれば，N 次創作とは，メディア・コンテンツ企業が制作・配信している一次創作物（オリジナル）を元に，その構成要素を再利用しながら，ユーザー側が二次的なコンテンツを制作する行為を指す。この二次創作では，オリジナルのコンテンツを根として，複雑な派生コンテンツがぶら下がっているが，あくまで作品間の派生関係は「一次ホップ（一段階）」にとどまる。この一次ホップの二次創作の古典的な事例は，1990 年代初頭にフィンランドのリーナス・トーバルズが開発したオープンソースのソフトウェア，Linux の開発と改良である。コンピュータの基本ソフト（OS）の多くが特定企業のクローズドな開発で進むのに対して，Linux は，無償公開されたオンライン・コミュニティの中で世界中のプログラマーが，欠陥を発見したり，機能向上を自律的に行い，製品の開発と機能向上のスピードを飛躍的に高めたとされる（Raymond 1999）。この場合のユーザー行動のネットワークでは，あくまで全体をマネジメントする管理者が上位に存在して，メンバーがその下に位置づけられて階層化されるという意味で一次ホップの階層関係に相当する。これに対して，「N 次創作」とは図 4-1 のように，一次創作物が二次創作物の構成要素となり，その二次創作物が三次創作物の構成要素となるように，作品間に「N 次ホップ」の派生関係が連鎖的に形成される現象を指す。

　あるユーザーが「初音ミク」の楽曲をオリジナルとして投稿した一次創作物に対して，別のユーザーが編曲した二次創作物を投稿し，さらに別のユーザーが楽曲にイラスト，動画，ダンス等を付加して制作したりするような連鎖的な創作行動であり，それは前章の事例研究で考察したのと同じ「集合的な共創価

108　第4章　創作投稿コミュニティのネットワーク構造と集合的共創価値

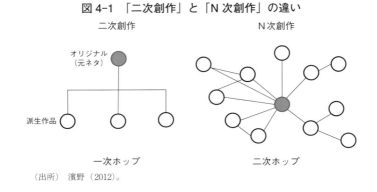

図 4-1　「二次創作」と「N 次創作」の違い

（出所）　濱野（2012）。

図 4-2　ネットワーク（グラフ）形状の類型

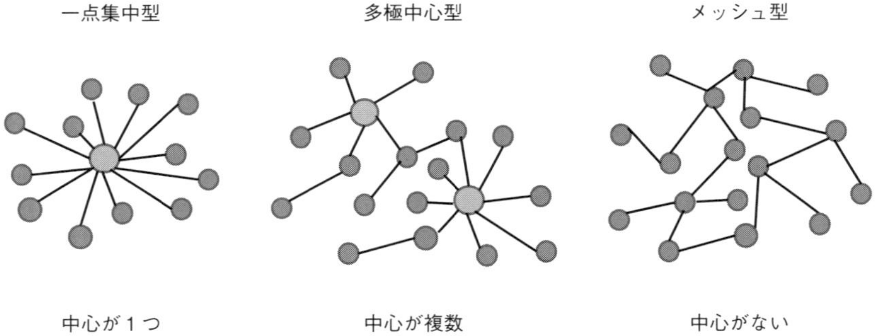

値」そのものである。ネットワーク研究からわかるのは，N 次創作の特性をもつネットワークとは，バランの分類によれば，多極中心型に近い形状になることが予想される（図 4-2）。

こうしたユーザーの創作行動から形成される N 次創作の連鎖から，投稿コミュニティの中に集合的な共創価値を見出すことができるのではないかと考え，さらにユーザー・コミュニティを活性化させるための条件や課題について考察していく。

1-2. 研究方法

研究の手順は大きく2段階で行う。第1の手順で、ピアプロにおけるユーザーの作品間関係を社会ネットワーク分析の手法で解明する。作品間の参照関係からつながりを分析する研究として、「論文の引用関係ネットワーク」の方法を使い、作品の「有向グラフ」（参照する側から参照される側へ結ぶ）を作る。具体的には、1つの作品を「頂点」、作品間のつながりを方向づける矢印を「枝」として捉え、その有向グラフで構成される「連結グラフ」からコミュニティの構造を解明する。論文の引用関係とは、学術論文のデータベースから、ある論文（頂点）が文献として引用している別の論文（頂点）を参照する側からされる側へ向かう矢印（枝）として結び、その相互関係を調べ上げることでわかる膨大な論文間のネットワークであり、研究例として杉山他（2006）では、文献データベースを利用して引用関係を調べ上げ、グループ構造を持たないことや次数分布が「べき乗則」に従うことなどを報告している。これに先立つ Barabási et al.（2002）では、数学論文の共著者関係のネットワーク分析を行い、1つの論文の共著者グループのサイズが小さく、ネットワークにクラスター構造が見られることを示した。本章では、これら先行研究を参考に、作品投稿の参照する側とされる側の関係を有向グラフで示す研究方法を採用した。

ここで、社会ネットワーク分析の基礎にある「グラフ理論」について簡単に解説しておきたい。2つの頂点が1本の枝で結ばれるとき、この二者の関係ないしつながりを「グラフ（graph）」と呼ぶ。このグラフには一方向の矢印をもつもの（有向グラフ：本書で扱う）と、特に方向性をもたないもの（無向グラフ）がある。そして、このグラフで、1つの頂点から必ず他の頂点へ枝が結ばれる状態は「連結グラフ（connected graph）」ないし「連結成分（connected composition）」と称され、頂点と枝が結合してできる1つのつながり（ネットワーク）である（Wilson 1970）。図4-2で示した3つのネットワーク類型も連結グラフである。また、本書では作品や作者を「頂点」と称するが、「ノード」とも呼ばれる。作品間のつながりである「枝」は、「エッジ」「リンク」「紐帯」「辺」とも呼ばれる。1本の枝は2つの頂点をつなぎ、枝で直接結ばれる2つの頂点は隣接しているという（増田・今野 2010）。なお、グラフとネットワークは同

図 4-3　コンテンツ投稿と連鎖の仕組み（頂点と枝の有向グラフ）

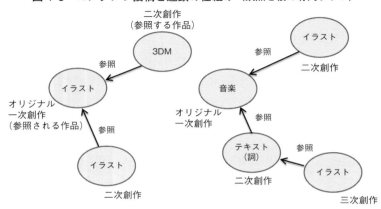

（注）参照の順序は，投稿日付で判別。2作品ともタグを含む条件で抽出。

義であるが，特にグラフ理論に関連する説明にはグラフと称し，それ以外ではネットワークの用語を使う。

　さて，このグラフ理論を使うと，オリジナル作品（一次創作）と，この作品を参照して創作投稿された作品（二次創作），さらに二次創作を参照した三次創作の関係，つまり N 次創作の連鎖を，参照する作品から参照される作品への連結グラフとして表現することができる。

　ピアプロに投稿される作品の種類は，音楽（作曲），テキスト（作詞），イラスト，3DM（3次元イラスト：主に MMD のソフトウェアを使用）の4つに定められている。投稿作品の連鎖を表す連結グラフは，図 4-3 のように参照する作品（頂点）から参照される作品（頂点）へ矢印付きの枝で結ばれる有向グラフの集まりから構成される。

　作品データは，ピアプロのサイト（http://piapro.jp）から筆者が独自に開発したデータ取得プログラム（ロボット）を用いて全作品のデータベースを作成し，参照の順序を投稿日付で判別した。また，分析ソフトウェアには R 言語の igraph パッケージを使用して計算と描画作業を行った[1]。表 4-1 は作品データベースの入力ファイル形式である。

表4-1 作品データベースのファイル書式

No	列項目名	内容	データ：行1	データ例：行2	
1列目	from	起点：参照する作品ID	__tA	_9WL	Piaproの
2列目	to	終点：参照される作品ID	uGsi	-tQj	URLに一致する
3列目	from.creater	起点：作者ID, collabo/?idはコラボ作品	collabo/?id=14084	mikoto_tt	
4列目	to.creater	終点：作者ID	collabo/?id=14084	collabo/?id=21011	
5列目	from.type	起点：作品種類	illust	text	
6列目	to.type	終点：作品種類	illust	music	
7列目	from.postdate	起点：投稿日時	2012/10/19 21:20	2013/6/22 9:49	
8列目	to.postdate	終点：投稿日時	2012/8/12 20:19	2013/6/14 0:09	
9列目	from.category	起点：作品種類詳細	クリプトン公式	歌詞	
10列目	to.category	終点：作品種類詳細	クリプトン公式	音楽	

（注）　1行が1本の枝に相当する。

　第2の手順として，抽出した作品間のネットワーク構造について，理論研究を手がかりに，質的な探索と発見を行う。これまでに，ユーザー・イノベーション研究では，個別事例研究やユーザーへの質問紙調査をもとに，リード・ユーザーは自発的に製品イノベーション（製品開発）を行うと報告されてきた（Franke and von Hippel 2003, von Hippel 2005, 小川 2013）。つまり，作品中心にいるユーザーの中には，自ら製品を模倣・複製するイノベーションを行っている可能性が考えられる。また，Prahalad and Ramaswamy（2004）では，売り手である企業自身がユーザーの製品模倣や複製に対して寛容な態度を示し，これを容認する事例が報告されている。売り手企業の一部権利放棄がコミュニティを活性化させる。そこで，創作投稿コミュニティでクリエイティブ・ユーザーの製品模倣や複製に対して，売り手が権利放棄することでコミュニティが活性化される可能性がある。

2... ピアプロ・コミュニティのネットワーク構造

2-1. ピアプロ・コミュニティの概要と連結グラフ

　ピアプロ・コミュニティに作品を投稿するユーザーは，2013年10月21日時点で77,339人，全投稿作品数は650,802件であった。作品数は種類別にみる

表 4-2　種類別作品数

種類	作品数
3DM	139
イラスト	367,703
音楽	113,128
テキスト	169,832
計	650,802

表 4-3　タグ別上位作品数

No.	タグ	作品数
1	初音ミク	238,220
2	鏡音リン	94,724
3	鏡音レン	82,808
4	KAITO	56,289
5	巡音ルカ	44,523
6	MEIKO	23,692
7	GUMI	21,682
8	イメージイラスト	14,895
9	曲募集中	14,464
10	曲募集	11,255

と表 4-2 のとおりであり，作品に付けられるタグ（クリプトン社公式キャラクター名）別に上位作品を表したものが表 4-3 である。作品種類ではイラスト作品の投稿が半数近くを占め（367,703 件），タグ別では上位 6 つがクリプトン社の公式キャラクター 6 人が占め，中でも「初音ミク」作品が全体の 3 分の 1 以上（238,220 件）であった。「GUMI（グミ）」は株式会社インターネットから発売されているバーチャルボーカリストである（第 1 章で紹介）。

　また，ピアプロ・コミュニティが 2007 年 12 月の開設以来，音楽作品の投稿数が時系列にみてどのように推移しているか，また，その中でニコニコ動画への関連動画のリンクを貼る割合の推移を表したのが図 4-4 である。2013 年 10 月時点で作品累計は 113,128 件であるが，投稿数は 2010 年くらいまでは増加基調であり，2011 年以降は横ばいが続いている。音楽作品全件に占めるニコニコ動画への関連リンクを貼る作品の割合は，2010 年から 2011 年にかけて20 ％水準であるが，その後は急速に低下している。

　次に，作品間をつなぐ有向グラフから構成される連結グラフ（＝ネットワーク）の頂点数の大きいものから，投稿作品のつながりがどのような分布になっているのかを図 4-5 の度数分布で表した。図 4-6 にはクリプトン社公式の 6 つの製品別タグごとに連結グラフの分布を示した。そして表 4-4 はタグ別の中で

2 ピアプロ・コミュニティのネットワーク構造　　113

図4-4　ピアプロの音楽作品投稿数と関連リンク比率の推移

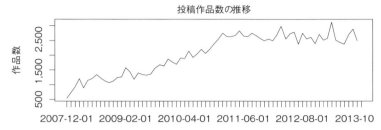

（出所）　筆者調べ。2007年12月〜2013年10月。

図4-5　連結グラフサイズ全体の度数分布

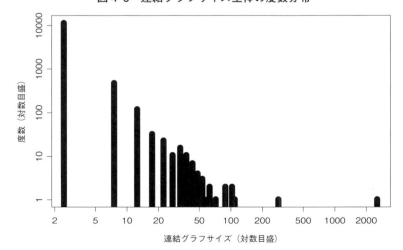

図 4-6 連結グラフサイズのタグ別（公式キャラクター別）の度数分布

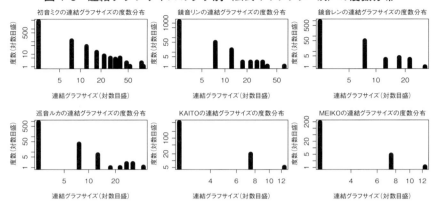

表 4-4 公式キャラクター・タグ別連結グラフサイズ上位の特徴

初音ミク

	No.1	No.2	No.3	No.4	No.5
作品数	**81**	**78**	**76**	**53**	**50**
作者数	63	69	65	2	36
イラスト数	0	0	1	3	0
音楽数	81	78	75	0	50
テキスト数	0	0	0	50	0
動画数	0	0	0	0	0

巡音ルカ

	No.1	No.2	No.3	No.4	No.5
作品数	**42**	**32**	**31**	**30**	**27**
作者数	37	21	6	19	20
イラスト数	0	0	31	0	0
音楽数	42	32	0	30	27
テキスト数	0	0	0	0	0
動画数	0	0	0	0	0

鏡音リン

	No.1	No.2	No.3	No.4	No.5
作品数	**61**	**37**	**33**	**32**	**30**
作者数	53	13	6	31	6
イラスト数	0	37	33	1	30
音楽数	61	0	0	31	0
テキスト数	0	0	0	0	0
動画数	0	0	0	0	0

KAITO

	No.1	No.2	No.3	No.4	No.5
作品数	**15**	**12**	**12**	**11**	**11**
作者数	1	2	5	8	1
イラスト数	0	12	12	0	11
音楽数	0	0	0	11	0
テキスト数	15	0	0	0	0
動画数	0	0	0	0	0

鏡音レン

	No.1	No.2	No.3	No.4	No.5
作品数	**34**	**24**	**22**	**22**	**19**
作者数	12	19	15	1	8
イラスト数	34	0	3	20	19
音楽数	0	24	18	1	0
テキスト数	0	0	1	1	0
動画数	0	0	0	0	0

MEIKO

	No.1	No.2	No.3	No.4	No.5
作品数	**14**	**9**	**6**	**6**	**6**
作者数	6	1	2	6	3
イラスト数	7	9	6	5	4
音楽数	7	0	0	1	1
テキスト数	0	0	0	0	1
動画数	0	0	0	0	0

連結グラフサイズ上位5つの特徴である。

　全体の度数分布（図4-5）から見ると，連結するネットワークで最大のものが2,570，次いで100を超えるものが，284，109，102，101であり，後は100以下が少数あり，連結する作品のネットワーク数はわずかしか形成されていない。2つの頂点（作品）でつながる連結グラフが大多数で10,000個程度存在する。頂点が2つというのは，つまり作品が2つからなるグラフであり，1つのオリジナルの作品を参照する二次創作が1つ連結している意味である。この度数分布にない作品の頂点はすべて参照がない単独の一次創作である。これをキャラクター別（タグ別）分布（表4-4）で見ても2〜3つ程度の小さなサイズのネットワークが大多数である。「初音ミク」の連結グラフでは作品数50以上のネットワークが5つ形成されており，最大サイズは81頂点（作者数は63人）の連結グラフが見られた。これらを作品種類別にみると，音楽が多く，その中で「初音ミク」の連結グラフの頂点数上位5つのネットワーク図を図4-7に示した。図中の点は作品を表し，矢印付きの枝は参照方向である。「初音ミク」作品で最も大きな連結グラフ（作品数81，作者数61人）のネットワーク図を拡大した図4-8でみると，3つの中心点（オリジナル，一次創作）に二次創作の参

図4-7　「初音ミク」の連結グラフ頂点数上位5つのネットワーク図

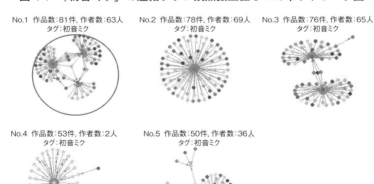

（注）　点は作品，矢印は参照方向。

図 4-8　「初音ミク」作品の連結グラフ（作品数 81）

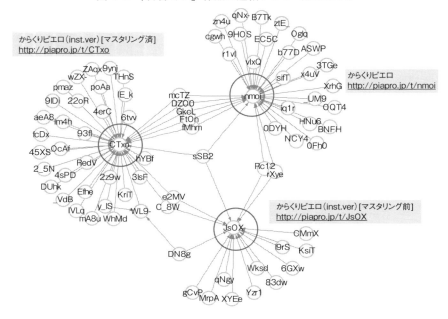

　照が集まっているのがわかる。この3つの作品データを調べると，実は「からくりピエロ」という同一の音楽であり，3つはそれぞれバージョン違いの投稿であった。

2-2.　ネットワーク構造の質的探索
2-2-1.　次数中心性の分布とコミュニティ抽出

　次に，作品別の N 次創作を見るために，頂点別に次数中心性（頂点に集まる枝の数）を計算した。中心性の高い作品（参照件数の多い一次創作）の分布を図4-9 に，このうち投稿作品数の上位 10 作品のリストを表 4-5 に示す。次数中心性の分布をみると，投稿作品数が 200 を超えるグループが3つ生成されており，他のグループに比べ突出して中心性が高い。この場合の次数とは，オリジナル作品に向かって二次創作作品が参照・投稿する一方向の入次数になる。上位3つの中心にある作品名を調べると，順に①「重音テト（かさね・てと）公

2　ピアプロ・コミュニティのネットワーク構造　117

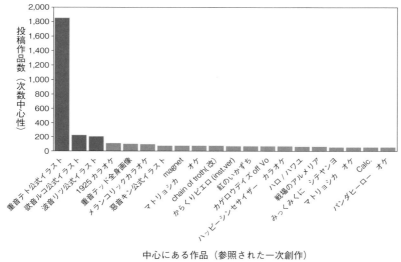

図 4-9　次数中心性の高い投稿作品分布

中心にある作品（参照された一次創作）

表 4-5　タグ別連結グラフサイズ上位 10 作品の特徴

順位	中心作品	作者	作品種類	投稿作品数 （次数中心性）	初投稿時期
1	重音テト 公式イラスト	重音テトオフィシャルサークル 「ツインドリル」さん	イラスト	1,885	2010 年 4 月
2	欲音ルコ 公式イラスト	Long Sleeper さん	イラスト	217	2011 年 11 月
3	波音リツ 公式イラスト	Namine Ritsu Project さん	イラスト	201	2010 年 9 月
4	1925 カラオケ	とみー　T_POCKET さん	音楽	99	2009 年 11 月
5	重音テッド 全身画像	さくるりさん	イラスト	94	2011 年 10 月
6	メランコリック カラオケ	Junky-GJBox さん	音楽	87	2010 年 4 月
7	magnet	minato_k さん	音楽	63	2009 年 5 月
8	惡音キン 公式イラスト	惡音キン公式サークル 『惡音キンプロジェクト』さん	イラスト	63	2012 年 9 月
9	マトリョシカ オケ	ハチさん	音楽	62	2010 年 8 月
10	chain of troth（改）	ボカロ使いの酒場	イラスト	60	2011 年 6 月

式イラスト」，②「欲音ルコ（よくね・るこ）公式イラスト」，③「波音リツ（なみね・りつ）公式イラスト」であり，いずれもクリプトン社公式キャラクターではない。次数中心性の高い中心作品はいずれもイラストであり，音楽はグラフサイズ上位10作品のうち，4つである。この次数分布から，少数の作品に二次創作の次数が集中するスケールフリー・ネットワークが観察できる。

　次に，これら3つのグループをより詳細に調べるために，作品数全件を対象に「コミュニティ抽出」を行った。ここでいう「コミュニティ」[2]とは，同集団内の枝が密になり，異なる集団間の枝が少なくなるような頂点のつながりを指す社会ネットワーク分析の用語である（増田・今野 2010）。入次数中心性からだと中心作品に集まる二次創作だけのネットワークになってしまい，三次創作以降の連鎖が把握できない。二次創作より先のN次創作全体のネットワークをつなげるには，連結グラフが最大サイズになるネットワークを取り出し，これをいくつかのコミュニティに分割して，そのコミュニティが上と同じグループと一致するかどうか確認する必要がある。このコミュニティ構造をもつネットワークの研究では，ネットワークからコミュニティを切り出す検出問題が議論されてきた[3]。その検出アルゴリズムについて，Girvan and Newman（2002）は媒介中心性を使う方法を提案した。枝の媒介中心性（ある枝がどれくらい多くの最短経路の上にいるか）を探して，その最大値をもつ枝を切断する。次に切断後のネットワークについて，各枝の媒介中心性を再計算して再び最大値をもつ枝を除き，この作業を繰り返す。作業の終了条件として，ネットワーク全体を高密度のグループに分離する程度を表す最適化関数Q（モジュラリティ：modularity）と呼ばれる評価指標が広く使われる。Q値は，ネットワーク全体を分割した複数のコミュニティの内外の枝の数について偏りを元に集計し，すべての分割がどれだけネットワーク全体をバランスよく高密度なグループに分けたかを評価する。Q値はネットワーク全体のスタート時に0から始まり，切断するごとに数値が上昇し，分割が過剰になると低下する。この数値が最大になるときが最適な分割結果を表す。経験的にQ値が0.3以上であれば，ネットワークはコミュニティ構造をもつとみなされている（増田・今野 2010）。

　この方法を使い，連結グラフが最大となる2,520の頂点数を持つネットワー

図 4-10　最大連結グラフ（頂点数 2,520）のネットワーク図

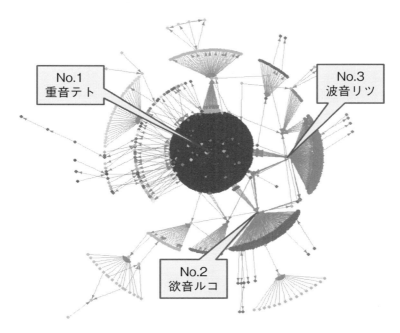

（注）点は作品，矢印は参照方向。

クを対象に Q 値を用いて分割を行った。その結果，抽出精度の高いとされる「焼きなまし法（spinglass）」で 25 個のコミュニティを検出した。この連結グラフ全体のネットワーク描画が図 4-10 である。このネットワークの中で最大次数でみたコミュニティ上位 3 グループは，上の次数分布で見た 3 つの中心作品を中心とするネットワークに一致していることが確認できた。図中の No.1, No.2, No.3 が次数上位の中心作品である。

これらコミュニティ上位 3 つのグラフ特徴量の計算結果を表 4-6 に，分割後のネットワーク図を図 4-11 に示す。1 つのネットワークの形状を説明するのに，次数中心性を含む中心性指標で説明することが多い（Freeman 2004, Tsvetovat and Kouznetsov 2011）。

最大次数が 1,708 と最も大きいコミュニティ（No.1）は，「重音テト公式イラ

表 4-6 コミュニティ上位3グループのグラフ特徴量

	Rの関数名	NO.1 重音テト	NO.2 欲音ルコ	NO.3 波音リツ
グラフ密度	density	0.00059	0.00462	0.00495
クラスター係数	transitivity	0.00	0.00	0.00
連結する二ノード間の次数の相関係数	assortativity.degree	−1.00	−0.93	−0.68
平均パス（最短経路）長	average.path.length	1.99	1.98	1.89

図 4-11 コミュニティ上位3グループの分割後のネットワーク図

No.1 作品数：1,709件，作者数：733人
（重音テト）

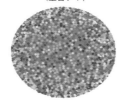

No.2 作品数：226件，作者数：126人
（欲音ルコ）

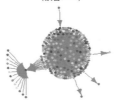

No.3 作品数：202件，作者数：113人
（波音リツ）

（注）点は作品，矢印は参照方向。

スト」を中心とするネットワークで，その作者（運営者）を調べると，「重音テト・オフィシャルサークル『ツインドリル』」である。第2位（No.2）は「欲音ルコ公式イラスト」を中心とするネットワークで，作者は「Long Sleeper」，第3位（No.3）は「波音リツ公式イラスト」を中心とするネットワークで，作者は「波音リツ　プロジェクト」であった。

　これら3作品の作者である運営者は，いずれもインターネットに公式サイト

表4-7　コミュニティ上位ネットワークの中心作品プロフィール

	NO.1 投稿作品数 1,709 参加人数 733 名 最大次数 1,708	NO.2 投稿作品数 226 参加人数 126 名 最大次数 207	NO.3 投稿作品数 202 参加人数 113 名 最大次数 190
運営者：	重音テト・オフィシャル サークル「ツインドリル」 （http://kasaneteto.jp/）	Long Sleeper （http://long-sleeper.net/）	波音リツプロジェクト （http://ritsu73.is-mine.net/）
中心作品 の概要	「重音テト」公式キャラクター イラスト 重音テトオフィシャルサークル 「ツインドリル」 イラスト製作：線	『欲音ルコ』公式立ち絵・公式ロゴ Long Sleeper	「波音リツ」公式キャラクター イラスト NamineRitsuProject
製品開発 の要素	・音源データの制作 ・キャラクターのイラストと 　プロフィールを設定 ・キャラクター利用ライセン 　ス設定	・音源データの制作 ・キャラクターのイラストとプロ 　フィールを設定 ・音声ライブラリ利用ガイドライ 　ン設定	・音源データの制作 ・キャラクターのイラストと 　プロフィールを設定

（注）　筆者調べ，2013 年 11 月。

を運営しており，「初音ミク」の製品開発の要素である，①音源データの制作，②キャラクターのイラストとプロフィールを設定していた（表4-7の作品プロフィール）。これはクリプトン社のボーカロイド製品と類似の複製・模倣とみることができる。いずれも他のユーザーから参照される完成度の高い作品を創作しており，クリプトン社の製品を忠実に複製していた。これらの開発者は，「初音ミク」製品と同じ仕様の製品を自ら開発しており，製品開発（イノベーション）を行うクリエイティブ・ユーザーであるとみなせる。

122　第4章　創作投稿コミュニティのネットワーク構造と集合的共創価値

　また，3つのコミュニティのグラフ特徴量（表4-6）と個々の分割後のネットワーク図（図4-11）から，その特徴をみると，中心作品にほとんどの二次創作がつながっている1点集中型星形の形状となっており，二次創作の頂点同士の結びつきや三次創作はほとんど見られない。これは特徴量であるクラスター係数（枝間の結びつきをみる指標）や平均パス（最短経路）長を見ても確認できた[4]。

2-2-2.　集合的共創価値の活性化

　ユーザー・イノベーション研究によれば，売り手企業が自社製品の権利を一部放棄すると，ユーザー・コミュニティは活性化される。これは自社製品をユーザー自身が模倣・複製する行為に対して売り手企業がこれを排除するのではなく，公認するという行為が，ユーザーの創作意欲を刺激してコミュニティを活性化するという報告である。ここでは，クリプトン社が自社公式製品ではない，クリエイティブ・ユーザーが創作した複製製品に対して，ピアプロへの投稿を認めたことにより，関連する作品投稿数が急増した現象を確認したい。代表例として，最大のコミュニティ・グループである「重音テト公式キャラクターイラスト」は，2008年4月に動画共有サイト「ニコニコ動画」に初めて投稿された。運営者である「ツインドリル」は，自身の運営するサイトで，ボーカロイドシリーズを模倣した音源とイラストを制作して公開，無償提供を行った。これに対して，模倣された側のクリプトン社は，「ツインドリル」の行為を排除しようとせず，反対にピアプロへの投稿をイラストに限って認めることとなった。2010年4月に「公認」を受けた後，ピアプロへの二次創作投稿が急増し，投稿数は2009年に105件であったのが2010年には673件に急増している。ピアプロ以外の動画共有サイトへも音楽やイラストが活発に投稿された。このほか，「欲音ルコ」「波音リツ」についても同様に2010年にピアプロへのイラスト投稿が公認され，その年の投稿数は図4-12のように増えた。

　よって，他の要因との比較をしていないので断定はできないが，クリプトン社の公認後に投稿数が増えたことから，ユーザー・コミュニティの中で集合的共創価値（collective co-creation value）が活性化された可能性を指摘しておく。なお，クリプトン社では自社のボカロ楽曲レーベルの配信サイト「KARENT」

図4-12 クリエイティブ・ユーザーのシミュラークル作品の投稿件数の推移

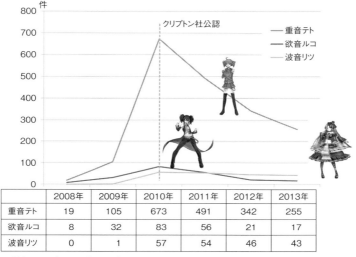

	2008年	2009年	2010年	2011年	2012年	2013年
重音テト	19	105	673	491	342	255
欲音ルコ	8	32	83	56	21	17
波音リツ	0	1	57	54	46	43

（注）2013年は10月21日まで。

で「重音テト」の楽曲を販売している（第1章参照）。ユーザー開発の製品を公認することで、その成果を自社に取り込み、収益を増やす機会をもつくりだしていた。

2-2-3. N次創作は起きたか

今回の社会ネットワーク分析から、明らかになった連結グラフ構造の特徴がある。それは、作品数上位のネットワーク構造が1つの中心作品に集中して形成されており、三次創作以降の連鎖が見られないという発見である。そのネットワーク構造の形状のほとんどが星形の一点集中型ネットワークであった。「初音ミク」タグの連結グラフでは、中心作品に二次創作が集まる次数1のグラフが大多数であり、三次創作以降の連鎖が見られない（クラスター係数が0）。つまり、二次創作作品を参照して投稿する次のN次創作の連鎖が活発になっているとはいえない。前述の「重音テト」らが中心となっているネットワーク構造も一点集中型の星形である。「初音ミク」作品では音楽、「重音テト」作品ではイラストの二次創作である。二次創作のユーザーにとって関心が

124　第4章　創作投稿コミュニティのネットワーク構造と集合的共創価値

あるのは，一次創作のユーザー作品だけであり，二次創作の作品に関心を持って参照し，三次創作するユーザーは少ない。

　第2の形状は多極中心型ネットワークである。これは，創作の中心作品が複数存在し，複数の中心性に作品投稿してつなぐユーザーが存在する。「初音ミク」の最大連結グラフ（作品数81件，作者数63人）には，3つの中心作品に対して，2つないし3つにまたがって二次創作・投稿するユーザーが見られる（図4-8）。しかし，中心にある作品は「からくりピエロ」という同一作者による音楽の異なるバージョンであり，「ボーカル付き」「ボーカルなしマスタリング前」「ボーカルなしマスタリングあり」となっていた。これら複数の中心作品につながるユーザーは，「からくりピエロ」という音楽に投稿する点で，第1の一点集中型ネットワークと本質は変わらない。図4-7にある「初音ミク」の連結グラフ3位（作品数76，作者数65人）に見られる2つの中心作品も「マトリョシカ」という音楽のバージョン違いであった。

　しかし，この三次創作以降の投稿連鎖が見られない理由として，クリプトン社が投稿者に適用している「ピアプロ・キャラクター・ライセンス（PCL）」の条項が影響している可能性を否定できないことから，これを取得データで検証してみた（PCLの詳しい紹介は第1章参照）。ピアプロの投稿者は，他のユーザーが自分の作品を参照して利用する場合の4つのライセンス条項について指定の有無を表記するようになっている。①非営利目的に限ります，②ライセンス条件に指定された作者の名前を表記してください，③改変しないでください，④オリジナルのライセンスを付ける，の4つである（http://piapro.jp/help）。これらのうち，ここでは二次創作者が自分の作品に「改変しないでください」，つまり上書きして三次創作の投稿を認めるか否か（改変禁止ライセンスの有無）がN次創作に関係する。一次創作以外の「参照している作品」，つまり，二次ないし三次創作の作品全件（27,091件）について，改変禁止ライセンスの有無（ある・なし）と参照の有無（参照される・参照されない）を組み合わせて，2×2のクロス集計表を作成して確認した。その結果，「改変禁止ライセンスあり」作品の中で参照された作品の割合（11.7%）が，「改変禁止ライセンスなし」作品の中の同割合（10.9%）に対して，独立性検定から相関関係

は無いという結果を得た。よって改変禁止ライセンスは，三次創作以降の創作連鎖を阻害していない[5]。

このように，ピアプロでは，投稿作品が創作の基本である数種類に制限されているものの，「N次創作」の活発な連鎖は観察できなかった。

3 ... 考察

3-1. 社会ネットワーク分析の考察

社会ネットワーク分析の発見物から，創作ネットワークの連鎖と活性化という観点で次のような示唆がある。創作ネットワークの連鎖的な拡大が，作品創作の増加や活性化に寄与すると考えると，ピアプロというユーザー・コミュニティは，三次創作以降の連鎖が進展しない閉じたネットワークであると考えられる。これまでに指摘してきた連結グラフの大きなネットワーク，たとえば，「重音テト」「欲音ルコ」「波音リツ」のネットワークでも，また「初音ミク」でも多数の二次創作ユーザー間での参照がほとんど見られなかった。中心作品に投稿するユーザー同士の創作ネットワークの連鎖が不活発になっている。クリプトン社のピアプロ運営責任者は，同サイトのコミュニティを通じて創作の連鎖を活発にする目的を挙げているが，実際には意図どおりに活性化されているとは必ずしもいえない[6]。

それではなぜN次創作が活発に起きていないのか。N次創作の連鎖をネットワークのタイプで考えれば，多極中心型が予想されたが，実際には一点集中型であった。図4-2（濱野 2012）に従えば，むしろ階層型の一次ホップであり，一段階のみの二次創作の派生関係である。考えられる理由は，「重音テト」や「欲音ルコ」，また「初音ミク」などの一次創作作品のクオリティが相当に高く，二次創作を行うユーザーとの間に創作能力の格差があるのではないか。中心性の高いハイクオリティの創作に触発されて作品を二次創作することだけが，多数の創作ユーザーの関心事なのかもしれない。そうであれば，一次創作とクオリティに差がある二次創作作品を参照して三次創作するユーザーのモチベーションも低くなるだろう。よって，二次創作された作品間での結び付き

（クラスター係数）もない。もちろん，ピアプロには「歌ってみた」「演奏してみた」など規定以外の作品種類が投稿できない制約のほか，閲覧・視聴を目的とした一般のリスナー・ユーザーからの参加機会がないことも影響を与えているだろう。それでも，ピアプロのネットワークは，楽曲やイラスト制作という創作の核心部分をなすユーザー間関係の特徴を表していると考えられ，趣味コミュニティにおける現代のユーザーの社会参加の一つの姿を表しているのかもしれない。趣味コミュニティについて考察した浅野（2011）は，趣味集団の参加者同士は対等な水平ネットワークであるとしながらも，趣味はそこで問われる技量を軸にした垂直の関係が敬意と謙虚さの中で形成されると述べている（第2章参照）。本章に当てはめれば，多数のユーザーが技量や能力の高い少数のクリエイティブ・ユーザーの創作作品をリスペクトし，触発され，その先行する一次創作作品に対して，彼らは上書きで付加価値を高めたいという欲求よりも，自分もその作品制作に参加することで敬意と満足を感じたいという上下関係が表出しているのではないか。

　また，同サイトがクリエイティブ・ユーザーの純粋な作品創作に限定されており，作品の生産・流通というプロセスから見ると，同サイトのユーザーが作品の創作・生産プロセスに限って同サイトを活用し，完成した作品の流通や閲覧など市場における評価は，ニコニコ動画やYouTubeのような他の動画共有サイトを併用している可能性もある。ピアプロでは，自分の投稿作品を他の動画共有サイトにアップし，これを関連づけて表示する機能を備えており，ユーザーが創作した作品を一般の市場に出して閲覧評価を受けたり，自由なN次創作を促したりする行動が予想される。ピアプロでは作品の生産を行い，流通と閲覧は外部サイトを利用するという異なるプラットフォーム間での機能や役割の分担関係があるのではないかと考えられ，そうした外部サイトでの創作連鎖の調査と分析は次章以降で取り上げる。

　もう1つ，創作連鎖の形状のほかに，連結グラフのネットワークサイズが大きな一点集中型のコミュニティが，サイトの運営企業が所有する人気公式キャラクター，「初音ミク」ではなく，クリエイティブ・ユーザー側が開発した製品（重音テト）であったのも大きな発見であった。「初音ミク」を使った作品

数は，23万件と，全作品数（65万件）の3分の1以上を占めていたが，1つの連結グラフで最大のネットワークでも81作品のサイズに留まる。「初音ミク」には膨大な楽曲作品数があり，特定の一次創作作品に二次創作が集中するというより，多くの作品に3つ程度の小さなグラフが多数分散して投稿されているようである（図4-6のグラフサイズの度数分布より）。これに対して，ユーザー開発のコンテンツ（重音テト，欲音ルコ，波音リツ）では，公式キャラクターのイラストが中心作品であり，これに二次創作のイラスト作品が集中していた。イラスト作品は，楽曲作品と比べて制作が比較的容易であり，高い技量を必要としないことが，二次創作ユーザーの創作意欲を喚起した要因でもあるだろう。

3-2. ユーザー・コミュニティ研究からの考察

　続いて，ユーザー・コミュニティ研究からのインプリケーションは次の2点である。第1に，クリエイティブ・ユーザーの存在と積極的な役割が可視的に確認された。すなわち，創作コミュニティにおいて，少数の製品開発を行うクリエイティブ・ユーザーが存在し，かれらは自ら製品イノベーションを行い，その成果を投稿コミュニティに公開していた。また，その成果はオリジナル製品の売り手である企業によって公認され，ユーザー・コミュニティの創作活動がさらに活発になり，集合的な共創価値を創出していた。第2に，ユーザー・コミュニティが果たす製品開発上の役割の特徴も確認された。理論研究における既存事例でユーザー・コミュニティが製品開発プロセス上で果たす主な貢献は，アイデアやコンセプトを創出する初期段階と，製品発売後の不良や不具合を発見する事後的な改善段階で多く見られた。しかし，ボーカロイド複製のコンテンツ「重音テト」は，「初音ミク」の製品仕様を完全に模倣する製品開発であった。「初音ミク」の発売元であるクリプトン社は，製品開発機能の一部，つまり初期段階や発売後の改善段階をユーザー・コミュニティに委託するのではなく，ユーザーが自発的に複製した製品に対して，これを事後的に公認し，自社の音楽配信レーベルサイトに追加して販売するというイノベーション成果の取り込みまで行っていたのである。Prahalad and Ramaswamy（2004）

は，企業が知らないところでユーザー・コミュニティが誕生して進化し，企業を介さない価値共創が始まると主張した。その成果が大きい場合に，企業はその便益を入手できるのか，また，ユーザー・コミュニティは知的所有権を主張できるのかという問題を提起した。本章では，クリプトン社が「初音ミク」と完全に競合する複製された「重音テト」をコミュニティの中で公認するだけでなく，そのキャラクター利用にクリプトン社の PCL（ピアプロ・キャラクター・ライセンス）の準用を認め，かつ，その音楽作品を自社の音楽レーベルサイトで配信販売するまでに至っている。クリプトン社のルールに従い，「重音テト」のキャラクターと音楽の利用契約から「重音テト」運営主体の知的財産権を保証し，かつ自社の収益機会にもつなげていたのである。製品開発プロセスにおける中心的な開発段階をユーザーが手がけ，そのイノベーション成果を企業がどのように活用するかについて先駆的な知見を提供してくれている。

3-3.「重音テト」はシミュラークルか

　さて，「重音テト」とは，2008 年 3 月に匿名掲示板 2 ちゃんねる内にある「ニュー速 VIP 板」で有志の手により 4 月 1 日のエイプリルフールのジョークとして制作され，「架空の VOCALOID（ボーカロイド）」としてニコニコ動画に登場した[7]。その後に歌声合成ツール「UTAU」を活用した独自の音声素材が作成され，VOCALOID と同じように歌うことのできるバーチャルシンガーとして歩み始めることとなった（運営元ホームページより）。キャラクターとしてのイラストのほか，性別（キメラ），年齢（31 歳）などの設定をもち，「初音ミク」ソフトウェアをその名称とともに，完全にパロディ化，模倣したバーチャルシンガーであった。現在はイラスト制作者と音源提供者がそれぞれの著作権を有し，オフィシャルサークル「ツインドリル」が運用を行い，ボーカロイドと同様に楽曲や動画，イラストが多くのユーザーによって創作されている。音源ライブラリーはフリーソフトウェアとしてサイトから提供されており，ダウンロード後に上述の UTAU などで使用できる。

　「重音テト」は，ユーザー発の「初音ミク」の模倣として登場したのち，市場から「ニセモノ」として駆逐されることはなく，多くのユーザーに受け入れ

られ，またクリプトン社からもピアプロ投稿を公認されながら，ボーカロイドシリーズと同様のポジションを着実に確立している。このような現実から，ベンジャミンが複製技術による模倣を論じ，ボードリヤールが未来社会へ向けて予言した「オリジナルなき模倣」，すなわち，「シミュラークル」のパワーが，いまや芸術家やプロフェッショナルの手からユーザー側にシフトしつつあることを実感せずにはいられない。「重音テト」は，「初音ミク」の二次創作ではなく，オリジナルのない模倣である点で，シミュラークルとして，ユーザーからオリジナルと同等の価値と評価を得ていると判断できる。続く「欲音ルコ」「波音リツ」も同様である。Baudrillard（1981）は，領土（実在）から生まれた地図（シミュラークル）をたとえに，領土が地図に先行するのでも従うのでもなく，地図，すなわちシミュラークルそのものが実在に先行すると述べる。詳しくは第8章のクリエイティブ・ユーザーのグループ・インタビュー調査で紹介するが，これらのシミュラークルをユーザー側は好意的に受け入れ，「企業側」ではなく「自分の側」の立場にあるものとして共感すらしている。あるクリエイターは，「カレーの発祥はインドであり，インドカレーと日本のカレーライスは全く別物だが，どちらもおいしい」と例えている（本書 p.227）。「初音ミク」の模造品として低い評価をするのではなく，むしろオリジナルと同等の価値を見いだし，かつ「2ちゃんねる」の掲示板発のコンテンツとして応援する姿勢すら見せている。そこにはオリジナルとシミュラークルの区別はない。二次創作やシミュラークルの浸透は，コンテンツを所有するパワーがコンテンツの売り手企業からユーザー側に確実にシフトする民主化の現象を想起させる[8]。

4 ・・・ 展望

本章では，UGCの参加型プラットフォームとして機能する創作投稿サイトにおけるユーザー間の投稿関係を社会ネットワーク分析によって解明を試みた。いくつかの示唆が得られたものの，これらの知見と考察は単一事例研究から導出されたものであり，仮説形成的な推論である。これらの結論を前提に，

130　第4章　創作投稿コミュニティのネットワーク構造と集合的共創価値

ユーザーの行動を質問紙調査やインタビュー調査によって補い，創作や投稿・公開の動機からコミュニティの特質，さらに経済的・非経済的成果との関係などを経験的に検証する課題があり，後半の第7章および第8章につなげる。

　一方で社会ネットワーク分析からは，創作投稿サイトというユーザー参加型プラットフォームが，創作作品というコンテンツ製品の開発ないし生産機能に限定され，作品の流通や閲覧（消費）は別の動画共有サイトが利用されている可能性がある。そこで次の研究として，ニコニコ動画やYouTubeにおける作品の創作連鎖と流通について改めて同じ研究手法で調べる必要がある（続く第5章，第6章）。そこから，「初音ミク」を含むコンテンツ製品一般のユーザー主導型ビジネスの開発から生産，流通，そして消費に至るプロセスの全貌について解明が進み，クリエイティブ産業への実務的な示唆が得られるのではないかと考える。

注

(1) igraphパッケージは，ネットワーク分析，およびネットワーク描画のR言語の専用ソフトウェアであり，分析で参照したマニュアルは次のとおりである。
Package 'igraph' (Version1.0.1.) June 26, 2015, Title: Network Analysis and Visualization, License: GPL (>= 2), URL: http://igraph.org.

(2) 複雑な構造をもつ現実のネットワークは，その内部に頂点間が互いに密接につながり合う部分グラフに分けられることが多い。そのような部分グラフを日常的な用語と同じ「コミュニティ」と呼ぶ。コミュニティ構造は，スケールフリー・ネットワークと同様に，複雑ネットワークがもつ不均一性を表している（Boccaletti et al. 2006）。

(3) igraphのmodularity計算にはClauset et al.（2004）や上記のマニュアルを参考にした。代表的な計算アルゴリズムとして，①貪欲法（fastgreedy）：Q値の近似値をある程度犠牲にする代わりに，計算速度を上げて小さな分割集合から大きな集合を形成していく方法，②枝の媒介性（edge. betweenness）：貪欲法とは反対に細分化された断片から大きな単一断片へ向けて結合する過程で最大のQ値を探し出す方法，③焼きなまし法：高温の物質を冷却する統計物理学のアルゴリズムを用いて代表的な近似値を最適化する方法，を初めとして多数提案されているが，ここでは抽出精度が高いとされる「焼きなまし法」（R関数spinglass）を使用してQ = 0.469，コミュニティ数25個を検出し，これを採用した。

(4) 3つのコミュニティがもつネットワーク特徴量（Costa et al. 2007）として計算した代表的な指標（グラフ密度，クラスター係数，次数相関係数，平均パス長）は表4-8のように整理できる。第2章の社会ネットワーク分析のところでも紹介したが要約して再掲し

4　展望　　131

表 4-8　グラフ特徴量の指標

特徴量	意味	ネットワーク
グラフ密度： density	頂点間の実際の枝の数を完全グラフに相当する最大数で割った値。0〜1の値をとる。有向グラフの最大数は枝数×（枝数−1）。	
クラスター係数： transitivity	頂点間が枝で結ばれている程度。0〜1の値をとり，1であれば完全グラフ。0であれば一点集中の星型グラフ。	
次数相関係数： assortativity degree	隣接する2つの頂点の次数が同程度であるかどうかをみる。次数の少ない頂点の隣に次数の少ない頂点があると正の次数相関あり。	
平均パス（最短経路）長： average path length	頂点から頂点までたどる枝の長さの最短経路の平均値。通らなければならない経路の最小の枝数。クラスター係数が0であれば，パス長は2。	

表 4-9　改変禁止ライセンスと参照の有無に関するクロス集計

	参照されない	参照される	計	第2列 / 行和
改変禁止ライセンスなし	17,949	2,195	20,144	10.9 %
改変禁止ライセンスあり	6,134	813	6,947	11.7 %
計	24,083	3,008	27,091	11.1 %

表 4-10　独立性の検定

カイ二乗統計量	3.3
p 値	6.8 %
自由度	1

ておく。

(5) 改変禁止ライセンスが N 次創作を阻害しているかどうかに関しては，次のようにクロス集計と独立性検定で確認した。独立性検定から5％有意水準で独立であるという帰無仮説を棄却できないため，相関関係は無い（表 4-9，表 4-10）。

(6) 「二次創作とユーザーのコラボが生む piapro［ピアプロ］」『美術手帖』2013年6月号所収（美術出版社）

(7) 「重音テト」に関する記述は以下の公式運営サイトの情報に基づく。
http://kasaneteto.jp/
　　現在，「重音テト」の著作権については，ビジュアルデザインは線，音声ライブラリーは小山乃舞世の各氏が所有・管理している。

132　第4章　創作投稿コミュニティのネットワーク構造と集合的共創価値

(8) 本章から導いた示唆は，終章で「コミュニティ・ジェネレーション」として理論的枠組みの提案につなげる。

第5章

ニコニコ動画コミュニティにおける
集合知形成のダイナミクス

要約

　ユーザー・コミュニティが価値共創の苗床となり，ユーザー生成コンテンツ（UGC）の創発効果を促す条件とは何か。本章では，コンテンツ型ユーザー・コミュニティの中でも代表的な動画共有サイト「ニコニコ動画」コミュニティに注目し，ボーカロイド・ソフトウェアを使用してUGCが創作・投稿されるクリエイティブ・ユーザーの行動を前章に続き社会ネットワーク分析から捉える。コンテンツの集合知がN次創作の連鎖として形成されるダイナミクスを可視的に確認するとともに，ユーザーの創作活動を活発にする要因を探り，カラオケ配信のようなビジネス成果に結びつく要因を探索的に発見する。ニコニコ動画は，N次創作が自由活発に行われるオープン型のコミュニティである。N次創作から生まれるビジネス成果に関係するのは二次創作の活発な投稿であり，それには参加型プラットフォームにおける多様性と共通性を統合するマネジメントが求められる。

1 ... 本章の目的とニコニコ動画の投稿概要

1-1. ニコニコ動画は「創作・流通・消費・交流の場」

　コンテンツ型ユーザー・コミュニティの代表ともいえるのが，ニコニコ動画である。「初音ミク」ソフトウェアが 2007 年 8 月の発売直後に，すぐにユーザーの創作と投稿が活発になったのがニコニコ動画であり，「初音ミク」現象の中核的な推進メディアになってきたといっても言い過ぎではない。今も多くのユーザーがボカロ動画を最初に公開するコミュニティとなっており，ニコニコ動画そのものも，ボカロ動画によって成長を遂げてきたオープン・メディアである。ニコニコ動画に投稿されたボカロ楽曲数は 378,264 曲，うち「初音ミク」のタグが付くものは，180,704 件と約半数を占める（2015 年 8 月時点，筆者調べ）。ボカロ楽曲の代表的な投稿コミュニティには，他に動画共有サイトのGoogle 社グループ「YouTube」や，クリプトン社が自ら運営する創作投稿サイト「ピアプロ」がある。前章で，ピアプロの作品データ 65 万件を取得して創作ネットワークを分析した結果を紹介したが，ピアプロでは純粋な楽曲創作に限定された「ユーザー創作の場」であった。これに対して，ドワンゴ社が運営するニコニコ動画は，ボカロ楽曲の生成期からユーザーの創作投稿が活発に展開される「創作の場」であり，同時にリスナー・ユーザーが作品を楽しみ，コミュニケーションする「消費と交流の場」ともなっている。

　われわれは，さらに本サイトの「ビジネス・マッチング」につながる「流通の場」にも注目する。同サイトには，ユーザー創作の成果をビジネス展開に結びつける多様な機能が整っている。まず，ユーザーの創作投稿はオリジナル作品（一次創作）に始まり，これを参照して楽曲やイラスト，動画を追加・改変したり，人間が歌唱・演奏・ダンスしたりという二次創作の連鎖が活発になる。この作品の支持は，視聴者からの再生回数で測定され，人気度の目安になる。人気作品は，ジョイサウンドを初めとするカラオケ会社が配信する楽曲としてユーザーからリクエスト・投票され，配信が始まると，作品に「DAM &JOY 配信中」などのタグが付く（図5-1）。ユーザー・コミュニティ創発のビ

図 5-1 ニコニコ動画の画面イメージ

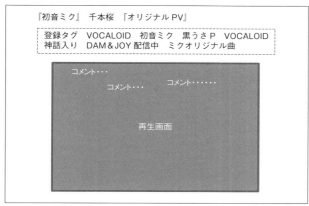

ジネスが生まれるのである。その後，人気楽曲は音楽配信会社との契約で「着うた」や楽曲レーベルとして販売されたり，キャラクター関連の商品，フィギュアやグッズの販売としてビジネス展開されたりする。

そして，最もビジネスとして成功する形が，楽曲をモデルに物語化される小説や漫画（コミック），映像作品化（アニメーションや実写映画）である。ニコニコ動画は，ボカロ楽曲の投稿コミュニティの中でも，ユーザーの視聴と再生閲覧の結果が表示され，かつビジネスを創発する中心的な「市場」の役割を担っている。そこで，本章ではニコニコ動画コミュニティにおけるユーザーの創作行動の連鎖とネットワークについて，投稿データを取得して分析することにより，次のような探索的な発見を試みる。

(1) ユーザーの創作連鎖とネットワークは，作品や作者の人気度によって，どのように変わるのか。また，個々の抽出コミュニティにどのような特徴があるか。

(2) ユーザーの二次創作を誘発するオリジナル作品に共通の特徴はあるのか。

(3) ユーザー・コミュニティからカラオケ配信につながるにはどのような条件があるのか。

図5-2 創作投稿と連鎖の仕組み

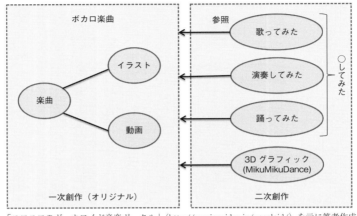

（出所）「ニコニコのボーカロイド音楽ポータル」(http://ex.nicovideo.jp/vocaloid/) を元に筆者作成。

1-2. 研究方法とデータ概要

　ニコニコ動画コミュニティの構造を解明するアプローチとして，本章でも引き続き社会ネットワーク分析の理論と手法を用いる。実証研究は次のような手順で進める。ニコニコ動画コミュニティにおける投稿者の作者間および作品間の関係は，前章のピアプロ分析と同様に作者間の参照関係として，作者（作品）間の「有向グラフ」（参照する側から参照される側へ結ぶ）を作る。具体的には，1つの作者（作品）を「頂点」，その間のつながりを方向づける矢印は「枝」として捉え，その有向グラフで構成される「連結グラフ（＝ネットワーク）」からコミュニティの構造を解明する。本章では，ニコニコ動画に最初に投稿された音楽作品を「一次創作」（ボカロ楽曲＋イラスト・動画），この作品を参照して制作投稿された作品を「二次創作」（人が歌ってみた・演奏してみた・踊ってみた，の他，3Dグラフィックソフト「MikuMikuDance」で制作した作品）と定義する（図5-2）。

　ニコニコ動画からの作品取得データの概要は表5-1に示す。2015年8月時点で，約80万件であった。特に，一次創作には膨大な作品数があると考えられるため，一定のクオリティが確保される再生回数10万回以上の「殿堂入り

1 本章の目的とニコニコ動画の投稿概要　　137

表 5-1　取得データの概要
（ニコニコ動画：http://www.nicovideo.jp/video_top）

No	タグ	創作区分
1	VOCALOID 伝説入り	一次創作
2	VOCALOID 殿堂入り	
3	VOCALOID	
4	初音ミク	
5	MikuMikuDance	二次創作
6	ボカロオリジナルを歌ってみた	
7	ボカロオリジナルを演奏してみた	
8	ボカロオリジナルを踊ってみた	

取得時期：2015 年 8 月 1 日 12 時～ 2015 年 8 月 2 日 24 時
取得対象：ニコニコ動画（http://www.nicovideo.jp/video_top）で次のいずれかのタグを持つ作品。
取得作品総数：800,991 件（作者総数は 115,498 人）
取得項目：作品 id，作品タイトル，説明文，作者 ID，作者名，再生回数，コメント数，マイリスト登録数
定義：殿堂入り作品とは，「VOCALOID 伝説入り」か「VOCALOID 殿堂入り」のタグを持ち，再生回数が 10
　　　万回以上。⇒その作品数は 2,930 件。作者数は 775 人。
参照関係：説明文に作品 id を記載している場合は該当作品への参照とする。説明文にマイリスト id を記載し
　　　ている場合は，該当するマイリスト id の保有ユーザーへの参照とする。

作品」を中心に「VOCALOID」「初音ミク」などのタグを持つ作品を一次創
作として認識し，二次創作として「MikuMikuDance（みくみくダンス）」「ボカ
ロオリジナルを歌ってみた」「ボカロオリジナルを演奏してみた」「ボカロオリ
ジナルを踊ってみた」のタグ付き作品を定義して取得対象にした。各作品には
付随する情報として，作者名，再生回数，コメント数，マイリスト（お気に入
り）登録数，さらにカラオケ配信タグなども同時に取得している。その全作品
データのプロフィールは表 5-2 のとおりである。作品数全件（800,991 本）に対
して，作者数は 115,498 人，創作区分の割合は，一次創作 47 %，二次創作
53 %，再生回数 10 万回以上の殿堂入り作品は 2,930 件，カラオケ配信される
作品は 3,619 件であった。一次・二次創作の区分では二次創作合計が半数を超
え（424,801 件），このうち，MikuMikuDance タグが，239,905 件と半数を超え
ていた。MikuMikuDance（みくみくダンス）とは，三次元グラフィックスのフ
リーソフトウェアであり，ボカロユーザーが無償で開発・公開して人気をよ

138　第5章　ニコニコ動画コミュニティにおける集合知形成のダイナミクス

表5-2　全作品データのプロフィール

	N	作者数	一次創作	うち殿堂入り作品	MikuMiku-Dance タグあり（二次創作）	ボカロオリジナルを○してみたタグあり（二次創作）	カラオケ配信タグあり
作品数	800,991	115,498	376,190	2,930	239,905	184,896	3,619

（注）　一次創作割合47％，二次創作割合53％，・作者1人当り作品数6.9件。

び，多くのユーザーに支持されてニコニコ動画の「初音ミク」関連の動画制作のインフラを支えてきた（第1章参照）。ここにもユーザー発のイノベーションとその無償公開がコミュニティを活発にしている姿を見いだせる。また，カラオケ配信作品数（3,619件）は殿堂入り作品（再生回数10万回以上）数（2,930件）を上回っており，殿堂入り作品でなくてもカラオケ配信されている。

　なお，本データは，ニコニコ動画の投稿サイト（http://www.nicovideo.jp/video_top）のAPI（Advanced Programming Internet）を用いて筆者が独自に開発したデータ取得プログラムで収集した[1]。作者による作品説明の記述から，他作品や作者への参照を判別した。また，分析ソフトウェアには前章と同じくR言語のigraphパッケージを使用して計算と描画作業を行う。

1-3.　投稿作品数（N次創作連鎖）の推移

　ニコニコ動画コミュニティへのボカロ関連の一次創作，二次創作に加えて，三次創作の作品投稿数はどのように推移しているのか。このオープン・メディアに対するユーザーの投稿行動を概観するために，三次創作を加えた区分の全作品投稿数を月別集計で時系列（2007年3月～2015年8月まで）にまとめてみた（図5-3）。ここではオリジナル（一次創作）とは別に，「オリジナルの参照」「○してみた」作品の2つを二次創作と定義して識別するとともに，これらを参照する動画（オリジナル参照を参照，○してみたを参照）を「三次創作」と定義して関連データを取得した。ニコニコ動画コミュニティへの投稿総数は，2007年8月のソフトウェア「初音ミク」の発売直後から急増しており，2011年まで増加基調が続き，2012年以降は上昇と下降を繰り返している。特に

1 本章の目的とニコニコ動画の投稿概要　139

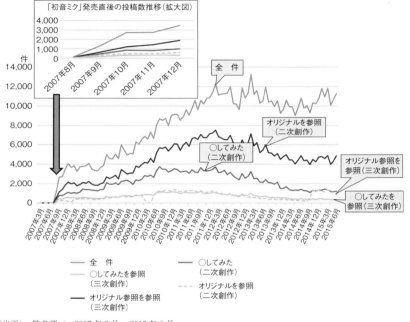

図 5-3　ニコニコ動画へのボカロ関連動画とＮ次創作の投稿数推移

（出所）　筆者調べ。2007 年 3 月～ 2015 年 8 月。

2008 年 9 月からの投稿数急増の勢いがすさまじい。投稿数全件で見て 8 月に 32 件であったのが，9 月 1,244 件，10 月 2,696 件，11 月 2,714 件，12 月は 3,465 件と爆発的な投稿数を示している。ソフトウェア「初音ミク」の発売を契機にボカロ動画が一気にコミュニティを拡大していく様相がわかる。

　二次創作のうち「オリジナルの参照」は 2011 年の 7 千件程度まで増加を続け，その後は低下基調になる。「○してみた」の二次創作は 2010 年から 2011 年にかけて 3 千件程度を維持した後に低下傾向になる。これらに対して，三次創作は一貫して大きな上昇や下降がなく，「オリジナル参照を参照」「○してみたを参照」ともに，千件前後で推移している。ニコニコ動画コミュニティにおけるボカロ動画の投稿では，N 次創作のうち，一次と二次創作が大きな割合を占め，三次創作は堅調に投稿されているが，投稿数は二次創作を超えるほど多

図5-4 作品数全件（800,991）の次数分布（入次数）

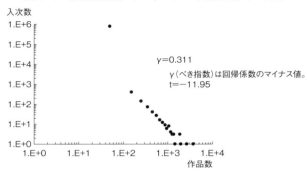

くはない。ここから，ニコニコ動画は二次創作の投稿行動が支える活発なコミュニティといえそうである。

2 社会ネットワーク分析

2-1. 次数分布と連結グラフ

今回の取得データは前章のピアプロの全数調査と異なり，一次創作と二次創作のみを一定の基準で抽出したため，連結グラフの作成において以下のようなルールを決めている。グラフの頂点＝作品は，殿堂入り作品が参照する他の作品と，殿堂入り作品を参照する他の作品である。また，グラフを構成する枝もこれらの頂点間を結ぶ有向グラフである。グラフを構成する頂点は，殿堂入り作品（2,930件）とそれが参照する作品，また殿堂入り作品を参照する作品に該当するものとして，これらを結ぶ枝を有向グラフとする連結グラフを対象にした。さて，全作品（800,991件）の次数（degree：頂点に接続する枝の数）を作品数の関係でみる次数分布（頂点に向かう有向グラフの入次数，両軸は対数プロット）は図5-4のようになった。その傾き（$-\gamma$：回帰係数）をみると，γ（べき指数）＝ 0.3111で直線近似の回帰が見られ，このネットワークの次数分布は，べき乗則に従うというスケールフリー性（平均値や標準偏差で捉える正規分布のような尺度が存在しない）の特徴を持っている（スケールフリーの詳しい解説は第

2 社会ネットワーク分析　　141

図 5-5　作品数全件（800,991）の連結グラフの度数分布

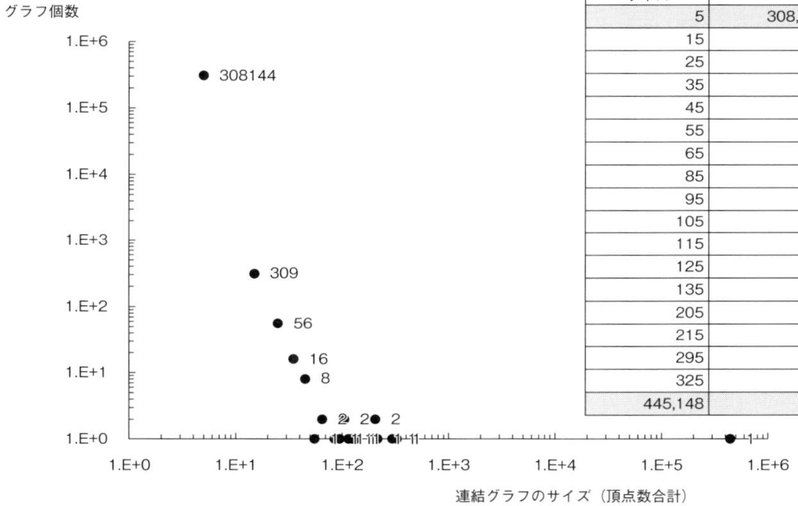

グラフ個数

連結グラフの サイズ	グラフ数
5	308,144
15	309
25	56
35	16
45	8
55	1
65	2
85	1
95	1
105	2
115	1
125	1
135	1
205	2
215	1
295	1
325	1
445,148	1

連結グラフのサイズ（頂点数合計）

（注1）1〜5つの頂点をつなぐ小さな連結グラフが，308,144 個。
（注2）445,148 個の頂点をつなぐ巨大な連結グラフが1個。

2章）。この場合の入次数，すなわち一次創作作品に集まる二次創作数は，特定の人気作品に偏って集中する構造である。次に，同じく作品全件の連結グラフ（ネットワーク）の度数分布（両軸は対数プロット）をみると（図5-5），最も多いグラフのサイズ（頂点数合計）の階級は1個から5個の作品でつながるネットワークであり，308,144 個見られた。最大グラフのサイズは445,148 作品がつながるネットワークであった。関連して，作品評価に関する人気指標（再生回数，コメント数，マイリスト登録数，殿堂入り作品を持つ作者数）の度数分布も図5-6にまとめて示す。作品数でみて，再生回数，コメント数，マイリスト登録数の分布はいずれも対数軸で直線近似をしており，やはり作品の人気が特定少数に偏るスケールフリー・ネットワークであった。

図 5-6 作品評価指標の度数分布（全作品 800,991 件）

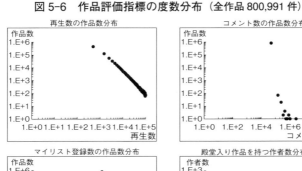
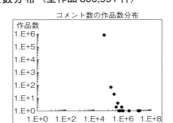
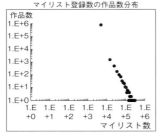
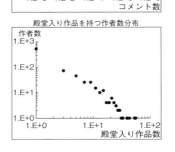

図 5-7 作品と作者の参照関係のウエイトづけ

2-2. コミュニティ分割

次に，作者間の関係を連結グラフで捉え，コミュニティ検出へ進む。作者から作者への参照関係の有向グラフを作成する際のルールとして，1つの参照を参照作品数でウエイトづけした1本の枝で表すことにした（図5-7）。つまり作品への参照かマイリスト保有者への参照を「1」の数値で置き換え，w 個の作

品で参照が重複する場合は，つながりが強いと考え，強度を「w」とウエイトづけ（重みつきグラフ：安田 1997，矢久保 2013）することにした。その結果，全作品の作者数 115,498 人の連結グラフの頂点数は 48,494 個，枝の数は158,969 本が生成された。作者数の約 42 ％が何らかのネットワークで結びついていることになる。次に，この連結グラフのネットワーク構造をより詳しく可視化するために，前章と同じくコミュニティを検出する。この連結グラフ全体のコミュニティ検出は計算負荷が大きく困難だったため，改めて再生回数 1 万回超の作者に絞り，頂点数 13,434 個，枝 78,322 本を絞り込み，これを対象に連結グラフをコミュニティに分割する計算を行い，焼きなまし法により，まず22 個のコミュニティを検出した（表5-3）が，それぞれのコミュニティサイズが大きいため，さらにネットワークを粗視化して頂点と枝の関係をより微細に観察する目的で，最大検出されたコミュニティ（No.1：頂点数 1,990 個，枝 6,590本）を対象に，同様の方法で再分割を行い，23 個のコミュニティも併せて抽出した（表5-4）。

　表 5-3 と表 5-4 を詳しくみると，コミュニティサイズの上位から下位に向かって，ネットワークの特徴量に一定の傾向が見いだせる。枝と枝のつながりが多いほど高い値を示す「グラフ密度（density）」は，上位コミュニティほど低く，下位になるほど高くなる。中心性（centrality：ネットワークが要である度合い）の高い頂点をつなぐ枝の多さを示す「クラスター係数（transitivity）」は，下位にいくほど小さくなっている。これらは，コミュニティサイズが大きいほど，中心性のそれほど高くない中心作者のグラフが複数存在し，そのグラフ間をつなぐ枝も活発に多く出ていることを意味する。一方で，サイズが小さくなるほど中心性の高いグラフが少数現れるようになり，それらグラフ間をつなぐ枝の減少から分割されていく。コミュニティサイズが小さくなるほどグラフ密度が上がるのは，中心性の高い（あるいは求心力の高い）人気作者が現れる可能性を示しており，クラスター係数が小さくなるほどグラフ間をつなぐ枝が少なくなる。社会ネットワーク分析では，次数が大きい中心点を「ハブ（ここでは殿堂入り作者）」とよぶが，「隣接する頂点の次数の相関係数」は，次数の多い中心点の近くに次数の少ない中心点が存在する程度の値を表す。コミュ

表 5-3　作者間連結グラフ（頂点数 13,434）のコミュニティ分割と
特徴量⇒ 22 個に分割

焼きなまし法（枝のウエイトあり）。Q 値（modularity）= 0.1735

No	頂点の個数	枝の個数	グラフ密度	クラスタ係数	隣接頂点の次数の相関係数	平均パス（最短経路）長
全体	13,434	78,318	0.0004	0.0033	-0.1276	4.7633
1	1,990	6,590	0.0017	0.0070	-0.1429	5.1829
2	1,907	8,997	0.0025	0.0059	-0.1337	4.0987
3	1,306	2,694	0.0016	0.0029	-0.1214	3.5779
4	1,261	2,511	0.0016	0.0047	-0.2630	4.0504
5	820	1,425	0.0021	0.0066	-0.2199	3.7655
6	760	1,080	0.0019	0.0001	-0.2800	2.2077
7	604	1,156	0.0032	0.0042	-0.1763	1.8226
8	528	857	0.0031	0.0015	-0.3533	1.9079
9	498	597	0.0024	0.0007	-0.3896	1.6107
10	449	498	0.0025	0.0016	-0.4114	2.0562
11	438	518	0.0027	0.0000	-0.2656	1.4962
12	434	461	0.0025	0.0009	-0.2500	1.3099
13	404	593	0.0036	0.0007	-0.2189	1.5453
14	334	358	0.0032	0.0006	-0.4677	1.0873
15	327	418	0.0039	0.0002	-0.2875	1.0446
16	319	581	0.0057	0.0111	-0.2330	2.3847
17	291	308	0.0036	0.0005	-0.4166	1.5410
18	258	306	0.0046	0.0023	-0.4537	1.8111
19	212	227	0.0051	0.0007	-0.3604	1.3113
20	182	184	0.0056	0.0000	-0.3967	1.7802
21	83	83	0.0122	0.0000	-0.3941	1.4938
22	29	30	0.0369	0.0000	-0.6948	1.4821

ニティサイズが小さくなるほど，この次数相関係数のマイナス値が大きくなっていくのは，おのおののハブが次数のより小さな頂点と結びつくようになり，ハブ同士が結びつきにくくなることを意味する。「平均パス（最短経路）長」は，ある頂点が別の頂点にたどり着く際の枝の本数（経路）の平均数を表すが，この数値が2に近づくほど，グラフは一点集中型の星形1つに近づく。ネットワークサイズが小さくなるほど，ハブをつなぐ枝が切れていくので，経路の長さも短くなる。

表 5-4 最大コミュニティ（頂点数 1,990）のコミュニティ再分割と
特徴量⇒ 23 個に分割
焼きなまし法（枝のウエイトあり）。Q 値（modularity）= 0.1629

No	頂点の個数	枝の個数	グラフ密度	クラスタ係数	隣接頂点の次数の相関係数	平均パス（最短経路）長
1	218	468	0.0099	0.0186	−0.1349	2.0596
2	182	372	0.0113	0.0134	−0.1083	2.1034
3	158	223	0.0090	0.0012	−0.3729	3.2043
4	146	227	0.0107	0.0099	−0.4926	2.0314
5	144	206	0.0100	0.0124	−0.5107	1.5642
6	138	238	0.0126	0.0592	−0.1630	3.7744
7	122	202	0.0137	0.0333	−0.3037	1.1814
8	103	117	0.0111	0.0000	−0.4574	1.6190
9	93	130	0.0152	0.0000	−0.2459	1.7659
10	89	125	0.0160	0.0019	−0.1278	1.3077
11	87	111	0.0148	0.0152	−0.4059	1.7450
12	80	106	0.0168	0.0128	−0.5405	1.5778
13	74	79	0.0146	0.0000	−0.5458	1.6207
14	71	100	0.0201	0.0234	−0.2046	2.3617
15	66	74	0.0172	0.0000	−0.2483	1.4855
16	64	79	0.0196	0.0069	−0.5118	2.1463
17	58	68	0.0206	0.0000	−0.2596	1.3263
18	56	57	0.0185	0.0000	−0.3659	1.4762
19	17	17	0.0625	0.0000	#N/A	1.0000
20	9	12	0.1667	0.0000	−0.8165	1.6563
21	8	8	0.1429	0.0000	#N/A	1.0000
22	5	5	0.2500	0.0000	−0.6124	1.4286
23	2	2	1.0000	#N/A	#N/A	1.0000
合計	1,990	3,026				

2-3．創作ネットワークの粗視化

　これらの特徴量の傾向を参考に，上位サイズから下位までの代表的な3つのコミュニティのネットワーク描画を例示してみたい（図5-8 〜 5-11）。各図の頂点は，一次創作と二次創作に区別し，一次創作の頂点を表す大きな○印は殿堂入り作者（人気度で濃淡。番号は作品の再生回数計で1位から775位までの順位）であり，二次創作は濃度分けされた☆と○であり，「○してみた」「MikuMiku-Dance（みくみくダンス）で描いてみた」を表す[(2)]。まず，図5-8はコミュニ

図 5-8 コミュニティ No.1 の生成

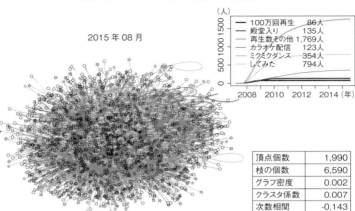

図 5-9 コミュニティ No.1 の中の再分割コミュニティ No.1 の多極中心型ネットワーク

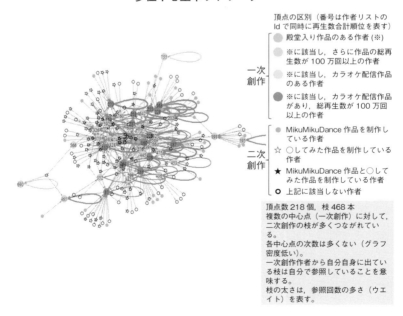

2 社会ネットワーク分析　　147

図 5-10　コミュニティ No.11 の多極中心型ネットワーク

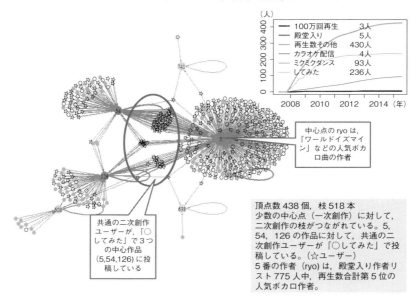

図 5-11　コミュニティ No.20 の一点集中型ネットワーク

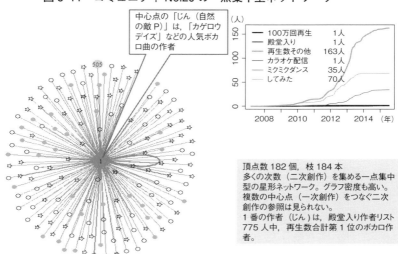

148　第5章　ニコニコ動画コミュニティにおける集合知形成のダイナミクス

表 5-5　殿堂入り作者リスト（N=775）上位 10 人のデータプロフィール

no	作者 id	作者名	カラオケ配信曲数	投稿作品数	殿堂入り作品数	再生数合計	コメント数合計	マイリスト数合計
1	15872264	じん（自然の敵 P）	9	28	15	43,351,512	2,307,187	1,326,249
2	380847	ハチ	11	20	16	31,980,000	867,940	910,946
3	3343223	40mP	34	84	54	29,805,274	744,245	1,308,358
4	1091989	こすも (cosMO@ 暴走 P)	24	79	56	29,666,437	1,061,493	861,052
5	317063	ryo	3	11	8	29,549,902	1,640,249	792,565
6	811012	DECO*27	16	40	33	28,995,508	815,255	936,607
7	907343	mothy	12	52	31	24,166,523	1,115,435	663,364
8	449061	黒うさ	9	38	26	22,033,850	1,265,946	740,601
9	11912389	wowaka	8	14	9	21,151,739	917,859	602,041
10	1320776	ガルナ @ オワタ P	15	96	29	20,797,186	1,104,971	659,693

ティ No.1 のネットワーク図である（頂点数 1,990，枝 6,590）。右上には，作品区分ごとの時系列の投稿数推移も示してある。このネットワーク図からは可視化の様子がわかりにくいので，さらに再分割したあとの最大コミュニティ（コミュニティ No.1 のうち再分割 No.1）を図 5-9 で示した（頂点数 218，枝 468）。ネットワークの形状は，中心性の低い多数の一次創作の作者（再生数ランクが低い作者の集合）を多数の二次創作ユーザーが橋渡しする多極中心型である。そこから，下位サイズに降りるほどクラスター係数は低くなるが，グラフ密度は上がっていく。コミュニティ No.11（図 5-10）も多極中心型ネットワークであるが，多数の二次創作を集める 3 つの中心点を見いだせる（頂点数 438，枝518）。中でも，二次創作を最も多く集める 5 番の作者は，作者リスト 775 人中，再生回数計で第 5 位にランクされる人気ボカロ作者「ryo」氏である（上位 10 人のリスト参照は表 5-5）。これまでに「メルト」「ワールドイズマイン」「ブラック★ロックシューター」など多数のヒット楽曲を生み出している。そして，注目すべきは，3 つの中心点に共通して二次創作を出しているユーザーの存在である。特に「○してみた」，つまり，ボカロ楽曲に対して「歌ってみた」「演奏してみた」「踊ってみた」の投稿を行っており，彼らの行動がネットワークサイズを大きくしている。この行動特性については項を改めてさらに分析する。最後に下位から，コミュニティ No.20（図 5-11）は一点集中型の星形

ネットワークであり，1番の作者のみに二次創作の枝が集まっている（頂点数182，枝184）。図5-9，5-10のように複数の中心点を橋渡しする二次創作の枝は見られない。1番の作者，「じん（自然の敵P）」氏は，今回の再生回数ランクで775人中，第1位であり，表1-2（第1章）の20歳以下のカラオケ人気ランキングで「カゲロウデイズ」がトップ10に入る人気ボカロ作者だった。

　最後に，それぞれのコミュニティの生成を時系列で表す推移を見てもらうと，ほとんどのコミュニティで2012年くらいまでに投稿活動が収束しており，2013年〜2015年にかけた投稿数は微増傾向で推移していた。ピアプロの投稿数の推移でも見たが，ボカロ作品の人気，あるいは一次・二次創作のユーザー行動は，「初音ミク」発売後に急増し，2012年くらいで増加基調がピークに達していた。

2-4. ネットワークを活発にするユーザー行動と成果

　次に，以上の分析をもとにコミュニティのネットワークを活発にするクリエイティブ・ユーザーの行動について，さらに考察してみたい。コミュニティのネットワークを活発にするユーザーの行動は，第1に，一次創作の投稿が視聴者からの支持を集めて，各人気指標を高めることであり，第2に，その人気作品に触発されて二次創作するユーザーの投稿行動を創発することにあると考えられる。まず，人気のオリジナル作品が投稿されることが重要であるが，人気作品の投稿はクリエイティブなコンテンツであるだけに，計画的に促すのは難しく，不連続かつ不確実である。それよりも，コミュニティの運営側からみて，二次創作行動を活発にする条件や環境を整備することは現実性が高い。そこで，一次創作を行う殿堂入り作者（775人）とそれ以外の作者（他作者115,462人）に分けて，ネットワークの入次数と出次数の平均値を求めて，その差を検定した（表5-6）。殿堂入り作者は，入次数の平均値が44本であり，他作者（平均0.5本）と比べても圧倒的に多く，中心性が高い。その差を検定すると有意差がみられた（p＝0％，カイ二乗値＝2,647.1）。殿堂入り作者の一次創作は，他作者と比べて二次創作を多く集めており，ネットワークを活発にしていた[3]。

150　　第5章　ニコニコ動画コミュニティにおける集合知形成のダイナミクス

表5-6　作者別の入次数と出次数の平均値と差の検定

殿堂入り作者と，他作者の入次数と出次数の比較

	作者数	作品数
殿堂入り作者	775	2,903
他作者	115,462	796,701
公式	1	1,387
合計		800,991

作品ごとの入次数と出次数の作者別平均値

	入次数	出次数
殿堂入り作者	44.33	1.24
他作者	0.51	0.78

差の検定（Kruskal-Wallis 順位和検定）

	比較	p値	カイ二乗統計量
入次数	殿堂入り作者 vs 他作者	0.00%	2,647.1
出次数	殿堂入り作者 vs 他作者	0.00%	79.1
殿堂入り作者	入次数 vs 出次数	0.00%	948.0
他作者	入次数 vs 出次数	0.00%	18,993.0

次に，二次創作ユーザーのネットワーク行動を見ると，二次創作（MikuMiku-Dance：3D グラフィック制作，○してみた）のユーザーが複数の殿堂入り作者（一次創作）に対して橋渡し投稿するとネットワークサイズが大きくなっていた（図5-10）。それでは，二次創作の投稿ユーザーが，複数の一次創作に対して橋渡しするのはどのようなときか。二次創作の投稿ユーザーが，複数の一次作品へ参照を誘発される要因を探るため，殿堂入り作者（775人）に対して，二次創作ユーザー（MikuMikuDance 投稿ユーザーと，○してみたユーザー数の合計 10,338人）の頂点から出る参照パスの枝 64,259本について，類似性評価を試み，同時に参照される一次創作作者をグループ化し，その共通点を調べてみた。具体的には，二次創作ユーザーからの参照で共起される殿堂入り作者間の関係を「Jaccard 係数」を用いて評価・計算し，そこから「1－類似係数」を作者間の距離とみなしてウォード法による階層的クラスタリングを行った。図5-12 に再生数の多い作者を含む代表的なクラスター構造（デンドログラム）の一部分を示す[4]。

　No.1 グループに属する 6 作者間の共通点として，創作される楽曲にはシリーズ物が多く，1つのヒット楽曲からつながるシリーズ曲が発表されている。No.2 グループの作者の作品の多くは，大手ゲームソフトメーカー，セガ社から発売されている人気リズムゲーム「初音ミク –Project DIVA シリーズ–」に収録されている（第3章第1節参照）。No.3 グループの作者に共通する点を調べ

図 5-12 二次創作から共起関係にある一次創作の類似グループ
（デンドログラム）➡階層的クラスタリング

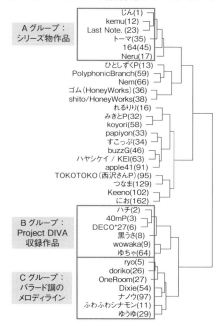

（注）殿堂入り作者名と順位（再生数合計ランク）

ると「バラード調のメロディライン」であった。バラードメロディの楽曲には二次創作を創発する魅力があるのかもしれない。これより，二次創作ユーザーの投稿を創発する楽曲に共通する特徴として，「シリーズ物作品が集まる」「ゲームソフト Project DIVA に採用される」「バラード調メロディラインの曲」という作者と作品の共通点を挙げることができるだろう。

　最後に，ユーザー・コミュニティから創発される集合知とユーザーのネットワーク行動が，ビジネスへのアウトプットとして，カラオケ配信の成果にどのように結びついているか，その相関関係も調べた。殿堂入り作者（775人）を対象に，5つの人気指標（投稿作品数，殿堂入り作品数，再生数合計，コメント数合計，マイリスト数合計）のほか，二次創作からの参照（MikuMikuDance 投稿，

表 5-7 殿堂入り作者の成果指標とカラオケ配信曲数との相関

		殿堂入 作品数	投稿 作品数	再生数 合計	コメント 数合計	マイリスト 数合計	ミクミクダンス 被参照	歌ってみた 被参照
カラオケ 配信曲数	Pearson の相関係数	0.715**	0.197**	0.533**	0.166**	0.591**	−0.031	0.122**
	有意確率（片側）	0.00	0.00	0.00	0.00	0.00	0.20	0.00
	N	775	775	775	775	775	775	775

（注）**．1％水準で有意（片側）

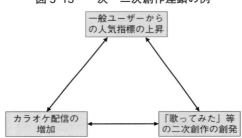

図 5-13 一次・二次創作連鎖の例

○してみた投稿）を変数に，カラオケ配信曲数との相関係数を見た（表5-7）。その結果，5つの指標はいずれもプラスで有意となり，二次創作からの参照は，「○してみた」が有意となった。人気指標は，カラオケ配信に結びつく重要な要因であり，「歌ってみた・演奏してみた・踊ってみた」の二次創作参照もカラオケ配信と関係する。3Dグラフィックソフト（MikuMikuDance）の二次創作参照は関係が見られなかった。因果関係は特定できないが，一般ユーザーからの人気指標が上がるとカラオケ配信につながり，カラオケで歌ったユーザーが，さらに「○してみた」で二次創作を誘発される共創価値を高める行動が考えられる（図5-13）。

3 考察

3-1．社会ネットワーク分析の考察

ボカロ楽曲と派生する二次創作のネットワークの連鎖という観点から，次の

ような示唆が得られる。まず，ニコニコ動画というユーザー参加型プラット
フォームは，ボーカロイド関連作品が80万件以上集まる活発なユーザー・コ
ミュニティであり，特に二次創作の作品投稿が活発に見られた。その作品間が
つながる次数の集まりは，「べき法則」に従う分布（＝スケールフリー・ネット
ワーク）であり，連結グラフの分布でもより少数の作品に人気が集中する傾向
があった。創作の連鎖では，殿堂入り作品を中心とする一次創作に，二次創作
（3Dグラフィック，○してみた）が多様な参照ネットワークを構成しており，「N
次創作」の連鎖が視覚的にも確認できた。クリプトン社が運営する創作投稿サ
イトであるピアプロが「閉じたネットワーク」であったのと比較すると（第4
章），ニコニコ動画はより「開かれたネットワーク」であるといえる。ここに，
ユーザー参加型プラットフォームの特質として，ピアプロはクローズ型，ニコ
ニコ動画はオープン型として区別できるだろう。

　次にネットワークの構造である。殿堂入り作品を持つ作者を中心とする創作
連鎖をコミュニティ検出で微細に調べた結果，コミュニティサイズの大きな
ネットワークは多極中心型，サイズが小さくなるにつれ，一点集中型の形状に
変化していく。その形状変化に影響しているのは，二次創作ユーザーからの橋
渡しであった。サイズの大きなネットワークには，複数の殿堂入り作品（一次
創作）に対して多数の橋渡しを行う二次創作ユーザーが存在するが，サイズが
小さくなるに従い，そうした橋渡しが切れていき，代って，より大きな次数を
集める中心性の高い作者（ハブ）の一点集中型の星形ネットワークが出現して
くる。このようなコミュニティのサイズとネットワークの形状に影響するユー
ザーの行動をさらに一次創作ユーザーと二次創作ユーザーに分けて調べた結
果，ネットワークを活発にするには，まず，一次創作ユーザーの投稿数を増や
し，その中から殿堂入りする作品数を増やすことである。一般ユーザーから広
く支持される一次創作の人気作品が増えれば，優先的な選択から二次創作を惹
きつけ，多数の関連作品を誘発することができるからである。

　その多様な二次創作ユーザーの投稿を誘発するのは，一次創作の作者間に見
られる共通点であった。典型的なグループ特性でみると，人気ゲームソフトに
楽曲が収録されたり，作品のシリーズ化を行う作者の作品に活発な二次創作が

154　第5章　ニコニコ動画コミュニティにおける集合知形成のダイナミクス

見られた。一方で，カラオケ配信曲数に対して，人気指標と二次創作参照との相関が見られた点を結びつけても，ビジネス機会につながるユーザーのネットワーク行動を活発にするには，この二次創作ユーザーの投稿意欲がカギになるだろう。それには，ボカロ楽曲の人気ゲームソフトへの収録数を増やしたり，シリーズ作品を充実させたりするなどの取り組みが，ユーザーや企業側に求められ，多様性と共通性を高度に統合するプラットフォームのマネジメントが求められる。

3-2. ユーザー・コミュニティ研究からの考察

　ボカロ楽曲とそれに関連する多様な二次創作作品が創発されていく連鎖は，集合知のネットワークと捉えることができる。自由度の高いコミュニティにおいて，能力や条件などの参加資格を問わない多様なユーザーが匿名で集まり，自由にボカロ楽曲を制作したり（一次創作），○してみたや3Dグラフィック制作など多彩な二次創作を発表して公開する。そこから自律的に生成されるネットワークには，特別な意思や連帯，また関係の構築などは存在しない。その意味で，開放的で弱い紐帯からなり，一般化された互酬性に基づいて信頼を形成する「橋渡し型社会関係資本」に近い（第2章）。しかし，そうしたコミュニティから，カラオケ人気曲や関連ビジネスが派生的に生まれているのも事実である。第2章で紹介したが，インターネット上の集合知に関する既存研究では，一定の問題解決の解や将来事象の予測を群衆（クラウド）の知恵と協働によって導く事例が多く，本研究のようなクリエイティブなコンテンツを創発するユーザー参加型プラットフォームの研究はまだまだ少ない。趣味コミュニティに集まる多様なユーザーの共通点が「趣味縁」だけの場合に，ユーザー間の関係を維持するものは，その趣味，つまりボカロ楽曲と関連創作への深い愛と尊敬，そして承認しかない（浅野 2011）。殿堂入り作者の上位リスト（表5-5）を見ると10位以内のユーザー作品の再生数合計は2千万回を超える。この膨大な承認数と人気指標の実績がコミュニティ内で評判と信頼を生み，また他人からのコメントや助言を期待するので，自分からも他人の作品に積極的に関わるという社会一般での互酬性規範の意識も芽生える。承認やコメントを与

え，また二次創作を行うユーザーには一次創作に対する尊敬が存在するだろう。尊敬する作品だから，ぜひ自分も「歌ってみた」や「踊ってみた」などの二次創作を発表して参加し，作品の魅力を共有したい。そうした一体感にも似た感情が愛であり，社会参加の 1 つの姿なのかもしれない。クリエイティブな UGC を対象とするユーザー・コミュニティを価値共創の苗床として捉える場合に，こうしたユーザーの感情や行動のメカニズムを集合知の研究に取り入れる必要があるだろう。

4 ••• 展望

最後の社会関係資本論からの考察は，頂点と枝の関係だけからユーザー心理を推測するのには限界がある。そこで，前章と本章の社会ネットワーク分析を補うために，筆者はクリエイティブ・ユーザーに対する質問紙調査とフォーカスグループ・インタビュー調査を実施した。その結果は第 7 章および第 8 章で紹介したい。

また，メディア産業論から見たオープン・メディアへの展望もより重要である。ニコニコ動画のユーザー・コミュニティは，まさに UGC が生まれるフィールドであり，今回の研究成果は UGC やオープン・メディア型産業の展望に対しても有意義な示唆を提供できると思うが，この観点の議論は終章で改めて考察したい。

注
(1) ニコニコ動画を運営するドワンゴ社では，「ドワンゴ研究開発チャンネル」を開設し，その中で，2014 年 10 月にニコニコ動画検索用の API を公開している。API ドキュメントと利用規約も定めている。
　http://ch.nicovideo.jp/dwango-engineer
(2) これらの作者間ネットワーク図をみると，有向グラフの中に混じって同一頂点からなるループ状の枝が観察できる。このグラフは「自己ループ」と呼ばれ，自分で自分の作品を参照して投稿する意味になる。
(3) 有向グラフでは，起点となる作品や作者の頂点に向かう方向の枝の数（＝入次数：in-degree）と頂点から出る枝（＝出次数：out-degree）を区別するが，人気作品にはそう

図 5-14 優先的選択の成長モデルによるネットワーク生成のロジック

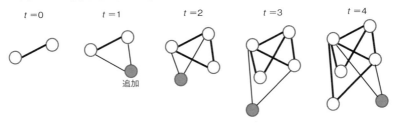

(注)時間の経過とともに1つの頂点と2本の枝が増える。新しい枝は次数の多い頂点に次第に集まっていく。

でない作品よりも二次創作，つまり入次数がますます集中する。前章のピアプロで観察された次数中心性の分布でもそうだったが，このような次数分布においてスケールフリー・ネットワークがなぜ起こるのか。Barabási and Albert（1999）は，これを「優先的選択の成長モデル（BA モデルとも称する）」から次のように説明する。

それによれば，個々のネットワークは当初の小さな中核部分（2頂点が枝で結ばれるグラフ）と時点（$t=0$）から出発して，新たに頂点を追加しながら成長していく。新たな頂点は，たくさんの枝を獲得している頂点を優先的に選んでリンクを結ぶ。ここで2つのアルゴリズムに従う。1つは成長の仕方であり，与えられた期間ごとに新しい頂点が1つずつネットワークに生まれる（成長）。1回に1つの頂点が増える。2つめは優先的な選択である。新しい頂点は既存の頂点と2本の枝で結ばれているものと仮定し，ある頂点が選ばれる確率は，その頂点がすでに獲得している枝の数に比例する。2つの頂点から1つを選ぶ場合に，一方が他方よりも2倍多くの枝を持っていれば，その頂点が選ばれる確率は他方の2倍になる。これをコンピュータのシミュレーションで繰り返すと，多数の枝を獲得するハブが少数出現し，そのネットワークの次数分布は時間をかけて，べき法則のスケールフリー・ネットワークに収束していく。この優先的に選択される成長モデルによって，次数が大きな頂点の次数はさらにその数を増やし，次数の小さな多くの頂点は枝を獲得することができずに，ますます孤立してゆく。現実の例では，インターネット上で人気のウェブサイト（頂点）は，他者からのハイパーリンク（枝）をすでに多数受け取っているので，ますます閲覧機会が増えて人気が高まる。新規に開設されるウェブサイトがリンク先として，こうした人気サイトが選ばれやすくなる仕組みである。「金持ちはますます富み，不平等の格差が拡大する」という現象が，べき法則のシミュレーションでも確認されたのである（Watts 2003）。

この優先的選択の成長モデルは次のように説明できる。まず，$m=0$ 個の頂点から始まる完全グラフ（クリーク）から出発して，m 本の枝をもつ頂点を1つずつネットワークに追加していく。頂点が N 個あり，すでにある頂点 $v_i(1 \leq i \leq N)$ の次数 k_i であると，この新たな枝が v_i につながる確率を次の式で与える。

$$\Pi(k_i) = \frac{k_i}{\sum_{i=1}^{N} k_i} \ (\ 1 \leqq i \leqq N\ )$$

すでにある頂点は次数に比例して新しい枝を受け取りやすく，優先的選択が起きる。この成長と枝の優先選択を繰り返すと，次の式のような，べき法則に収束する。ネットワークの生成当初は頂点と枝の結びつきはランダムだが，頂点の次数に格差が生じ始めると，その不平等が一気に広がっていくのである。

$$p(k) \propto k^{-3}$$

前章のピアプロ・コミュニティで現れた最大連結グラフ（図4-10）もこうした優先的選択の結果と考えられる。「重音テト」オリジナルへのイラスト投稿（二次創作）が増えていくと，その人気ぶりを見た他のユーザーが，こぞってイラストを描いて投稿を繰り返す。「重音テト」の初期の人気が人気をよび，約2,000本近い二次創作の次数とコミュニティを作り上げていた。

このほか，エンターテイメントに関わるコンテンツビジネスでは，少数のスーパースターが市場を支配してしまうウィナー・テイクス・オール（Winner takes all：勝者総取り）が働く現象からも説明できるだろう。Rosen（1981）では，経済学的分析から，わずかな才能の差が人気の拡大を増幅させ，不人気のコンテンツは人気の勝者を代替することができず，生産費用が市場の拡大ほど増えないのでスーパースター効果が発生するとしている。スーパースター効果の研究には，Adler（1985）やMcDonald（1988）もある。

(4) ニコニコ動画におけるタグ（tag：名札）の共起関係に関する考察はこれまでにも研究がある（伊藤他2008，高橋他2013）。第1章で紹介したが，ニコニコ動画のタグにはフォークソノミー（folksonomy）と呼ばれる，インターネットのウェブサイト上の情報に，利用者自らが複数のタグを自由に付け加え，検索できるように分類する方法がある。ニコニコ動画には，タグの全ユーザー間の共有やタグ数の制限とロック，カテゴリー分類用タグの設定などの特長がある。高橋他（2013）では，APIから取得した約40万件の動画から約42万個のタグを集め，出現頻度の区分から階層化を行っている。

こうしたタグの共起関係を分析するのに「類似性係数」が使われている。2つの変量間の類似性を評価する係数として，Simpson係数，Dice係数，Cosine係数，Jaccard係数など，これまでに数多く提案されている。ここでは，クラスター分析との適合の観点から，類似性係数が交互作用と主効果の関数で構成される特質より各係数の優劣を評価

表5-8　Jaccard係数とクロス集計

Jaccard 係数 $= \dfrac{a}{a+b+c}$

		作者 B	
		を参照	その他
作者 A	を参照	a	b
	その他	c	d

した石田他（2011）の研究をもとに，Jaccard 係数を採用し，最も近い距離の分類を適宜併合しながら上位の分類を作成するウォード法に基づく階層的クラスタリングを実行してデンドログラムを作成した。Jaccard 係数の計算式は表5-8 のとおりである。ある二次創作ユーザーが参照する一次創作の作者 A と B を想定して，「A と B の2人とも参照するか」「いずれかを参照」「どちらも参照しない」のクロス集計を行い，そこから類似係数を求めた。

第6章

ユーザー生成型と企業主導型コンテンツの
チャンネル・ネットワーク構造と視聴成果
―YouTube における音楽コンテンツの普及プロセス―

要約

　オープン・メディアの代表である動画共有サイト「YouTube(ユーチューブ)」の利用ユーザーが世界的に拡大している。YouTube は，他のソーシャルメディアのように，当初はユーザーが生成するコンテンツ(UGC)の投稿と視聴の場として成長してきたが，ここにきて企業も公式チャンネルを相次いで開設しており，企業主導型コンテンツ(FDC)を公開するようになった。YouTube は今や最もユーザーに影響力のあるオープン・メディアとして，従来のマス・メディアをしのぐ勢いを見せている。オープン・メディアという共通の土俵の中で FDC と UGC は競争・共存する時代となった。しかし，YouTube のコンテンツ情報の仕組みには不明な点が多い。そこで本章では音楽コンテンツを取り上げ，レコードレーベル(FDC)と，ボーカロイド楽曲(UGC)が YouTube というオープン・メディアを通じて市場にどのように受容され，普及しているのかを探索的に研究する。音楽業界における企業主導型とユーザー生成型というコンテンツ特性の違いが視聴にどのように影響するのか。また新規の投稿コンテンツの普及プロセスについて，YouTube の API から投稿データを取得して実証研究を行った。そこから得た知見は，FDC のチャンネルには所属アーティスト間で関係をつくる互恵的なネットワーク構造があり，それが視聴成果にプラスに影響していた。一方の UGC チャンネルではそうした関係が見られず，その自律的なネットワークは視聴成果に影響を与えない。一方で新規に投稿される新作コンテンツの普及は FDC，UGC ともにピークが垂直型に立ち上がるプロセスであり，その逓減は UGC でゆるやかになる傾向がみられた。

160　第6章　ユーザー生成型と企業主導型コンテンツのチャンネル・ネットワーク構造と視聴成果

1... 本章の目的と研究方法

1-1. YouTube と音楽コンテンツ

　本章では YouTube という世界的な成長を続けるオープン・メディアの場で，FDC と UGC がどのように展開されているか，具体的には①楽曲動画のチャンネル構造のネットワークと視聴回数を初めとする成果指標との因果関係を分析する，②それぞれの新規コンテンツが投稿・公開された後の再生・普及プロセスはどのように推移するのか，について，API を通した投稿データの取得から実証的な分析を行う。これらを通して，FDC と UGC のコンテンツ特性の差異とオープン・メディアの流通・消費が従来のクローズド・メディアとどのように異なるのか，について探索的な発見と仮説構築を行う。

　調査対象となるコンテンツとして音楽コンテンツを取り上げる。アメリカの音楽市場ではストリーミング（逐次配信）による売上げが急増している。全米レコード協会によれば，2016 年にアメリカの音楽市場の総売上高のうち，ストリーミングによる売上割合が 51 ％（39 億ドル，約 4,300 億円）と過半を超え，インターネット経由のダウンロード販売が 24 ％と前年比で低下，CD などのパッケージメディアも 22 ％と前年より低下した（日本経済新聞夕刊 2017 年 4 月 4 日付）。一方，日本の音楽市場（日本レコード協会調べ）では，2015 年の音楽ソフト（CD，レコード計）と有料音楽配信を合わせた売上高合計（3,015 億円）のうち，音楽ソフトの割合は 84 ％，有料配信は 16 ％であり，有料配信の売上高は横ばいである。日米で比べると，日本は従来型のパッケージメディアの販売割合は依然として高く，アメリカではストリーミングが主流になりつつある。

　次に，一般社団法人日本レコード協会による音楽メディアとボーカロイド楽曲ユーザーに関する実態調査（音楽メディアユーザー実態調査。2015 年 7 月実施。インターネット調査。サンプル回答数 2,014 人）から音楽メディアのユーザー行動を紹介する（http://www.riaj.or.jp/）。全ユーザーのうち，有料で音楽を聴く割合（有料聴取層，半年以内に購入あり）は 32.9 ％，音楽を聴くメディアで

は，YouTube の割合が 50.7 ％と突出しており，音楽 CD（41.8 ％），楽曲ファイル（27.0 ％），テレビ（26.3 ％）と続く。ふだん聴く音楽ジャンルを年代別に高い回答でみると，「日本のポップス・ロック・ダンスミュージック」が 20 代で 85.5 ％と高く，「海外のポップス・ロック・ダンスミュージック」は 40 代が 47.3 ％，「アニメ・声優・ゲーム・ネット・ボカロ系音楽」は中学生が 58.2 ％とそれぞれ高かった。また，第 1 章で紹介したボーカロイド楽曲のリスナー・ユーザー（視聴者）を対象に実施した筆者の調査（2017 年 3 月実施）でも，視聴するインターネット・メディア（複数回答）の中で，YouTube の利用は 78.2 ％と圧倒的に多かった。

1-2. コンテンツ×メディアの変遷

　インターネット技術の進展から，コンテンツとメディアの組み合わせが大きく変わっている。第 2 章で述べたが，従来のコンテンツ（ここでは映像や画像，イラスト，音楽，イラストなど情報を創作・編集したもの）は，マスコミ 4 媒体（新聞，雑誌，テレビ，ラジオ）を中心とするマス・メディアが，制作からパッケージ編集，流通（卸売や小売）までを一貫してメディア一体型として統合されてきた（森 2015）。その後，デジタル技術の発展により，同一コンテンツの流通が，異なるメディアで展開されるクロス・メディア型が広まった。原作小説が，映画やアニメ，あるいはゲームとして展開される例も日常的となった。こうした企業や組織が企画制作する企業主導型のコンテンツ（FDC）は，マス・メディアとその組み合わせであるクロス・メディアを飛び出し，ソーシャルネットワーキング・サービスや動画共有サイトの分野に進出し始めている（図 6-1）。具体的には，Facebook や Twitter，あるいは YouTube に企業が公式チャンネルを開設する例である。一方で，消費者個人が自分で制作したテキストや写真，イラスト，動画をユーザー生成コンテンツ（UGC）として投稿・公開するメディアも発達している。写真のインスタグラム，イラストのピクシブ，動画ではニコニコ動画や YouTube が代表的な例である。これらの UGC は，制作者とユーザーが直接つながるインターネットを介したオープン・メディアと適合することで，目覚ましい勢いで拡大している。そして，これまで

162　第6章　ユーザー生成型と企業主導型コンテンツのチャンネル・ネットワーク構造と視聴成果

図6-1　コンテンツ×メディアの領域

コンテンツの分類　＼　メディアの分類	企業主導型コンテンツ **FDC**	ユーザー生成コンテンツ **UGC**
クローズド・メディア （マス・メディアとそのミックス）	伝統的なビジネスモデル。近年では競争力の低下	
オープン・メディア （動画共有サイト，SNS）	参入	ユーザー創発のビジネスも拡大

FDC はマス・メディア，UGC はオープン・メディアというように，それぞれ棲み分けながら発展してきた構図が今や崩れ，企業主導型コンテンツがオープン・メディアに参入するにおよび，共通のオープン・メディアという流通と消費の土俵で FDC と UGC が競争・共存することとなった。

1-3. 研究方法

　以上の問題意識に基づいて研究フレームワークを設定する。コンテンツの公式チャンネルが他者チャンネルを登録するネットワーク構造は，視聴回数とその普及など視聴成果に影響を与える（Van den Bulte and Lilien 2001, Susarla et al. 2011）。調査対象のコンテンツには音楽分野を選び，FDC として日本のレコードレーベル会社に所属するレコードアーティストとその作品群を対象にする。表6-1のように，売上高上位企業から，YouTube に公式チャンネルを開設する上位8社を選んだ。一方で，UGC を代表する音楽コンテンツとして，ボーカロイド楽曲を選んだ。ボーカロイド楽曲は UGC の成長が著しい分野であり，オープン・メディアへの作品投稿が活発であることから FDC の比較として適当であると判断した。そして，2つのコンテンツが投稿されるオープン・メディアには YouTube を選んだ。上述したが，レコードコンテンツもボカロ・コンテンツも，ユーザーが最も多く視聴しているのは今や YouTube であり，YouTube は FDC，UGC ともに企業とクリエイティブ・ユーザーが市場へのアクセスにおいて最も利用するオープン・メディアに成長しているからである。ここでは，YouTube にそれぞれのアーティストが開設する公式チャ

1 本章の目的と研究方法 **163**

表 6-1 レコードレーベル企業上位と売上高
2014 年度 CD・レコード製造業売上高ランキング

順位	企業名	売上高（百万円）
1	ソニー・ミュージックエンタテインメント	169,384
2	エイベックス・グループ・ホールディング	169,256
3	ユニバーサルミュージック	57,000
4	ポニーキャニオン	42,564
5	ワーナーミュージック・ジャパン	25,000
6	キングレコード	24,646
7	JVC ケンウッド・ビクターエンタテインメント	17,319
8	バップ	17,036
9	日本コロムビア（YouTube にチャンネルなし）	12,629

（出所）　帝国データバンク「TDB 業界動向」，日経 MJ，および各社の決算資料等。

ンネルで，おすすめや参照でどのような他者チャンネルを登録しているか，そのチャンネル展開のネットワークは，企業主導とユーザー生成の特性を反映している可能性があり，その構造が視聴回数やお気に入りチャンネル登録者数に影響している因果モデルを仮定する。その影響は FDC と UGC のチャンネル・ネットワークの違いで異なる可能性があり，その因果関係について統計的に分析する。また，それぞれのアーティストが一定期間にアップロードした新規作品の視聴回数と Like 数を時系列に追跡し，その普及プロセスについても比較・分析する。よって目的は次のようになる。

(1) FDC と UGC のチャンネル・ネットワークの構造にはどのような特徴と違いがあるのか。

(2) チャンネル・ネットワーク構造は視聴成果にどのような影響を及ぼすのか。

(3) FDC と UGC の新規投稿コンテンツの普及プロセスにはどのような特徴と違いが見られるのか。

YouTube への投稿データとして，まず公式チャンネルに関するコンテンツ情報は 2017 年 1 月 22 日付で取得した。FDC のレコードレーベルは，2014 年度のレーベル各社の売上高上位 8 社を選び，各社の公式チャンネルの中で，お

すすめチャンネルとして登録した所属アーティストのチャンネル，および再生リストに登録した動画を投稿したチャンネルを合わせて，計605のチャンネルデータを収集した。一方のUGCのボカロアーティストは，2016年8月15日時点でニコニコ動画に投稿された関連動画の中から再生回数上位500万回以上のアーティスト（ボカロP）のリストを作り，そこからYouTubeに公式チャンネルを開設している1,069のチャンネルを選びだした。公式チャンネルからの登録チャンネル情報はレコードアーティストと同様である。各チャンネルの取得情報は，(a) 投稿動画本数，(b) 視聴回数，(c) チャンネル被登録（他者から）数である。

　次に，それぞれのチャンネル（FDC = 605，UGC = 1,069）が新規にアップロードして公開した動画情報を時系列に収集した。2016年10月から2017年5月までの8ヵ月間に投稿された動画の視聴情報（視聴回数，Like数など）を取得して蓄積した。以上の取得データは，データベースとして，列：日付やチャンネル，行：視聴回数，動画本数，チャンネル被登録者数で生成して作成した。

　ここで，Google社はYouTubeの投稿情報を「YouTube Data API」と呼ばれる独自のAPI（Application Programming Interface）規格で公開している。この規格は多様なプログラム言語に対応する標準化された情報であり，Facebook や Twitter などの複雑な仕様のAPIと比べて取得が容易で扱いやすい特長がある。このAPIを元に取得プログラムを毎日定時に起動して投稿データを蓄積し，www. のテキスト情報を直接データベースから検索することで収集した[1]。

1-4. チャンネルデータの概要

　FDC（N = 605）とUGC（N = 1,069）のチャンネルデータの概要として，それぞれの視聴回数で見た上位チャンネルのリストを表6-2，表6-3に示す。

　チャンネルリストにはアーティスト個人・団体が開設したチャンネルのほかにも，これらを取りまとめ，または寄せ集めたチャンネルも含まれており，ここではアーティスト自身が開設するチャンネルの例を示した。レコードアーティスト上位には，「水樹奈々」「塩ノ谷早耶香」「さいとうまりな」など女性

2 チャンネル構造と視聴指標の因果関係　165

表6-2　レコードアーティスト公式チャンネルの視聴回数上位7

順位	レコードアーティストの公式チャンネル	動画本数	視聴回数	チャンネル登録者 （お気に入りされる）
1	水樹奈々 YouTube Official Channel	6,210	7,826,343,098	6,868,545
2	塩ノ谷早耶香 Official YouTube Channel	2,137	5,802,148,991	9,683,082
3	さいとうまりな	919	5,045,408,469	5,465,533
4	Thinking Dogs Official YouTube Channel	51	4,523,837,626	11,548,916
5	Aimer Official YouTube Channel	93	3,916,130,660	10,047,993
6	ASIAN KUNG-FU GENERATION Official YouTube Channel	86	3,781,830,171	10,501,037
7	Koji Nakamura YouTube Offical Channel	224	3,098,810,549	5,948,324

（出所）　筆者調べ。2017年1月22日時点。ただし寄せ集め，取りまとめチャンネル除く。

表6-3　ボカロアーティスト公式チャンネルの視聴回数上位5

順位	ボカロアーティストの公式チャンネル	動画本数	視聴回数	チャンネル登録者 （お気に入りされる）
1	ハチ	34	189,731,989	431,166
2	じん	114	90,204,824	148,621
3	れるりり	43	56,300,791	118,015
4	40mP	110	52,836,902	187,736
5	MitchieM	22	30,120,882	146,716

（出所）　筆者調べ。2017年1月22日時点。ただし寄せ集め，取りまとめチャンネル除く。

人気アーティストが，ボカロアーティストも，「ハチ」「じん」「れるりり」などの人気曲を多数持つボカロPが，それぞれ含まれている。ただ視聴回数の第1位で比較すると，「水樹奈々公式チャンネル」は78億回であり，「ハチ」の1.8億回を大幅に上回る。

2 ●●● チャンネル構造と視聴指標の因果関係

2-1. FDCとUGCのチャンネル登録の関係ネットワーク[2]

FDCとUGCのチャンネルリストから，動画本数，視聴回数（累積と1日当り），チャンネル登録数（お気に入りされる数，累積と1日当り）などの視聴指標のほかに，それぞれのチャンネルが，「おすすめ」として登録している他者のチャンネル数を「出次数」，その相手から反対に自分のチャンネルをおすすめ

表6-4　FDCの記述統計量

	度数	最小値	最大値	平均値	標準偏差
視聴回数	605	0	14336362780	327229716.9	1245588069
視聴回数1日当	605	-37260501	14200719	243142.12	1986692.629
チャンネル登録数	605	0	26818771	621793.21	2395571.715
チャンネル登録者数1日当	605	-6690.62	19903.56	391.6104	1644.62622
動画本数	605	0	6229	94.03	392.830
動画本数1日当	605	-4.64	2.08	.0243	.23420
入次数	605	1	26	1.89	2.308
出次数	605	0	59	1.32	4.246
媒介中心性	605	.000	828.200	3.76969	42.288115
隣接中心性	605	.001	1.000	.54580	.356404
固有ベクトル	605	.559	1.000	.95609	.096074
有効なケースの数（リストごと）	605				

表6-5　UGCの記述統計量

	度数	最小値	最大値	平均値	標準偏差
視聴回数	1069	0	6514665776	32934477.94	296269712.4
視聴回数1日当	1069	-6871028	8029174	30379.76	425671.199
チャンネル登録数	1069	0	14783011	83676.50	729597.825
チャンネル登録者数1日当	1069	-769.21	10384.17	56.1607	511.98200
動画本数	1069	0	12879	235.71	849.517
動画本数1日当	1069	-12.01	7.30	.0531	.67248
入次数	1069	0	43	3.05	4.486
出次数	1069	0	306	3.06	14.129
媒介中心性	1069	.000	10413.417	21.77974	336.123733
近接中心性	1069	.000	1.000	.25865	.218817
固有ベクトル	1069	.593	1.000	.99473	.031758
有効なケースの数（リストごと）	1069				

　として登録されるチャンネル数を「入次数」として，チャンネル間の関係を頂点（チャンネル）と枝（登録・被登録）のネットワークとして捉える。これらの指標を記述統計量として計算した結果が，表6-4，表6-5である。

　1日当りの動画本数，視聴回数，チャンネル登録数（お気に入り登録される数）に最小値でマイナス数値が出るのは，1日当りの増加数と減少数の合計で集計しているためである。また，図6-2は，FDCのうち，レコードレーベル企業4社が，公式チャンネルで所属のアーティストのチャンネルをおすすめとして登録する出次数のネットワーク描画である。ネットワークの中心点がレーベル企業，周辺に有向グラフ（矢印）でつながれている頂点が所属アーティストである。

2 チャンネル構造と視聴指標の因果関係

図6-2　レコードレーベル企業4社の登録チャンネルのネットワーク

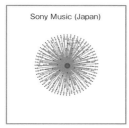

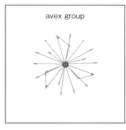

　さて，FDC，UGCそれぞれのチャンネルが他者のチャンネルをおすすめとして登録したり，あるいは登録される関係を出次数（登録する）と入次数（登録される）として表現したものを比較してみたい。それぞれの出次数と入次数の分布（図6-3，図6-4）と，出次数と入次数を組み合わせた散布図（図6-5，図6-6）および，これら次数の相関係数（図6-7）をまとめて示す。

　FDCのネットワークでは，出次数，入次数の平均値は1.89本，1.32本とそれぞれ少ないが，相関係数は0.669と非常に高い。しかし，その次数分布（図6-3）をみると次数が1本ないし0本が多く，偏りが大きいためにスケールフリーに近い。一方のUGCネットワークでも出次数と入次数間の相関係数は0.114と有意であり，次数の平均値は出次数3.06本，入次数3.05本とこちらはFDCよりも多いが，次数分布（図6-4）からみると，やはり次数が1本ないし0本のチャンネルが多く，こちらもスケールフリー分布である。FDCのチャンネル・ネットワークは，どのような他者チャンネル間で関係がより強固に結ばれているのか。ここでネットワークの特徴量から，「グラフ密度」「クラスター係数」を計算し，その数値が上位にくるチャンネルの特徴を探ってみた。

168　第6章　ユーザー生成型と企業主導型コンテンツのチャンネル・ネットワーク構造と視聴成果

図 6-3　FDC 登録チャンネルの次数分布

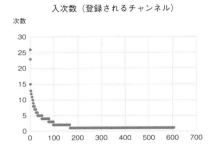

図 6-4　UGC 登録チャンネルの次数分布

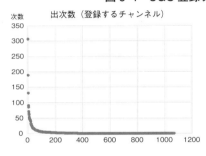
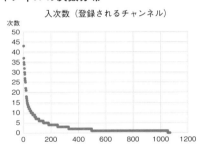

図 6-5　FDC の登録・被登録チャンネル数の散布図

図 6-6　UGC の登録・被登録チャンネル数の散布図

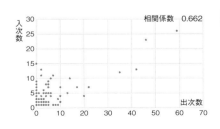
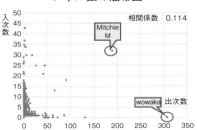

2 チャンネル構造と視聴指標の因果関係

図6-7 次数中心性間の相関

	FDC レコードチャンネル N=605		UGC ボカロチャンネル N=1,069	
	平均値	相関係数	平均値	相関係数
出次数（中心性）：自分から登録する	1.89	0.662**	3.06	0.114**
入次数（中心性）：相手から登録される	1.32		3.05	

（注）**1％水準で有意。

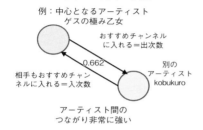

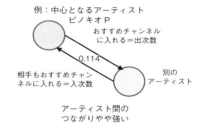

表6-6 FDCのチャンネル・ネットワーク＝クラスター係数上位

レコードアーティスト	頂点数	枝	グラフ密度	クラスター係数
Christina Perri	8	43	0.7679	1.0000
Red Hot Chili Peppers	7	28	0.6667	0.9474
チームしゃちほこ	10	46	0.5111	0.8953
Skrillex	7	24	0.5714	0.8846
Ed Sheeran	10	54	0.6000	0.8702
Bruno Mars	11	55	0.5000	0.8221
CNBLUEofficialjp	13	83	0.5321	0.8214
Superfly	13	83	0.5321	0.8214
Coldplay Official	15	71	0.3381	0.7684
David Guetta	12	45	0.3409	0.7088
Flo Rida	19	97	0.2836	0.6279
Parlophone	13	24	0.1538	0.2857

（注）クラスター係数はチャンネル間を登録・被登録する程度。

グラフ密度とクラスター係数はともにネットワークの頂点間がつながる程度を表し，クラスター係数が1になるとすべての頂点間がつながる（これを完全グラフとよぶ）。そのクラスター係数の上位リストを作り，12のFDCアーティストを挙げた（表6-6）。

図 6-8　FDC のクラスター係数上位のネットワーク図

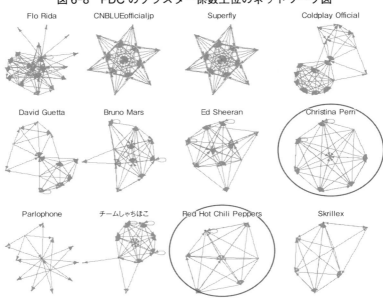

　それぞれに対応するネットワーク描画も合わせて示す（図6-8）。この12の アーティストの所属レーベルのほとんどが，ワーナーミュージックジャパンで あり，ワーナー社から登録されるアーティストは，ワーナー社へ登録を返す （出次数）だけでなく，所属アーティスト間のほとんどが登録（おすすめ）関係 にあり，これが高いグラフ密度とクラスター係数になっていたのは興味深い。 特に「Christina Perri」のネットワークはクラスター係数1の完全グラフで あった（図6-9）。こうした結果から，FDCは，レーベル企業単位で，チャン ネル間，つまりアーティスト間をつなぐ公式のマネジメント，あるいは非公式 の互恵関係が存在するようである。

　続いて，UGCボカロチャンネルでは，次数の平均値を押し上げている2つ のチャンネルに注目した（図6-6の散布図）。「wowaka」チャンネル（出次数 306本，入次数0本）は，突出して他者のチャンネルを登録している。「Mitche M」チャンネル（出次数189本，入次数32本）も他者チャンネルの登録数が多

図6-9 FDCのクラスター係数が特に高いネットワーク図

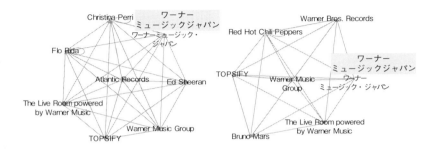

図6-10 UGCボカロチャンネル出次数の多い中心点のグラフ

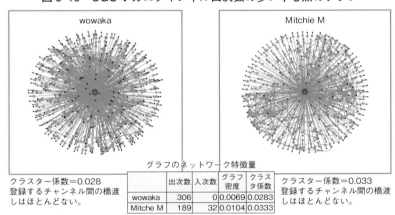

かった。これら2つのチャンネルについて，その中心点と他者チャンネルの登録・被登録をつなぐネットワークを描き，そのグラフ密度とクラスター係数も合わせて計算した（図6-10）。その結果をみると，2つのチャンネルとも他者チャンネル間で相互の登録関係がほとんど見られず，クラスター係数は0に近かった。2つのチャンネルがどのような他者チャンネルをつないでいるか，個

図 6-11　チャンネル・ネットワーク構造と成果指標（多重回帰モデル）

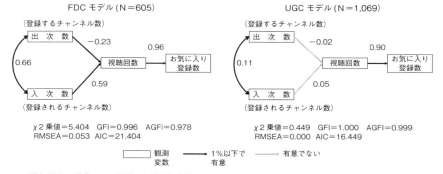

（注）図中の数値はパス係数の標準化推定値。誤差変数の表示は省略。

別に調べてみると，ほとんどが自身のオリジナル作品を二次創作する（○してみた）他者の動画チャンネルであった。つまり，二次創作する他者チャンネルをつなげることで，オリジナルと二次創作のネットワークを計画的に形成していることになる。ここから，UGCボカロチャンネルでは，レコードレーベル企業のような所属先とそのマネジメント支援がないため，少数だが積極的に二次創作の他者ネットワークを形成していくか，あるいは特に関係形成を行わない多数という，あくまで自律的な行動が見えてくる。

2-2. チャンネル構造と成果指標の因果関係

続いて，以上の特徴をもつFDCとUGCのチャンネル・ネットワークが成果指標（視聴回数とお気に入りチャンネル登録者数）とどのような関係にあるか，先に述べた研究フレームワークの因果関係を調べてみた。具体的には，FDCとUGCそれぞれのチャンネル構造ネットワーク（出次数と入次数）が視聴回数（累積）に影響を与え，その視聴回数がお気に入りのチャンネル登録者数に影響するというモデルを想定し，2つのグループに対して「多重回帰モデル」で因果関係を分析した結果が図6-11である。

それぞれのモデルの適合度指標は，FDCモデル（GFI＝0.996, AGFI＝0.978, RMSEA＝0.053, AIC＝21.404），UGCモデル（GFI＝1.000, AGFI＝0.999, RMSEA＝

0.000，AIC ＝ 16.449）であった。適合度はいずれも良いので，この多重回帰モデルからパス係数の解釈を行う。まず，FDC モデルについて，想定したパスの標準化係数はいずれも有意であった。視聴回数とお気に入りのチャンネル登録者数の間には強い因果関係が見られる。視聴回数が増えるほど，そのチャンネルの登録者数は増える。次に，チャンネル構造のネットワークは，視聴回数に対して，出次数（他者チャンネルを登録する数）はマイナスに，入次数（登録した他者チャンネルから登録される数）はプラスにそれぞれ有意にパスが影響していた。このうち入次数は，他者が自分のチャンネルに対して注目する指標でもあることから，自分の注目度が高くなるほど，自分のチャンネル動画の視聴回数も増える。一方で出次数は視聴回数にマイナスに影響を与えており，少なくとも他者チャンネルを積極的に登録することはその相手チャンネルの動画視聴回数を増やす可能性はあるが，自分のチャンネル動画の視聴回数にはつながっていない。

　次に UGC モデルでは，まず視聴回数からお気に入りチャンネル登録者数につながるパスは，FDC モデルと同様に強く影響していた。一方でチャンネル構造のネットワークは，出次数，入次数のいずれも視聴回数に影響を与えなかった。先にみたように，出次数の多い少数チャンネルが自分のオリジナルに対する他者の二次創作を紹介するチャンネルであり，一方で多数のチャンネルが少ない次数であることから，ボカロアーティストの他者への自由かつ自律的な行動は視聴回数の成果には影響を与えないようである。

3 ●●● 新規コンテンツの普及プロセス

3-1. 新規コンテンツの投稿と視聴・Like の普及プロセス

　次に，FDC（レコードレーベル），UGC（ボーカロイド）それぞれの公式チャンネルから新規に投稿された動画コンテンツの時系列の視聴回数と高い評価を表明する「好き：like」ボタン回数（以下 Like 数）の推移を集計した。先行研究でみた新製品普及モデルで使用する製品の採用情報は購入ないし売上個数であるが，YouTube では製品購入数に相当する指標として，コンテンツに対し

図 6-12 FDC 視聴回数と Like 数の推移（上位 10 コンテンツ）

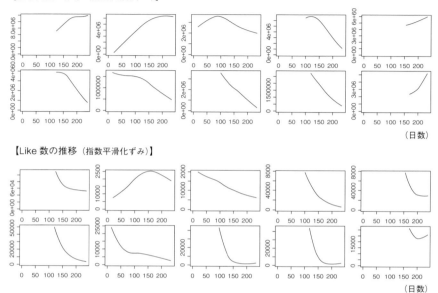

てユーザーが押した「好き（like）」評価のボタンの数，すなわち，「Like 数」を用いることにし，「普及数」として捉える（Susarla et al. 2011）。視聴回数は，ユーザーが保有するアカウントのログインから，その回数や日数により累積する指標であるため，1つのユーザーアカウントに対して1回しか押せない「Like 数」を普及の代理指標とみなす。収集期間（2016 年 10 月〜2017 年 5 月）に投稿された動画の新規コンテンツの対象集計数は，FDC が 4,676 コンテンツ，UGC は 509 コンテンツであった（ただし，2017 年 4 月 30 日時点で視聴回数が 1 万回以上）。それぞれの視聴回数でみた上位 10 コンテンツの視聴回数と Like 数の推移を図 6-12 に示す。時系列推移の形状を捉えやすくするために，それぞれの指標は指数平滑化ずみである。

図 6-13 はサンプルとして，FDC から人気アイドルグループ「欅坂 46」の新作投稿の普及プロセスをあげた。上位コンテンツの普及のプロセスをみる

3 新規コンテンツの普及プロセス 175

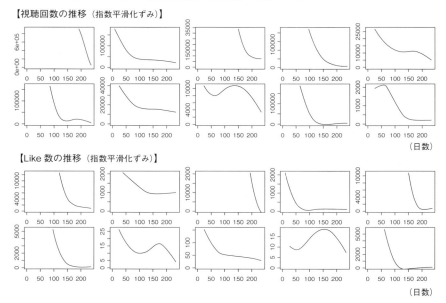

図6-13 コンテンツ例（FDC）

図6-14 UGC視聴回数とLike数の推移（上位10コンテンツ）

と，FDCは多くが普及のピークから始まり，視聴回数とLike数は急激に逓減し，最後はゆるやかになっている。右上がりに上昇する普及プロセスの形状は少ない。UGCでも同様であり，多くが最大ピークから普及プロセスが生成されているが，FDCと比べて上昇する普及形状も見られる。

176　第6章　ユーザー生成型と企業主導型コンテンツのチャンネル・ネットワーク構造と視聴成果

図 6-15　FDC の視聴回数・Like 数の逓減推移（N＝4,676）

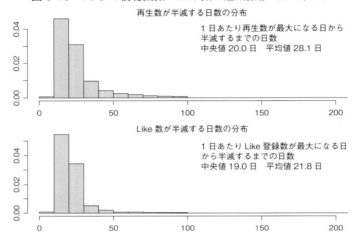

3-2.　FDC と UGC の普及プロセスの比較

　このうち視聴回数の推移は，FDC で動画数の 94.4％ が，Like 数で 96.5％ がそれぞれ投稿初日にピークに達し，その後は一貫して逓減する傾向にあった（同じく UGC は視聴回数 86.8％，Like 数 84.0％ が初日にピークに到達）。その傾向について，ピークの最大数が半減する（最大ピーク数を 100 として 50 まで逓減する）日付を捉えた分布をみると，FDC について視聴回数は中央値 20.0 日，平均値 28.1 日，Like 数では中央値 19.0 日，平均値 21.8 日であった（図 6-15）。視聴回数は同一ユーザーの繰り返し視聴が反映されるために半減到達が遅くなる可能性があるが，ユーザー登録の Like 数の逓減速度は速い。同様に UGC は，視聴回数は中央値 31.0 日，平均値 48.0 日，Like 数では中央値 29.0 日，平均値 44.7 日であった（図 6-16）。Like 数の平均半減日数は，UGC（44.7 日）が FDC（21.8 日）の 2 倍長くなっている。

　従来研究の新製品普及プロセスと比べて，オープン・メディアにおけるコンテンツの新規採用（Like 数）の普及プロセスでは，ほとんどのコンテンツが 1 日以内にピークの最大数に到達するという普及スピードの速さが特長だった。そこで，FDC と UGC の Like 数でみる普及プロセスの形状を比較すると，逓

3 新規コンテンツの普及プロセス　177

図 6-16　UGC の視聴回数・Like 数の逓減推移（N＝509）

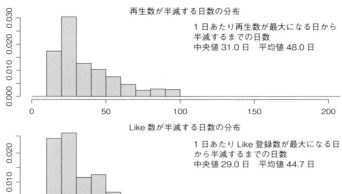

図 6-17　FDC と UGC の Like 数の半減期間分布の平均値と差の検定

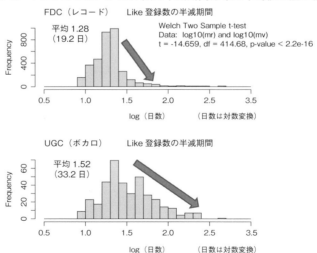

減速度は FDC で速く，UGC の逓減はゆるやかである。これを対数変換した日数から平均値で両者の差を検定したところ，その有意差が見られた（図 6-17）。

　Like 数が半減到達するまでの平均期間は，FDC は 19.2 日，UGC は 33.2 日

と長かった。Like 数のピーク到達が速い FDC ではその逓減も速い。FDC はレコードレーベル企業のマーケティング支援からアーティストとその新作コンテンツに関する情報が UGC よりも事前に市場に広く浸透しているものと考えられ，それが投稿初日のピーク到達数の多さにつながっているものと考えられる。一方で UGC は所属企業とそのマーケティング支援も期待できないため，Like 数，つまり採用数の逓減も遅くなる可能性があるが，ほかにもボカロ・コンテンツ固有の要因も働いている可能性も否定できない。

4 ••• 考察

4-1. チャンネル・ネットワーク構造と視聴成果

　本章の目的は，FDC と UGC というコンテンツが，オープン・メディアを通じて市場にどのように受容され，普及していくのかを探索することであった。音楽業界における企業主導型とユーザー生成型というコンテンツ特性の違いが視聴にどのように影響するのかについて，YouTube の API を用いて投稿データを取得して実証研究を行った。FDC はレコードレーベル企業所属のアーティスト関連作品であり，オープン・メディアにおけるアーティストチャンネルは同じ所属の他アーティストを中心に他者チャンネルと相互に結びつく「互恵的ネットワーク構造」を形成していた。それは視聴成果にも影響を与え，他者からのチャンネル登録数が増えるほど自分の視聴回数が増える因果関係を確認できた。レコードレーベル企業に所属するアーティストの強みが発揮された印象である。各アーティストは，所属先企業と相互のネットワークで結ばれると同時に，同じ所属先の他アーティスト間とも緊密なネットワークを形成し，それが視聴成果に結びついていた。

　一方，ボーカロイド楽曲の UGC の公式チャンネルでは他者チャンネルとの結びつきは弱く，「自律的ネットワーク構造」が見られ，そのネットワークは視聴回数には影響を与えていなかった。わずかに，自分のチャンネル・コンテンツを広めるために，自分のオリジナルに対する二次創作チャンネルを積極的につなげているアーティストも見られたが，多くは他者とのつながりをチャン

ネル内で求めていない。よって，今後オープン・メディアにおける UGC の市場を活発にしていくには，企業や組織が自律的なアーティストをマネジメントしたり，マーケティングを支援したりする仕組みが示唆されるが，そもそも大手レコードレーベルに所属することで自由な活動が制約されると感じるボカロ・アーティストが，そうした組織的な支援をどこまで望んでいるかは疑問である。アーティストの自律性こそがボカロ音楽，つまり UGC を生み出す原動力になっているのであり，彼らへの支援と引き換えに自由な創作風土を制約することは無条件には支持できないところであろう。この点については第 8 章のフォーカスグループ・インタビュー調査で引き続き検討したい。

4-2. コンテンツの普及プロセス

次に，コンテンツの普及プロセスを Like 数で捉えた結果は興味深い。まず，コンテンツ投稿の視聴回数と Like 数は，FDC，UGC ともに投稿から 1 日以内でほとんどが最大数に到達していた。マス・メディアの訴求で CD などのパッケージ商品が市場に売れていくプロセスは，新製品普及理論では革新者や初期採用者などの区分を経由しながら普及していくと説明されるが，オープン・メディアにおける視聴の普及がピークに向かう形状は極端な垂直型であった。Bass の普及モデルにおける革新者と模倣者のグループをここから識別するのは難しい[3]。先行する採用者の行動を見て追随するような行動は，今回の音楽コンテンツの事例には当てはまりにくいのかもしれない。コンテンツに付く Like 数の評価をクチコミの指標と考えれば，一般の SNS に投稿される料理や衣服の写真などでは他のユーザーがそれを参考に，人気の高い料理の店を利用したり，洋服を買ったりする追随行動につながるかもしれないが，音楽コンテンツでは誰かが多く支持しているから視聴しようという追随行動は少ないのだろう。評価の高いコンテンツがあるから聴いてみようと考えるより，そもそも自分が気に入ったアーティストの作品だけ聴くという消費者関与の高いジャンルである。視聴するコンテンツとそのアーティストを支持するユーザーは事前にほぼ決まっており，投稿 1 日以内で Like 数はほぼピークに達する。初期採用者のクチコミがその後の一般大衆への普及を促す構造は，今回の音楽コン

テンツの普及プロセスから観察することはできない。

　一方で，視聴回数と Like 数の普及プロセスは初日ピークの後に逓減してい
くが，最大ピークへの到達がより速い FDC では逓減も速かった。それに比べ
て UGC は，視聴回数と Like 数の逓減がゆるやかであった。UGC では FDC
と比べ，なぜ視聴者の Like 採用数と視聴回数が持続するのか。事前のコンテ
ンツ情報が FDC と比べて市場に浸透していないために遅れて採用する UGC
視聴者が多いという説明もできるが，ここではボーカロイド市場に固有の要因
を考えてみたい[4]。第 4・5 章でみたように，レコードレーベルの市場と比べ，
ボーカロイド楽曲の市場には純粋な視聴目的のリスナー・ユーザーのほかに，
自らオリジナル（一次）創作や二次創作を行うクリエイティブ・ユーザーが多
く存在する。こうしたクリエイティブ・ユーザーが作品を創作するために他者
のチャンネルとコンテンツを一定期間に視聴しているとすれば，それが視聴回
数と Like 採用数の持続性に関係していないだろうか。クリエイティブ・ユー
ザーが自身の創作のための参考として他者のコンテンツを視聴する。この仮説
的な知見は今後，オープン・メディアにおいて新製品普及モデルや社会ネット
ワーク分析を適用し，また再検討する中で研究されるべき課題になるだろう。

　最後に，YouTube のコンテンツ視聴に影響を与える要因として，作成者が
動画ごとに付けるキーワードをもとに生成される推奨動画との関係を取り上げ
ることができなかった。どのようなキーワードからどういった動画コンテンツ
が紐づけされて抽出され，これが視聴指標にどういった影響を与えるのか。こ
れらの解明も引き続き課題である。

注

(1) 一般に，www. テキストは，元データベースに格納されたテキスト情報や画像 URL か
　ら自動生成されており，ここから投稿データを取得する場合に API 規格があると，元の
　データベースに直接アクセスして検索することができ，簡便で効率がよいのが利点であ
　る。API 規格がない場合には www. テキスト情報を丸ごと読み取り（スクレイピング），
　必要な情報をアドホックに取得しなければならない。筆者の作業経験から，投稿データ
　がほぼ取得不能な Facebook や Instagram，複雑な API 構造をもつ Twitter と比べて，
　YouTube の API は標準化されているため，非常に操作性が高いといえる。

(2) 本章のネットワーク分析と描画でも，前章までと同じ，R と igraph パッケージのソフト

ウェアを使用した。ただし，YouTube からのコンテンツ収集では，ピアプロの全数調査やニコニコ動画からのサンプリングと異なり，UGC の N 次創作を追いかけることはできなかった。YouTube にはユーザーが作品を特長づけするタグシステムがなく，外形で作品間の関連性を識別するのが困難だからである。よって，本章の目的は作品間の関係ではなく，公式チャンネルの特長と視聴成果，また新規コンテンツの普及推移を見ることに限定した。

(3) 関連研究として，YouTube における UGC の普及について研究した Susarla et al.（2011）は，パネル調査から YouTube のコンテンツ情報とユーザー情報を取得し，社会的な学習（social learning）や，イノベーター，世論形成者といった役割から社会的な影響が伝達されるメカニズムを社会ネットワーク分析を使って見いだしている。その社会的相互作用のメカニズムは，ユーザーによって生成されたコンテンツの成功だけではなく，社会的なネットワークにも強く影響されることを示し，それはコンテンツの普及プロセスに影響する社会的プロセスの差異を区別しない Bass モデルとは極めて対照的であると結論づけている。具体的には，ユーザーが参加する友人ネットワークの次数中心性の高い位置にいるユーザーが公開するコンテンツは早期に普及し，その周辺的なネットワークにいるユーザーのコンテンツは遅れて普及する違いを検証している。

(4) Like 数の投稿 1 日目における登録数（指数平滑化，対数変換）と半減日数との相関についても追加で分析した。FDC の相関係数は − 0.30（$p < 0.01$），同 UGC は − 0.57（$p < 0.01$）であり，投稿 1 日目に Like 登録が多いほど，その後の半減日数は短くなる傾向がどちらも見られたが，その相関は UGC のほうがより強い。つまり，UGC は初日ピーク数が少ないほど，その後の逓減もゆるやかになる傾向がある。

　一方で，今回の FDC と UGC の Like 数逓減カーブの相異には，他のさまざまな要因も考えられ，要因をコントロールした上での分析も課題である。

第7章

クリエイティブ・ユーザーの創作投稿
行動とコラボレーション

要約

　ボカロ・コンテンツを創作するクリエイティブ・ユーザーは，どのような目的や動機から創作に向かい，また知識や能力，コミュニケーションの程度がどのように創作活動に影響を与えるのか。一次創作，二次創作，そして他者と協力する協働創作に分けて，これらの関係を確認するとともに，創作行動が経済的または非経済的な成果にどのように結びついているのかを実証するのが目的である。第1節ではクリエイティブ・ユーザーの「創作投稿行動モデル」，第2節では「動機づけ・コラボレーションモデル」とその仮説をそれぞれ設計し，質問紙調査の結果をもとに検証する。まず第1節では，創作投稿の目的は一次創作と二次創作とでは共通点がある反面，異なる目的を明らかにする。そして，創作投稿の目的，知識・経験と能力，コミュニケーションはすべての創作活動を高め，二次創作と協働創作の投稿行動では，経済的成果に直接プラスの影響を与えるが，一次創作の投稿行動は経済成果には直接結びつかない。さらに，コミュニティ内で交流する程度が創作の違いに影響するのか。またユーザーは3つの代表的な投稿コミュニティ間をどのように使い分けているのかについても調査データから検証する。

　また第2節では，クリエイティブ・ユーザー(以下，ユーザー)の質問紙調査に基づき，他のユーザーとコンテンツ作品を協働で創作する協働(coraboration：以下，コラボレーション)活動に焦点をあて，その成果や限界について考察する。一般にもインターネット上のコミュニティでは，協働でコンテンツを制作するコラボレーションの場を提供する事が有効であるとの指摘があるが，動機づけ理論を踏まえて，クリエイティブ(創造的)な創作活動自体に価値を見出す内発的な動機が，自己の創作能力への確信の程度である自己効力感を高め，創作活動を活性化し，投稿作品に対するコミュニティでの評価や閲覧回数のフィードバックにつながるという仮説を設定する。実証分析の結果，コラボの場の提供はエキスパート(熟達者)よりビギナー(初心者)にとってより有効な仕組みであることが検証された。

1... クリエイティブ・ユーザーの創作投稿行動と成果のモデル

1-1. 本章の目的と調査概要

　本節と次節で，ユーザー生成コンテンツ（UGC）であるボカロ楽曲と動画を実際に創作してコミュニティに投稿する経験のあるクリエイティブ・ユーザーに対して，質問紙調査（2014年9月）を実施し，その意識や行動の結果を紹介して考察する。これまでユーザー・コミュニティ創発ビジネスの事例研究（第3章）では，ボカロ楽曲のコンテンツがどのようなプロセスで企業に導入されたのかについて紹介し，続くオープン・メディアの研究（第4～6章）では，ユーザーがボカロ楽曲や動画をコミュニティに投稿する行動をマクロに捉え，その社会的なネットワーク形成について実証して考察した。これらの実証研究からユーザー行動の実態と結果を知ることができたが，個々のユーザーが何を思い，どのような動機からUGCを創作して投稿し，どのような成果を得ているのかという内面については明らかになっていない。そこで，ボカロ楽曲を実際に創作してコミュニティに投稿した経験のある「クリエイティブ・ユーザー」を探し出し，質問紙調査を実施することにした。

　一般にUGCの投稿行動は，インターネットを利用して新聞や雑誌の記事投稿，料理レシピ，動画制作など，商品やサービスを利用する立場の消費者やユーザーが，自らコンテンツを収集したり制作したりして，インターネットを通じたオープン・メディアを利用して，これを公開する。公開されたコンテンツは，他の一般ユーザーによって視聴（消費）される。こうしたコンテンツの中には，元々の売り手である企業が提供する商品・サービスを凌ぐ品質も現れ，ビジネス機会にもつながる。UGCは，オープン・メディアの場を利用して増大するが，そのコンテンツ創発の苗床となるのが，これまでに見てきたコンテンツ型ユーザー・コミュニティである。そこで，これらのユーザー・コミュニティにおける個別ユーザーの行動を明らかにするために，「ボーカロイド・ソフトウェアを使用して作品を創作し，これを投稿コミュニティサイトに投稿・公開した経験のあるユーザー」を「クリエイティブ・ユーザー」と定義

して抽出するために，インターネット調査会社（楽天リサーチ）の全国在住の登録モニター約220万人に対して出現率調査を行った結果，出現率1.24％で該当者がヒットした。このなかで，年齢40歳以上に該当者がほとんど存在しなかったため，改めて年齢39歳以下の5万人を対象にスクリーニングを実施し，2014年9月19日〜21日にインターネットによる質問紙の配信と回収を行い，成果指標や類似の質問項目で，すべて，4ないし5の回答をしているもの，同番号の回答をしているものなど，59件をクリーニングの上で除いた結果，500サンプルの有効回答を得た。

　調査項目は，属性のほか，ボーカロイド・ソフトウェアの利用経験，投稿作品の種類，創作実績（創作数，投稿数，販売数），そして，5点間隔尺度による投稿目的や動機，投稿内容，成果などに関する質問である。

　回答者の属性ほかのプロフィールは，性別で男性61％，女性39％，職業は会社員・役員が66％，使用するソフトウェアは有料版53％，無償版が66％であった（表7-1）。有料版のなかで最も多く利用されているソフトウェア製品はクリプトン社の「初音ミク」で回答者全体の75％を占めていた（複数回答）。ボーカロイド・キャラクターには，クリプトン社が発売するソフトウェアでも6種類あり，他にもIA（イア）やメグッポイドなどもある中で，圧倒的に「初音ミク」の使用経験が多く，第1章で紹介したリスナー・ユーザーが聴くボカロ・キャラクターも大多数が「初音ミク」であった。そして，有料版と無償版の利用であるが，2つとも使用するユーザーも40％を超えていた。有料版で「初音ミク」などを使用しながら，無償版「UTAU」でも「重音テト」などを調教（ユーザー用語で歌声調整を意味する）する姿が浮かび上がる。これらユーザーが投稿した作品の種類（複数回答）をみると，作編曲45.4％，作詞37.8％，演奏35.8％，イラスト・動画34.6％，歌唱29.0％の順であった。まずはボーカロイド・ソフトウェアを使った作曲・編曲をするユーザーが半数近くを占めた。

　ボーカロイド・ソフトウェアの利用歴では，3年未満で7割以上を占める（図7-1）。ここ1年程度の使用経験者も37.2％存在した。「初音ミク」ソフトウェアの発売は2007年であり，調査時点で7年程度の経過であるが，最近始

186   第7章　クリエイティブ・ユーザーの創作投稿行動とコラボレーション

表7-1　クリエイティブ・ユーザーのプロフィールと使用状況

■創作した作品の種類（複数回答）：

	n	%
全体	500	100.0
作編曲	227	45.4
作詞	189	37.8
演奏	179	35.8
歌唱	145	29.0
イラスト・動画	173	34.6
その他	29	5.8

■使用するソフトウェア（有料版、無償版、複数回答）：

	n	%
全体	500	100.0
有料ソフト	265	53.0
無償ソフト	331	66.2

■使用するソフトウェア名称（複数回答）：

	n	%
全体	500	100.0
初音ミク	376	75.2
鏡音リン	112	22.4
鏡音レン	97	19.4
巡音ルカ	94	18.8
MEIKO	49	9.8
KAITO	48	9.6
IA（イア）	52	10.4
Megpoid（メグッポイド）	42	8.4
がくっぽいど	45	9.0
UTAU（無償版）	41	8.2
その他	71	14.2

（注）　男性61%，女性39%，職業：会社員・役員が66%。

めたユーザーも多数いた。次に，これまで創作や投稿したコンテンツの本数を聞いた。創作した本数，コミュニティに投稿した本数，そして販売収入を得た楽曲の本数である。1人当りの創作件数は16本，投稿件数8本，販売件数6本という回答であった。創作件数5本以内が全体の72%を占める少数に集中する分布であり，一方で50曲以上を創作するユーザーが20人含まれていた。投稿件数でも5曲以内が81%，販売件数も5曲以内が90%である。クリエイティブ・ユーザーの創作数や投稿数の分布でみると，初心者から経験者まで幅広く含まれているようである。

図7-1 ボーカロイドソフト利用歴と作品数

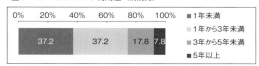

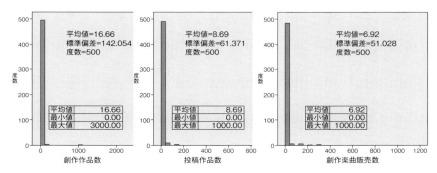

1-2. クリエイティブ・ユーザー行動と成果のモデルと仮説

1-2-1. クリエイティブ・ユーザーの創作投稿行動モデル

　ボカロ楽曲の投稿コミュニティに作品を投稿・公開するユーザーの行動として，第2章の理論研究のレビューと第4～6章の実証研究を参考に，3段階からなるクリエイティブ・ユーザー行動の仮説モデルを想定した。第1段階は，ユーザーの創作・投稿の目的と，創作に関する知識と経験に関する能力，コミュニケーションなど個人的要因である。ユーザーの作品創作と投稿は，どのような目的や動機から発するのか，また，他人作品へ関わるコミュニケーションはどの程度か，など，ユーザー個々人の要因が投稿行動の内容に影響すると考えられる。第2段階は実際の投稿内容である。これまでの考察から，ボカロ楽曲の投稿内容には，大きく一次創作（オリジナル）とそれ以外の二次・三次などのN次創作に分かれる。また，作品には個人で創作するほかに，複数のユーザーが協働で創作する作品があり，これらを区別した。最後が投稿と公開の成果である。ユーザー参加型プラットフォームの成果には経済成果と非経済成果があり，非経済的なものは，自分の楽曲が注目・閲覧されたり，交流関係

188　第7章　クリエイティブ・ユーザーの創作投稿行動とコラボレーション

が拡大したりする成果を想定する。

1-2-2. モデル内の仮説設定

　ユーザーが，ボカロ楽曲の創作と投稿を行うには目的が存在する。この目的は，大きく「承認や賞賛を求める目的」と「スキル向上の協力やコミュニティからの助言期待」に区分し，2つの目的が，投稿内容に影響を与えるものと考える。このうち，第1の「承認・賞賛目的」がクリエイティブなイノベーション行動にどのような影響を与えるかについては，ユーザー・イノベーション研究の成果を参考にした。Franke and Shah（2003），Franke and von Hippel（2003），Jeppesen and Frederiksen（2006），小川（2013）など，イノベーション・ユーザーがコミュニティにアイデアや提案を投稿する行動から，仲間や企業からの承認や金銭的報酬の期待などが重要な目的であることが報告されている。第2の「スキル協力目的」については，社会学とコミュニティに関わるPutnam（2000），宮田（2005）や，趣味コミュニティに関する浅野（2011），鈴木（2014）らの研究を参考にした。社会関係資本，特に，オンライン・コミュニティで見られる開放的で弱い紐帯からなる橋渡し型社会関係資本では，一般化された互酬性と信頼形成が見られ，ユーザーが自分のスキルを向上させたいという動機に関わり，コミュニティからの助言を期待したり，また進んで他人に協力したいという理由から創作投稿に関わっている可能性がある。Howe（2009）でもクラウド・ソーシングでクリエイティブな創作を行う際の参加ユーザーの動機として，スキルの向上を挙げている。これら2つの目的は，コミュニティへの投稿内容に影響を与えているものと考えられる。

　　H1：創作・投稿に関する目的（承認賞賛，スキル協力）が投稿内容（一次創作・二次創作・協働創作）へ影響を与える。

　次に，創作に関するユーザーの知識や経験などの能力も投稿内容に影響を与えると考えられる。コンピュータで音楽を制作することを「DTM（Desk Top Music）」と呼び，アマチュアの音楽制作の環境を支えている。ユーザーがパソコン上で音楽制作・編集ソフトを通して，バンドやオーケストラのパートを1人で入力・演奏できる。音楽機器に関する知識や経験をもとに，DTMを使え

る能力がボカロ楽曲の創作・投稿を行う前提となっている（伊藤 2012，鈴木 2014）。

　Ｈ２：ボカロ楽曲に必要な知識と経験などの能力が投稿内容（一次創作・二次創作・協働創作）へ影響を与える。

　そして，ボカロ楽曲の創作・投稿行動には，ユーザー個人の目的や能力の他に，コミュニティ内の相互作用に関するコミュニケーションも影響を与えると考えられる。他人の作品にどれくらい関心を持っているか。他人の作品，特に注目される作品を閲覧したり，これをフォローして「お気に入り」や「マイリスト」へ登録したりするようなコミュニティ内での他者へ働きかけは，投稿行動，特に複数ユーザー間で創作する協働創作の行動に影響を与える可能性がある。鈴木（2014）は，他者からのコメントや賞賛がユーザーの創作意欲を向上させると述べているが，同様に他者への賞賛やコメントなどの働きかけもユーザー自身の創作意欲を支えていると考えられる。コミュニティ内の投稿ユーザーは，同時にフォロワーでもあるからである。集団や社会におけるユーザー間の相互作用は，口コミやインフルエンシャルの研究として進んできたが，第２章の理論研究で見たように最近では社会ネットワーク分析における「ティッピング・ポイント」の研究もある（Gladwell 2000）。Watts and Dodds（2007）は，少数者支配の法則と呼ばれるインフルエンサーの効果をシミュレーションで再検証し，既存研究における集団や社会におけるインフルエンサーの役割は小さく，社会現象の伝搬には，個人の特性よりもネットワーク全体の構造に依存すると述べた。そこで，他者の作品への評価や働きかけも，ユーザー投稿の行動に影響を与えていると仮定する。

　Ｈ３：コミュニティ内のコミュニケーションの程度が投稿内容（一次創作・二次創作・協働創作）に影響する。

　作品の投稿内容はどのような成果と結びつくのか。コミュニティへの作品投稿の結果として，経済成果と非経済成果への関係を想定する。まず，ボカロ楽曲投稿の経済的な成果として，楽曲販売収入がある（第５章）。具体的には，

190　第7章　クリエイティブ・ユーザーの創作投稿行動とコラボレーション

再生回数を初めとする一定のユーザー評価をもとに，カラオケ配信曲に入ったり，スマホの着メロとして販売されたり，またレーベルとして配信販売されたりする。他にも，ライブ開催やコミュニティからの課金収入，企業に認められて作品がプロモーションへ採用されたり，あるいはアニメ化やライトノベル化といった本格的な商業展開につながる可能性もある。

　Ｈ４：投稿内容（一次創作・二次創作・協働創作）は経済成果に影響を与える。

　最後に，コミュニティからの成果には，非経済的な見返りもある（國領2013）。ボカロ楽曲の投稿から得られる金銭的報酬によらない成果は，多数のユーザーから注目されたり，交流機会が拡大したりすることだろう。個人や協働で創作した作品の閲覧数が増えたり，仲間が増えて交流関係が拡大する。そして，この注目交流成果を経由しても，経済成果が拡大していく経路も考えられる。そこで，次の２つの仮説を立てる。

　Ｈ５：投稿行動（一次創作・二次創作・協働創作）は注目交流成果に影響を与える。
　Ｈ６：注目交流成果は経済成果に影響を与える。

　以上の仮説から構成されるのが，クリエイティブ・ユーザーの創作投稿行動モデルである。

1-2-3. モデル内変数と測定尺度

　以上のユーザーの創作行動モデルとその仮説群の因果関係を測定・検証するため，表7-2のような潜在変数（構成概念）と観測変数を設計した。第１に「創作・投稿目的」，第２に「知識経験能力」，第３に「コミュニケーション」，第４に「投稿行動（内容）」，第５に「投稿成果」である。うち「投稿行動（内容）」の変数グループは，ユーザーの実際のボカロ楽曲の創作特性をふまえて，「一次創作が多い」「二次創作が多い」「協働創作が多い」の各５点スケール尺度を設計した（濱野2012）。投稿行動の３つの観測変数は，目的や能力，コミュニケーションとの間で個々の因果関係を見たいので，投稿行動という潜在変数による縮約はしていない。残る変数は，潜在変数とこれを構成する観測変数か

表7-2　モデルを構成する変数と reliability

潜在変数（構成概念）	観測変数（5点尺度）	平均値	標準偏差	cronbach α係数	ω3	composite score (W)	AVE	参考文献
承認賞賛目的	投稿は仲間からの承認	3.29	1.180	0.901	0.885	0.919	0.686	Franke and von Hippel (2003) Franke and Shah (2003) Jeppesen and Frederiksen (2006) 小川 (2013)
	投稿は仲間からの賞賛	3.23	1.158					
	投稿は企業からの承認	3.00	1.185					
	投稿から報酬を期待	2.88	1.218					
スキル協力目的	投稿で助言を期待したい	3.44	1.103	0.787	0.795	0.828	0.569	Putnam (2000) Howe (2009) 宮田 (2005)
	投稿でスキル向上したい	3.55	1.059					
	他人への協力が楽しい	3.46	1.091					
知識経験の能力	音楽機器の知識がある	3.48	1.068	0.842	0.848	0.863	0.585	伊藤 (2012) 鈴木 (2014)
	音楽機器の経験がある	3.56	1.142					
	DTMで創作経験がある	3.50	1.190					
	創作の情報収集をする	3.50	1.020					
コミュニケーション	他人の作品を閲覧する	3.70	1.022	0.788	0.794	0.808	0.496	Gladwell (2000) Watts and Dodds (2007) 鈴木 (2014)
	他人の作品をフォローする	3.34	1.063					
	注目作品を閲覧する	3.28	1.101					
	作品を知人へ紹介する	3.33	1.081					
—	投稿一次創作が多い	3.51	1.008	—	—	—	—	濱野 (2012) 片野・石田 (2015a, b)
	投稿二次創作が多い	3.20	1.061					
	共同創作が多い	3.17	1.214					
経済成果	楽曲販売の収入がある	2.71	1.468	0.929	0.930	0.936	0.771	國領 (2013) 片野 (2013, 2014)
	ライブなどの収入がある	2.66	1.383					
	コミュニティからの収入がある	2.63	1.380					
	ビジネスへの機会がある	2.58	1.323					
注目交流成果	自分の作品閲覧が増加	3.20	1.139	0.850	0.852	0.859	0.659	浅野 (2011) 懸塚 (2012)
	共同作品の閲覧が増加	3.13	1.258					
	仲間や交流関係の拡大	3.35	1.221					

192 第7章　クリエイティブ・ユーザーの創作投稿行動とコラボレーション

らなり，質問形式は，いずれも5点スケール尺度（5が最も当てはまる）である。第1の「創作・投稿目的」の変数グループには，ユーザー・イノベーション研究を参考にした「承認賞賛目的」と，社会関係資本論を参考に「スキル協力目的」の2つの潜在変数グループに分け，これらを上位の2次因子「創作・投稿目的」に集約する因子分析を想定する。各観測変数は，それぞれの理論と研究で取り上げられる目的項目を選んでワーディングした。第2の「知識経験能力」を説明する観測変数は，音楽機器を使う知識と経験，DTMの経験，さらに創作に必要な情報収集などを能力変数として選んでワーディングした（伊藤 2012，鈴木 2014）。第3の「コミュニケーション」グループでは，他人とその作品への働きかけがコミュニティ内の投稿行動に影響を与える（Gladwell 2000，Watts and Dodds 2007）ものと考え，4つの観測変数をワーディングした。第5の「投稿成果」では，「経済成果」と「注目交流成果（非経済的成果）」の潜在変数グループに分け，「注目交流成果」を説明する観測変数には，浅野（2011），戀塚（2012）を参考にユーザーがコミュニティから得られる交流関係の拡大や閲覧指標の増加などを選んでワーディングを行った。「経済成果」とは，ユーザーが楽曲を実際に直接・間接に販売して得る成果であり，國領（2013）や第3章の事例研究を参考に収入機会を分類すると同時に，企業とのコラボレーションやビジネスにつながる機会があるかどうかを質問項目として選んで観測変数とした。これら2つの成果変数は次節のモデルでも同様に用いる。

1-2-4.　信頼性（reliability）と妥当性[1]

　以上のクリエイティブ・ユーザーの創作投稿行動モデルを構成する変数一覧とそれぞれの記述統計量，信頼性係数（reliability coefficient）は表7-2のとおりである。この調査では複数の観測変数から潜在変数（構成概念）を想定しており，調査テストに伴う誤差（error）として，ばらつきの誤差（variability）とバイアス誤差（bias）があり，ばらつき誤差は内的一貫性が保たれているかどうかが重要になり，信頼性係数で評価・判断する（林編 2002）。信頼性係数とは，調査の得点の分散に対する真の得点の分散比率を意味し，ここでは仮説の構成概念とその観測変数に関わる信頼性（reliability）を総合的に検討した。信

頼性係数の代表的な指標である cronbach の a 係数（coefficient alpha）は，①観測変数の誤差間に相関がない，②尺度全体が 1 因子構造を持っている，③因子（ここでは潜在変数）からの全観測変数へのパス係数が等しい状況である，ときにのみ信頼性係数に等しくなる（豊田編 2007）。実際の調査テストではこの 3 つの制約条件をクリアする例はむしろ少ない。6 つのすべての構成概念について a 係数を計算すると，0.787 から 0.929 までの値であった。a 係数は観測スコアの単純平均構造を使用していることから，これらの値は信頼性係数の下限値とみなすことができる。そこで，上の条件が成立しない状況下で推定する ω 係数（coefficient omega）が提案され，制約条件の違いから $\omega 1$（Raykov 2001），$\omega 2$（Bentler 1972），$\omega 3$（McDonald 1999）などのバリエーションがある。ω 係数は因子の分散を 1 に固定して推定する確認的因子分析の結果から因子負荷量と誤差の分散を使って求める指標である。3 つのバリエーションのいずれも①の制約条件である誤差変数間の相関を認め，その式から $\omega 2$ 係数は誤差の共分散行列を，$\omega 3$ 係数は観測スコアの共分散行列をそれぞれ使う特長がある。ここではすべての ω 係数を計算したが，最も保守的な指標とされる $\omega 3$ 係数を表示した。「承認賞賛目的」以外の数値は a 係数より向上していた。そして，a 係数の最低下限値に対応する指標として，観測スコアの大きさを重みとして加重平均する極大信頼性（maximal reliability）を表す composite score（W）も提案されている（Raykov 2012）。これを計算すると，0.808～0.936 と高い値を示した。最後の信頼性係数は単純平均構造であるが，確認的因子分析とその分散を使用する AVE（Averaged Variable Extracted）と呼ばれる指標も併せて計算した。AVE について，Fornell and Larcher（1981）は上の②の制約条件，つまり全観測変数が 1 因子の構造をもたないときに有効な収束妥当性の指標であると述べ，0.50 以上で a 係数・ω 係数以下の範囲に収束することが望ましいと推奨したが，計算結果では「コミュニケーション」のみ 0.496 と，0.50 を若干下回った。

　以上の信頼性係数の検討から，各観測変数がそれぞれの潜在変数（構成概念）を説明しているかどうかの評価について，Green and Yang's（2009）を参考に，a 係数が 0.70 以上を満たし，$\omega 3$ 係数で真の信頼性を推定するのが望まし

いとの提案から，6つの構成概念の信頼性は保たれていると考え，後の構造方程式モデリングの計算に進むことにする。

最後に，調査テストに伴うバイアス誤差として，すべての構成概念に関して単一のサンプルから収集されていることから想定される被験者のコモン・メソッド・バイアス（Common Method Biases）の可能性がある。コモン・メソッド・バイアスとは，調査テストで観測される変数の分散が，測定された構成概念の真の分散ではなく，測定された手段に起因する問題である（Podsakoff et al. 2003）。これについては，先の②の制約条件や AVE の条件を改めて確認することでもあるが，Harman の単一性因子検定と呼ばれる方法により事後的な確認を行った。具体的には構成概念を説明するすべての観測変数22個に対して，主因子法による探索的因子分析を行い，1以上の固有値をもつ因子は5つ抽出された。これらの因子から説明される全観測変数の分散の割合（＝累積寄与率）は71.46％を占め，かつ第1因子のみで説明される寄与率は39.62％であった。よって，最も大きい固有値をもつ単一因子によって説明される寄与率が50％を下回るため，本調査におけるコモン・メソッド・バイアスの問題は深刻にはならないと判断した。

1-3. クリエイティブ・ユーザーの創作投稿行動モデルの分析結果
1-3-1. 投稿動機と創作の関係

まず，クリエイティブ・ユーザーの投稿動機が創作にどのように結びついているか，その因果関係を分析した。投稿作品を一次創作（オリジナル創作）と二次創作に分け，ユーザーがそれぞれの作品の多い程度（5点尺度）を従属変数に，6つの投稿・公開動機（5点尺度：①仲間から称賛されたい，②報酬を期待したい，③コミュニティから助言を受けたい，④創作スキルを向上させたい，⑤協力して作るのが楽しい，⑥企業から承認されたい）を独立変数に設定して2つのモデルで重回帰分析を行った。修正済み決定係数は，一次創作モデルで0.256，二次創作モデルは0.221である。その結果，一次・二次共通の投稿・公開の動機として「仲間から賞賛されたい」が有意となった（標準化係数は一次創作モデルで0.171，二次創作で0.237）。一次創作の動機では「コミュニティから助言を

1 クリエイティブ・ユーザーの創作投稿行動と成果のモデル

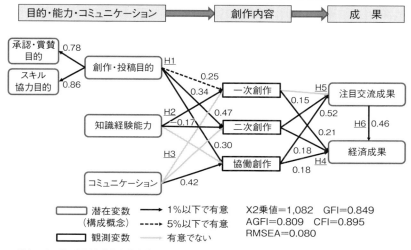

図7-2 創作投稿行動モデルとパス標準化推定値

(注) その他の観測変数と誤差変数の表示は省略。

得たい（0.156）」「協力して作るのが楽しい（0.240）」が，二次創作では「報酬を期待したい（0.237）」「創作スキルを向上させたい（0.179）」という動機がそれぞれ有意となった。「企業からの承認期待」は，いずれの創作にも有意な関係は見られなかった。

重回帰分析の結果から，ユーザーが作品を投稿する際の共通の動機は，オリジナル（一次創作）と二次創作とで動機が分かれた。オリジナルを創作するユーザーは，コミュニティからの助言の期待や協力する楽しさなど純粋な創作動機が強く，また仲間からの評価にも敏感であるのに対して，二次創作では報酬への期待や創作スキルの向上など，具体的なビジネス機会や作品クオリティを高めたいという合理的な動機が強くなっているのが興味深い。

1-3-2. モデルと仮説の検証

続いて，図7-2の仮説モデルと因果関係を検証するために，構造方程式モデリング（共分散構造分析）による推定を行った[2]。まず，モデルの主要な適合度指標をみると，GFI＝0.849，AGFI＝0.809，CFI＝0.895，RMSEA＝0.080を得た。GFIは0.9を下回るが，モデルの変数の合計が30を超えることから棄

却せずに，このモデルを採用し（豊田 1998，豊田編 2007），パス係数（標準化推定値）の解釈に進むことにする。

●創作・投稿目的⇒投稿内容

創作・投稿目的から投稿作品（一次創作，二次創作，協働創作）へのパスはいずれも有意であった。「創作・投稿目的」の構成概念には，2つの下位概念（承認賞賛目的，スキル協力目的）を2次因子として含む。投稿内容に関わらず，ユーザーの創作・投稿目的は投稿行動に影響を与えているが，パス係数の大きさに注目すると，二次創作への影響度合いが特に強くなっている（パス係数0.47）。クリエイティブ・ユーザーの二次創作の創作投稿の動機は，承認賞賛とスキル向上がより強い。また，一次創作と二次創作への目的の相違については上の重回帰分析のところで詳しく検証した。よって，H1 の仮説は支持された。

●知識経験の能力⇒投稿内容

「知識経験の能力」の構成概念は，「音楽機器知識」「音楽機器経験」「DTM経験」「創作情報収集」から構成される。まず，一次創作への投稿行動には正の影響を与えている。オリジナルの一次創作の投稿行動は，ボーカロイド・ソフトウェアを使いこなす知識と経験（音楽機器や DTM に関する知識と経験）に裏付けられている。ボーカロイド・ソフトウェアの使用歴は3年以内が7割以上を占めていることから，ユーザーの多くはそれ以前に音楽機器や DTM を使用した楽曲の創作経験があることが予想され，それがボカロ楽曲の創作基盤になっている。裏返して言えば，そうした経験の少ないユーザーからみれば，ボーカロイド・ソフトウェアへの参入障壁は高くなるかもしれない。

次に，知識経験の能力は，二次創作の投稿行動にはマイナスの影響を与えていた。音楽機器や DTM を使用して楽曲を制作できる能力は，オリジナルの一次創作には必須となるが，既存の楽曲作品に対して，「イラストを描いてみた」「歌ってみた」「踊ってみた」などの二次創作は，そうした知識や経験が必ずしも求められないのだろう。むしろ，ここでは「知識経験の能力」が低いほど，二次創作の投稿行動が増えるという因果関係を考えれば，二次創作を投稿するユーザー行動を説明する特長になるかもしれない。つまり，オリジナル楽曲を制作する一次創作と比べ，二次創作は必要な能力を十分に持たないユーザーが

気軽に投稿できる作品であり，それがボカロ市場全体を盛り上げ，第1章や第5章で見た「初音ミク」現象を支えている。

　そして，知識経験の能力は，協働創作の投稿には有意な影響を与えていなかった。これは，作品の協働創作が，必ずしも一定の経験と能力を保有するユーザー同士が結びつくものではないことを示唆しているだろう。協働創作には能力に格差があるユーザー同士が結びつき，能力や経験の高いユーザーが，低いコラボ相手を助ける場面があるかもしれないし，その逆もあるかもしれない。作品制作の経験の浅いユーザーが，経験知識豊富なユーザーを探してコラボや協力を求める行動が示唆されるだろう。次節の「動機づけ・コラボレーションモデル」と，次章のフォーカスグループ・インタビューではそうした協働創作を裏づけるユーザーの意識が示されている。

　よって，H2 の仮説は一部で支持された。

●コミュニケーション⇒投稿内容

　他人の作品を閲覧・フォローしたり，知人へ紹介したりするような，ネット・コミュニティならではの「コミュニケーション」は，投稿内容に影響するのか。結果は協働創作の投稿行動だけに強い正の影響があり，他の創作には影響が見られなかった。協働創作とは，ユーザー間が協力しながら作品を作るので，そこにコミュニケーションが必要なのは当然と考えられる。一方で，オリジナルの一次創作や二次創作の投稿行動には，他人の作品に関心を持つことは関係がない。つまり，一次・二次創作は個々のユーザーに固有の能力が発揮されて生まれるものであり，他人の作品への関心や働きかけは，個人の創作行動に必須ではないのかもしれない。特にオリジナルの一次創作を促すのは，創作・投稿の目的と知識経験の能力だけであるというクリエイティブな世界の特長も浮かび上がってくる。

　よって，H3 は部分的に支持された。

●投稿内容⇒成果

　最後が成果との関係である。投稿内容は，結果として経済成果や非経済的な注目交流成果に影響を与えるのか。結果は，オリジナルの一次創作の投稿行動が経済成果に影響を与えない，という以外はすべての投稿行動が成果にプラス

に影響していた。経済成果，つまり，楽曲収入や企業とのコラボ機会が増える
という成果は，二次創作と協働創作の投稿行動と結びついていた。重回帰分析
でもみたように，二次創作の投稿行動には創作スキルの向上や報酬への期待な
ど経済動機が強く影響しており，この成果でも経済成果との結びつきが見られ
た。オリジナルの一次創作と比べて，二次創作の投稿行動は，より経済成果に
影響することが目的・動機から一貫して確認できた。二次創作のユーザーは，
創作スキルを上げて報酬を期待する明確な経済目的をもって作品を創作・公開
し，これが収入にも影響する因果関係である。一方で，一次創作は経済成果に
は影響せず，注目交流成果（自作品の閲覧増加や交流の拡大）に影響を与えてい
た（パス係数 0.206）。注目交流成果は，「自分の作品が認められ，賞賛される」
といういわば自己実現の結果であり，一次創作の行動は，そうした成果にはつ
ながるが，経済成果には結びつかない。一次創作の作品でユーザーの高い支持
を集めたヒット楽曲が多数あるのは事実であるが，それはごく少数のユーザー
に限られており，今回の質問紙調査の平均的な回答からみると，楽曲の販売や
企業コラボに恵まれる機会は決して多くないということになる。それよりも，
他のユーザーから評価を受けたり，人気が出たりする成果のほうが身近なもの
になっている。一方で，個人ではなく，協働で創作する行動は経済成果に結び
ついていた（パス係数 0.175）。協働創作の場合，自己満足や閲覧の増加ではな
く，最初から完成度の高い作品，そして「売れる作品」を作るという明確な目
的があるため，経済的な成果につながりやすいのかもしれない。その前提とし
て，注目交流成果にも強く影響していた（パス係数 0.523）。そして，注目交流
成果は経済成果に強く影響する（パス係数 0.461）。一次・二次・協働創作の投
稿行動は，すべて注目交流成果に結びついており，その成果が経済成果につな
がるという結果から，すべての創作は，まずコミュニティ内で注目されて支持
を集め，それが経済的な成果に結びついていくという経路が検証された。

　よって，成果に関する仮説では，経済成果に関する H4 は一部支持，注目交
流成果に関する H5 はすべて支持，注目交流から経済成果へのパスである H6
は支持された。

表7-3 コミュニティ内交流人数と投稿行動，成果の相関関係

		投稿コミ 交流人数	投稿 一次創作	投稿 二次創作	協働 創作参加	経済成果 因子	注目交流 成果因子
投稿コミ交流人数	Pearson の相関係数	1	.150**	.073	.180**	.059	.207**
	有意確率（片側）		.000	.051	.000	.092	.000
	度数	500	500	500	500	500	500

** は 5 ％水準で有意

1-4. コミュニティ内の交流と投稿行動，成果との相関

　以上のモデルの仮説検証とは別に，クリエイティブ・ユーザーが投稿コミュニティ内で交流する人数が，投稿行動と成果にどのように関係するかも調べた。投稿コミュニティで交流する人数の分布は，平均では 17.8 人，10 名以下で 74.2 ％を占める。100 人以上と交流するユーザーも 2 ％存在していた。この交流人数が，投稿行動（一次創作，二次創作，協働創作）と成果（経済的，注目交流）に関係があるかどうか，相関係数で調べてみた。経済成果と注目交流成果については，全体モデル内で想定した構成概念と観測変数を使い，事前に成果に関す 7 つの観測変数を 2 つの因子分析で集約し，それぞれの因子得点を推定しており[3]，これらの相関係数は表 7-3 のようになった。ユーザーが，コミュニティ内で交流する人数は，一次創作と協働創作，注目交流成果との間に相関があり，二次創作と経済成果には関係が見られなかった。ニコニコ動画やピアプロなど作品の創作投稿サイトはボカロ楽曲の趣味で共通する「趣味コミュニティ」であり，その交流人数が増えると，オリジナルの一次創作とユーザー間がコラボする協働創作の投稿行動が増える。そして注目交流成果も高まる。一方，二次創作の投稿行動は趣味コミュニティの交流人数には関係がない。二次創作は，歌やダンスなどボカロ楽曲以外の世界にも活動の場が広がるので，趣味コミュニティでの交流は創作にそれほど影響がないのかもしれない。

1-5. 投稿成果とオープン・メディアの関係

　最後に，投稿するコミュニティである 3 つのオープン・メディアに投稿経験がある人は，ニコニコ動画 337 名，YouTube 338 名，ピアプロ 44 名であった

表7-4　投稿コミュニティ利用別の相関関係

		相関係数		
		ニコニコ動画	YouTube	ピアプロ
ニコニコ動画	Pearson の相関係数	1.000	-.144**	.126**
	有意確率（片側）	.	.001	.005
	N	500	500	500
YouTube	Pearson の相関係数	-.144**	1.000	.034
	有意確率（片側）	.001	.	.447
	N	500	500	500
ピアプロ	Pearson の相関係数	.126**	.034	1.000
	有意確率（片側）	.005	.447	.
	N	500	500	500

（注）** 1％水準で有意（片側）。

（複数回答）。これらの投稿経験あり(1)，経験なし(0)を元に三者間の利用に関する相関をみると，表7-4のようになった。ニコニコ動画とYouTubeのメディアには負の相関がみられ，互いに代替の関係がある。ピアプロとニコニコ動画の間には正の相関がみられ，ピアプロに投稿するクリエイティブ・ユーザーは，同時にニコニコ動画にも投稿する傾向がある。ユーザーの6割以上は，自分の作品をニコニコ動画か，YouTubeのいずれかに投稿する。両者ともリスナー・ユーザーの多いメディアであり，市場からの反応と評価をどちらかで見ているようである。一方，ピアプロに投稿するユーザーは，全体の1割弱と少ない。創作投稿に限定されたコミュニティであるため少ないものと思われる。そのユーザーがニコニコ動画にも同時に投稿する傾向があり，創作はピアプロ，市場にはニコニコ動画で評価を得るという機能を分担して利用する行動も伺える。第1章で触れたが，ピアプロにはニコニコ動画への関連リンクを付ける機能が付いている。

　そして，先の2つの投稿成果（経済的，注目交流）が，3つのメディアとどのように結びついているかも調べてみた。3つのメディアそれぞれについて，個々のユーザーの成果に関する因子得点を使い，投稿経験のあるユーザーとない人を平均点で比べてみた。その結果，ニコニコ動画では経済成果，注目交流

成果の２つとも平均点の差の検定（ｔ検定）で有意となり、同メディアはユーザーにとって高い投稿成果が期待できることが見てとれる[4]。一方でYouTubeは、注目交流成果が有意となった。YouTubeは投稿ユーザーにとって、経済成果よりも注目され交流が拡大するというメリットがあるようである。ピアプロは、経済成果で有意となった。ピアプロは連携するボカロ専門のレーベル「KARENT」で有料配信につながる機会があり、ほかにもさまざまな企業コラボの公募がユーザーに報酬を得る機会を提供しているからと考えられる。

1-6. 考察

クリエイティブ・ユーザーの創作投稿モデルの仮説について、構造方程式モデルとパス係数を中心に検証してきた。結論をいえば、ユーザー500人の平均的な回答ではモデル内の仮説はおおむね確認、支持されたが、個々のユーザーの能力や実績によって仮説が支持されない要因の可能性がある。投稿内容と成果との関係では、すべての創作形態（一次、二次、協働）は注目交流成果に影響しており、創作投稿行動を活発に行うほど注目交流成果は高まっていく。注目交流成果が高まると経済成果も高まる、という経路が確認できた。ユーザーは、作品を創作してコミュニティへ投稿し、まず作品の注目と人気を集め、それが楽曲販売やビジネスの収入機会につながるという行動である。その投稿行動は創作の形態によって、知識経験の能力とコミュニケーションに違いがあることもわかった。知識や経験に関する能力はすべての創作形態に影響を与えるわけではなく、協働創作には影響がなく、二次創作にはマイナスの影響を与えていた。知識経験の能力はオリジナルの一次創作には欠かせないものだが、協働創作には必須とはいえない。複数ユーザーが集まってコラボする協働創作では、ユーザー間で能力や経験に格差があるケースも考えられ、すべての参加ユーザーに高い知識や能力が求められるわけではないことが示唆された。次節と次章ではそうしたコラボに関するユーザーの意識と行動をより詳しく検討する。

一方で、仮説で想定しないユニークな結果として、知識経験の能力は二次創作の投稿行動にはマイナスに影響していた点が挙げられる。ボカロ楽曲の創作

に関する音楽機器や DTM の知識や経験が低いほど，二次創作を投稿する行動を促す。「イラストを描いてみた」「歌ってみた」「踊ってみた」などの二次創作には楽曲を創作する知識や経験を必要とせず，投稿のハードルが低い。よって，オリジナルの一次創作に派生する連鎖として，二次創作がコミュニティを活発にする貢献は大きく，ボカロ UGC 市場の拡大と成長，そして「初音ミク」現象を支える要因になっているといえるだろう。

　また，他人の作品に関心をもち，フォローする「コミュニケーション」は，協働創作の投稿行動にはプラスに影響したが，一次創作と二次創作には関係していない点を確認しておきたい。リアルなコミュニケーションは別にして，ネット社会ならではのこうしたコミュニケーションは，個人の創作にはあまり影響しないようである。ネット上のコミュニティと切り離したクリエイティブな環境下で，オリジナルの楽曲を創作したり，二次創作したりするユーザーの創作活動が示唆されている。

　ニコニコ動画やピアプロなど趣味コミュニティで交流する人数は，作品の一次創作と協働創作の投稿行動に，そして注目交流成果との間に相関があった。趣味コミュニティで交流する人数が多いと，協働創作のコラボ機会に結びつき，また一次創作にもユーザー同士の交流の幅が創作と投稿数にプラスに寄与することが示唆された。成果としても交流がさらに拡大する。ただし経済成果とは結びつかず，趣味コミュニティの交流範囲を拡大することと作品創作から経済成果を得ることとは切り離して考えるべきであろう。

　最後に，ユーザー・イノベーション研究におけるユーザーのイノベーション成果の公開動機に照らして，「企業から承認を受けたい」という動機以外の目的は，今回のボーカロイド・ソフトウェアのユーザーの投稿行動でも確認され，コミュニティの参加動機として重要とされる承認・賞賛動機は，オンラインの投稿コミュニティでも見られた。そして，ボーカロイド作品のオリジナル創作（一次創作）に特有の投稿動機として，作品創作の楽しさとコミュニティからの助言期待があり，一次創作をもとに付加価値を付ける二次創作ユーザーには，スキル向上や報酬期待の動機があった。二次創作ユーザーには自らの作品のクオリティ向上や経済的なインセンティブがより強い結果となり，サイト

運営企業やコラボ参加企業からすれば，ユーザーのこうした合理的な期待を満足させる仕組みをコミュニティの中に整備することが，クリエイティブ・ユーザーの活発な投稿行動を促し，自らのビジネス機会を増やすことにつながるのではないかと考えられる。

2 ••• クリエイティブ・ユーザーの動機づけ・コラボレーションモデル

2-1. 本節の目的と関連研究

2-1-1. コミュニティ内のコラボレーション

　続いて，クリエイティブ・ユーザー（以下，ユーザー）の質問紙調査に基づき，他のユーザーとコンテンツ作品を創作する協働（coraboration：以下，コラボレーション）活動に焦点をあて，その成果や限界について考察する。前節でも，作品の協働創作が経済的成果や注目交流成果と結びついていることを創作投稿行動モデルから確認したが，一般にもインターネット上のコミュニティでは，協働でコンテンツを創作するコラボレーションの場を提供する事が有効であるとの指摘があるが，本節では，動機づけ理論を踏まえて，クリエイティブ（創造的）な創作活動自体に価値を見出す内発的な動機が，自己の創作能力への確信の程度である自己効力感を高め，創作活動を活性化し，投稿作品に対するコミュニティでの評価や閲覧回数などの注目交流や報酬を獲得する機会につながるという仮説を設定する。UGC のコラボレーション活動の有効性を「動機づけ・コラボレーションモデル」によって検証し，その効果と限界について考察する。インターネット環境が身近となったことを背景に，企業が消費者と直接コミュニケーションをとることが容易となり，企業がロイヤルティの高い消費者と協働して商品をつくるさまざまな先進事例が多数報告されている（第3章）。企業が自社のホームページを通してロイヤル顧客を募り，企業と消費者が共創した商品は，従来の方法である社内開発した商品よりも安定して売り上げが高いという報告もある（松井 2015）。このため，企業によるインターネット・コミュニティの活用は，新たな商品開発手法として注目されており，UGC を活発にするコラボレーションの仕組みは，コンテンツ財に限らず消費

財への応用にも役立つものと期待できる。

2-1-2. 自発的な創作活動を行う動機づけについての関連研究

ここでは関連する先行研究として「動機づけ理論」についてレビューする。第5章では，日本の代表的なクリエイティブ・ユーザーが集まるコミュニティ・サイトとして，「ニコニコ動画」を取り上げた。ニコニコ動画に投稿される音楽作品を制作するためのボーカロイド・ソフトウェアを販売するクリプトン社は創作投稿サイト「ピアプロ」を運営し（第1・4章），多数のコラボレーション作品の投稿を集めており，コラボレーション活動を支援するサイトの機能も備えていた。コラボレーションは教育心理学における協調学習（collaborative learning）として，他者との関わりの中で自発的な活動を促す協働創作のプロセスと解釈できる。協調学習，あるいは建設的相互作用（三宅・三宅 2014）では，人が共通の学習目的を持ち，お互いの考えを説明する過程を通して学習する。自己の考えを上手く相手に説明して伝えるには，自分に問い直す過程が必要となり，学習が深まり創造的な発見に至る可能性もある。学習に対する初期の基本的な動機は，アーティストに憧れて音楽を勉強したいと思うように，「好き」という心理が学習を促し，それは学ぶこと自体を目的とする古典的研究が示した「内発的動機」である（Murray 1964, 長沼 2004）。古典的な動機づけ概念を整理した Murray（1964）は，人間の行動には2種類があるとして，それぞれに対応する動機づけとして，外発的動機づけ（extrinsic motivation：外部からの報酬を得るために行動する）と，内発的動機づけ（intrinsic motivation：行動そのものから得られる喜びや満足から行動する）に分類した。調査から内発的動機づけによる行動のほうが良い結果が得られると主張し，それには「自律性」，つまり他者から制約を受けずに自ら選んで行動し，課題や方法，時間を自主的に決めさせることが有効である。また，「熟達指向性（マスタリー）」と呼ばれる価値あることを上達させたいという欲求を引き出して，能力は努力やトレーニングから向上できると理解させる重要性を説いている。

一方で，学習時間を確保して，忍耐強く知識を習得し続けるには，内発的動機だけでは十分でない。そこで Bandura（1997）は，学習を継続させる能力として，「自己効力（self-efficacy）」の概念を提唱している。自己効力とは，学習

を継続して成果を出せるという自己の能力への信頼感を意味し，取り組んでいる活動に強い興味を持って困難があっても克服できると信じて努力し続ける習慣的な確信である。内発的な動機が自己効力の端緒となり，他者からの評価により強化される。このため，自己効力の高い人は学習や職業的スキルの修得に優れている。また，先の協調学習は，他者からの評価を通して自己の能力をモニタリングし，自信を深める場となる。学習を通して成果を生み出す手本としてのロールモデルに接する場でもあり，自己効力を高める効果がある。オンライン・コミュニティにおいて，特定個人の利益の独占や非協力がもたらす弊害が集団全体に拡散することから生まれる公共財型ジレンマ（山岸 1999）の中でも，個人にとって非協力よりも協力行動が好ましく動機づける要因として，Kollock（1999）は自己効力感を挙げている。自分の協力行動でコミュニティの変化が観察できれば，貢献しようという動機づけが強化される。ソーシャルメディアのように集団の規模が大きくなるほど聴衆が増えて自分の行動が潜在的に与える影響力も大きくなると実感していき，それが貢献の努力を高めていくわけである。

2-2. クリエイティブ・ユーザーの動機づけ・コラボレーションモデルと仮説
2-2-1. 協働創作の参加効果

　本節では，前節でも取り上げたクリエイティブ・ユーザーに対する質問紙調査の結果を利用する。第4・5章のピアプロとニコニコ動画の研究からの知見，および同コミュニティのクリエイティブ・ユーザーの協働グループの成果について定量的分析を行った筆者らの研究（石田他 2014）も参考にしてモデリングと仮説設定を行う。第4章で調査したピアプロ・コミュニティには投稿者が互いに協力して作品を創作する協働創作（コラボ）の機能が備わっている。そこで，2014年6月時点の調べで，この活動中の4,881の協働創作グループを抽出した。グループ構成員数は中央値3名，平均値9.7名，50名以上の規模が110グループ，100名以上規模でも47グループが存在した。そこで，この協働創作グループの情報をもとにニコニコ動画に閲覧関連リンクを貼る4,869作品との名寄せと統合を行い，これを個人創作（4,700件）と協働創作（169件）に

図 7-3 協働創作（コラボ）参加経験の有無による作者別の作品再生数比較（ニコニコ動画）

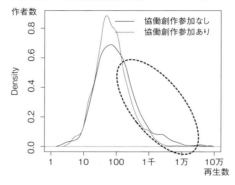

（出所）　筆者調べ。2014年6月時点。
（注）　確率密度関数として平滑化した曲線。

分類，このうち個人創作から，協働創作（コラボレーション）に参加経験のある作者（653人）と，協働創作に参加したことがない作者（662人）の2群に分け，ニコニコ動画における作者別の投稿コンテンツの平均再生数を比較した。その分布は図7-3のようになった。この分布をみると，参加経験のある作者数は平均再生数が100回前後で最大となり，その後の再生数増加とともに作者数の分布は急減する。これに対して参加経験のない作者数の再生数ピークは参加経験のない作者と同程度であるが，再生数が高いところでも一定数の作者が分布する。協働創作に参加したことのない作者群のほうが，参加経験のある作者の群よりも再生数が高い分布となり，それぞれの平均値の差（t検定）を検定したところ，0.1％以下の確率水準で有意となった。つまり再生数が高くなるほど，コラボ参加経験のない作者が増えていたのである。この研究では，作者の創作経験や熟達度を区別していないため，その度合いによりコラボの成果に違いが生じている可能性がある。そこで，この知見をさらに進め，クリエイティブ・ユーザーはその熟達の度合い，たとえばコンテンツの創作経験によってコラボレーションの重要性が異なるものと考える。具体的にはコンテンツを創作するノウハウの学習進度を表す指標として，芸術的な創造性や創作技術，

図7-4 動機づけ・コラボレーションモデルと仮説

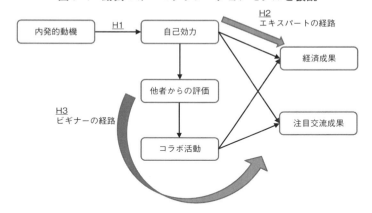

作品の視聴者数など多様な側面を議論する必要があるが，本節の目的はコミュニティを活性化する仕組みとしてコラボレーション活動の効果を検証することにあるため，「投稿作品数」を考え，熟達者＝エキスパートと，初心者＝ビギナーの2つをグループとして識別することにした。

2-2-2. モデルと仮説設定

まず，クリエイティブ・ユーザー全体では，音楽作品を創作する楽しみから内発的動機を高め，それが創作能力を向上させるような自己効力感も高める。ビギナーは，その努力が他者からの評価でより強化され，コラボレーションへの参加にもつながり，最後は経済的・注目交流成果に結びつく。これを「動機づけ・コラボレーションモデル」と名付ける（図7-4）。

このモデル内で次のような仮説を設定する。まず，クリエイティブ・ユーザーは，音楽やボカロ作品を趣味としても楽しむことから出発し，それが作品創作の内発的な動機づけにつながる。この内発的動機は，作品の完成に向けて努力を方向づけ，習慣づけるような自己効力感に影響すると考えられる。

Ｈ１：内発的動機が自己効力を高める。

次に，エキスパートはビギナーと比べて，自己効力感の高さが直接的に経済

的・注目交流成果につながると考えられる。創作と投稿経験の多いユーザーほど，他者からの評価やコラボレーションに依存することなく，純粋なクリエイティブな創作に打ち込む努力が成果に結びつく。

　Ｈ２：エキスパートはビギナーに比べ，自己効力の高さが直接的に成果を高める。

　一方で，創作・投稿の経験の少ないビギナーほど，創作に努力する過程で，他者からの評価を意識し，それが創作意欲と努力のさらなる向上につながっているのではないかと考えられる。経験の浅いビギナーは，他者からのフォローやコメントを参考に創作を続け，それは他者とのコラボレーションへの参加に結びつくだろう。自分の経験と能力が十分でないと感じるほど，他者の能力を借りる機会であるコラボレーションに参加する。その結果が成果に結びつく。

　Ｈ３：ビギナーはエキスパートに比べ，他者からの評価をより期待し，それがコラボ活動を促進して成果を高める。

2-2-3. モデル内変数と測定尺度

　以上のユーザーの動機づけ・コラボレーションモデルとその仮説群の因果関係を測定・検証するため，表7-5のような潜在変数（構成概念）と観測変数を設計した。第１に「内発的動機」，第２に「自己効力感」，第３に「他者からの評価」，第４に「コラボ活動」，第５に「経済成果」，第６に「注目交流成果」である。変数は，潜在変数とこれを構成する観測変数からなり，質問形式は，いずれも５点スケール尺度（５が最も当てはまる）である。第１の「内発的動機」を構成する各観測変数には，Murray（1964）や長沼（2004）の研究を参考し，理論と研究で取り上げられる項目を選び，「創作が好き」「自分にとって創作は大切」「創作は私らしさの表現」などをワーディングした。第２の「自己効力感」を説明する観測変数には，「創作の能力が高い」「良い作品を創るための努力を惜しまない」「将来に評価される作品を創れる確信」「多忙であっても創作を続ける確信」などの質問項目を自己効力変数として選んでワーディングした（Bandura 1997）。第３の「他者からの評価」グループでは，大規模なオ

表7-5　モデルを構成する変数と reliability

潜在変数（構成概念）	観測変数（5点尺度）	平均値	標準偏差	cronbach α係数	ω3	composite score(W)	AVE	参考文献
内発的動機	創作が好き	4.03	0.951					
	創作は私にとって大切	3.79	1.014	0.840	0.844	0.869	0.646	Murray (1964) 長沼 (2004)
	創作は私らしさの表現	3.71	1.003					
自己効力感	創作能力が高いと自己評価	3.15	1.117					Bandura (1997) Kollock (1999)
	創作努力を惜しまない	3.48	1.075	0.812	0.812	0.813	0.519	
	将来、創作の高評価を確信	3.24	1.147					
	多忙であっても創作継続	3.39	1.055					
他者から評価	フォローに感謝	3.46	1.060	0.771	0.774	0.799	0.632	武田 (2011, 2015)
	フォローは創作意欲	3.49	1.101					
コラボ活動	自作品のリンクを外部へ貼る	3.17	1.134					金森 (2009), 小川 (2013), 三宅・三宅 (2014)
	協働創作に参加する	3.17	1.214	0.830	0.838	0.858	0.637	
	協働創作から作品が創作された	3.16	1.226					
経済成果	楽曲販売の収入がある	2.71	1.468					國領 (2013) 片野 (2013, 2014)
	ライブなどの収入がある	2.66	1.383	0.929	0.930	0.936	0.771	
	コミュニティからの収入がある	2.63	1.380					
	ビジネスへの機会がある	2.58	1.323					
注目交流成果	自分の作品閲覧が増加	3.20	1.139					浅野 (2011) 戀塚 (2012)
	共同作品の閲覧が増加	3.13	1.258	0.850	0.852	0.859	0.659	
	仲間や交流関係の拡大	3.35	1.221					

210　第7章　クリエイティブ・ユーザーの創作投稿行動とコラボレーション

ンライン・コミュニティ内では他者からのフォローやコメントが創作意欲に影響を与える（Kollock 1999）ものと考え，2つの観測変数をワーディングした。第4の「コラボ活動」のグループには，作品の協働創作に関わって他者とコラボレーションに参加する行動，具体的には「自分の作品情報を他の動画閲覧サイトへリンクを貼る」「協働創作に参加したことがある」「協働創作から作品が生まれたことがある」などの経験を観測変数として作成した。第5，6の投稿成果では，「経済成果」と「注目交流成果（非経済的成果）」の潜在変数グループに分け，前節と同一の観測変数と尺度を用いた。

2-2-4. 信頼性（reliability）と妥当性

前節と同様の方法で，ここでも潜在変数（構成概念）を構成する観測変数の信頼性（reliability）と妥当性を検討した。検討方法の詳細は前節と同じなので省略するが，モデルを構成する変数と reliability の結果は表7-5に示す（経済成果と注目交流成果は前節と同じ変数を使用）。それぞれの構成概念を説明する観測変数の信頼性係数（reliability coefficient）をシビアな下限値である cronbach の a 係数でみると，0.771〜0.929 の値を示し，すべて 0.70 以上であった。続いて調査テストの3つの制約条件を満たさない状態でも正確な信頼性係数を推定できる$\omega3$ 係数をみると，0.774〜0.930 と a 係数よりも高い数値を確認できた。そして，加重平均構造でみる composite score（W）も 0.799〜0.936 となり，信頼性の上限とみることができる。収束妥当性をみる AVE は各変数で 0.519〜0.771 となり，0.50 以上で$\omega3$ 係数以下に収まっている。よって動機づけとコラボレーションに関する構成概念の信頼性は保たれていると判断する。

そして，調査テストに伴うバイアスの測定誤差であるコモン・メソッド・バイアスも，前節と同様の方法で全観測変数を探索的因子分析にかけて単一性検定から確認した。構成概念を説明するすべての観測変数 19 個に対して，主因子法による探索的因子分析を行い，1 以上の固有値をもつ 因子は5つ抽出された。これらの因子から説明される全観測変数の分散の割合（＝累積寄与率）は 74.03 ％を占め，かつ第1因子のみで説明される寄与率は 44.91 ％であった。単一因子で説明される最大の寄与率は 40 ％を超えるものの，50 ％を下回るため，本調査におけるコモン・メソッド・バイアスの問題は前節のモデルと同様

図7-5 動機づけ・コラボレーションモデルとパス係数の標準化推定値
(多母集団同時分析)

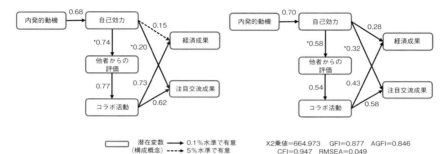

(注1) 観測変数と誤差変数の表示は省略。
(注2) ＊印のパス係数は2グループ間の差の検定で片側5％水準で有意。

に深刻にならないと判断して構造方程式モデリングの推定に進む。

2-3. 動機づけ・コラボレーションモデルの分析結果
2-3-1. ビギナーとエキスパートのモデルと適合度

　モデルと仮説を検証するにあたり，ユーザーの創作習熟度による差異を分析するために，コミュニティに投稿する作品数を目安に考える。投稿作品数が一定数以下のユーザーは創作の習熟度が低いビギナー（初心者），そして一定数以上を投稿するユーザーはエキスパート（熟達者）と名付けて区分する。回答者の投稿作品数の分布を求め，全サンプルを2分する基準として投稿作品が3作品以下の277サンプルをビギナーとして，4作品以上を投稿している223サンプルをエキスパートのグループとして定義した。投稿作品数の分布をみると，回答者500人の69％が投稿数3件以内で占められていたため，3件を基準に分けることにした。続いて，先の図7-4のモデルと仮説に従い，この2グループで構造方程式モデリング（共分散構造分析）と多母集団同時分析の推定を行い，図7-5の結果を得た。パス図には構成概念とパス，およびパス係数（標準化推定値）を示し，観測変数と誤差項を省略して表示している。モデルの

図7-6 自己効力から成果への直接効果と間接効果（標準化係数に基づく）

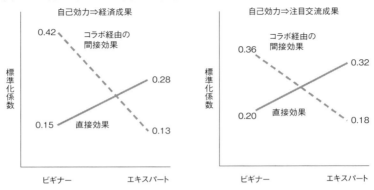

主要な適合度指標は，GFI = 0.877，AGFI = 0.846，CFI = 0.937，RMSEA = 0.049となり，GFIとAGFIの指標はやや低いながら，RMSEAは0.05未満と良好な水準となり，CFIも0.9以上と妥当な水準と判断できる（豊田1998，朝野他2005）。パス係数をみると，ビギナーグループの「自己効力」から「経済成果」へ至る破線で示したパス係数の有意確率のみが2.6％であり，その他の実線で示したパス係数は0.1％水準で有意となった。以下，2つのモデルでそれぞれの仮説を検証する。

2-3-2. 仮説の検証

まず，仮説H1に相当する内発的動機から自己効力のパス係数は，ビギナー（パス係数0.68）とエキスパート（0.70）ともプラスに有意であり，H1は支持される。内発的動機づけが自己効力感を高める影響は，投稿作品数，つまり創作習熟度の違いによらず大きい。

次に，仮説H2とH3を検証するにあたり，他者からの評価とコラボ活動の経路を経由して成果に至る間接効果（H3），自己効力から直接に成果につながる直接効果（H2）を考える。2つの効果の検証結果は図7-6，表7-6として，グループ別の自己効力から経済成果と注目交流成果に至るパスの直接効果と間接効果を示す。まず，直接効果（H2）からみると，自己効力から2つの成果に至るパス係数は，エキスパートのほうが大きい。エキスパートはビギナーより

2 クリエイティブ・ユーザーの動機づけ・コラボレーションモデル　213

表7-6　直接効果と間接効果の標準化係数

	自己効力→経済成果		自己効力→注目交流成果	
	ビギナー	エキスパート	ビギナー	エキスパート
直接的効果	0.15	0.28	0.20	0.32
間接的効果（コラボ経由）	0.42	0.13	0.36	0.18

も直接効果が高く，特に経済成果のパス係数には2倍近い開きがある（エキスパート：0.28，ビギナー：0.15）。よって，H2 は支持される。次に，ビギナーで想定される他者評価とコラボ活動を経由して成果に至る間接効果（H3）をみると[5]，経済成果でエキスパートの3倍以上の開きがあった（ビギナー：0.42，エキスパート：0.13）。注目交流成果でも2倍程度，ビギナーのパス係数が大きかった（ビギナー：0.36，エキスパート：0.18）。よって，H3 も支持された。ただし，2グループ間の個々のパス係数の差の検定については，いずれのパスも両側5％水準では有意とならなかったが，片側検定5％水準でみると，自己効力⇒注目交流成果，および，自己効力⇒他者評価，のパス差検定は有意であった。

2-4. 考察

　動機づけ・コラボレーションモデルの分析と検証の結果，提示した3つの仮説は肯定的に確認できた。モデルによれば，クリエイティブ・ユーザーは，最初は「音楽を好きだ」「創作活動が好きだ」と思う内発的動機をきっかけにコンテンツ創作を始める。創作経験とノウハウが未熟な初期段階では，自分より経験や能力が勝る他者に教えてもらう必要がある。また，せっかく創作投稿しても，他者に視聴して評価してもらえなければ励みとならず，多大な時間と努力を要する創作活動を続けていくのは難しいだろう。そこで，自分より創作の経験の多いエキスパート・ユーザーとの協働創作に参加することで知識やノウハウを習得し，また，作詞・作曲・編曲・動画・歌唱などの役割分担もできる。ピアプロのコラボ活動の募集ページの紹介欄をみると，「一緒にノウハウを習得しましょう」，「絵師（イラストレーター）・楽師（作曲者）歓迎」といっ

た記述が目立つ。UGC の投稿・視聴サイトとはいえ，クリエイティブ・ユーザーは他者から視聴されるためにイラストで注目を集めたり，プロモーションビデオのように動画がセットになっている完成度の高い作品づくりを目指している。このため，創作経験の浅いビギナー・ユーザーにとって，コラボ活動に参加して作品を協働創作する利点は大きい。そして，コラボ活動を通して創作ノウハウの習得が進んでスキルや能力が向上すれば，一部のユーザーはコラボ活動における学習効果の利点が薄れ，自己効力を高めて個人で創作活動を続ける自信とその確信度をいっそう深めていくにちがいない。一方，エキスパート・ユーザーにとっては協働創作に参加して他のユーザーとの関わりを深めていくよりも，自分の能力とその自己効力を信じて作品創作に打ち込む孤高の姿が浮かび上がってくる。それは図 7-3 で協働創作に参加しない個人ユーザーの作品再生数が高くなる分布とも解釈が符合するだろう。

　以上から，仮説検証のとおり創作経験の習熟度（投稿作品数）によりコラボ活動の必要性には差異が生まれると解釈できる。自己効力から成果に至るパス係数の，間接効果と直接効果の水準に 2 倍から 3 倍の差異を確認できた一方で，エキスパートとビギナーのグループ間で各パス係数について有意な差を示せなかった。この点については，全体サンプル数は 500 の回答数ではあったが，多母集団同時分析で 2 グループに分割しているため，それぞれのグループのサンプル数が少なくなったことも原因の 1 つと考えられる。また，投稿作品数で 2 グループを定める基準についても議論の余地があるだろう。投稿作品の質と量についての基準はクリエイターにより大きく異なり，同じメロディのバージョン違いの作品を多数投稿するクリエイターもいる。創作を開始してからの期間や創作ノウハウなど，より多面的にクリエイターとしての発展段階を捉える評価が望ましい。グループ・インタビューなどの手法により，クリエイターの発展段階の自己認識について理解を深め，コラボ活動の支援を必要とする程度を直接的に捉えるような指標を開発することも課題であるが，これについては続く次章でフォーカスグループ・インタビュー調査を実施し，ユーザーの習熟度の違いがコラボレーションの参加動機に及ぼす影響を詳細に報告したい。

2 クリエイティブ・ユーザーの動機づけ・コラボレーションモデル　215

　また，リスナー・ユーザーによる作品の評価や，ネット・コミュニティを支援する立場にあるサイト運営者の作品評価基準にも配慮するべきであろう。動画共有サイトではコンテンツの再生数が主要な評価基準になるが，お気に入り（マイリスト）として継続視聴されることも重要である。テレビドラマの場合でも同様に，視聴率だけでなく継続して視聴される指標の重要性が指摘されている（岩崎・小川 2008a, 2008b）。クリエイターが自己の創作能力をどのようにモニタリングしているか理解を深め，同時にコミュニティ運営者の立場として有用な作品評価の指標を明らかにすることが，クリエイター支援策を議論するために不可欠と考える。

　しかし，本節の実証成果として，ネット上のコラボレーションを仮想的な協調学習の場と解釈し，創作経験の浅いユーザーの支援として，コラボの場の提供が有効であることを動機づけ理論に基づいて示すことができた。また，エキスパート・ユーザーはビギナー・ユーザーに比べてコラボ活動支援の有効性が劣り，コラボ活動のみを創造的コミュニティの支援策とすることに限界があることも示唆される。今後は，コラボレーション以外のユーザー支援策も開発し，ユーザーの熟達度や経験に応じた支援メニューを用意することもサイト運営者に求められる課題だろう。

注

(1)　本章における表7-1, 表7-5の信頼性（reliability）の検討はすべてR言語のパッケージから，次のSEM（構造方程式モデリング）ツールで計算した。
reliability |sem Tools| Calculate reliability values of factors.
maximal Relia |sem Tools| Calculate maximal reliability.
　　併せて関連するマニュアルは以下を参照した。
Title: Useful Tools for Structural Equation Modeling Version 0.4-14 Description Provides useful tools for structural equation modeling packages.（October 22, 2016）
Depends R（>= 3.0）．（URL https://github.com/simsem/semTools/wiki）
　　検討したそれぞれの信頼性係数は，上記のRマニュアルを参考にすると，因子を集約する際の構成概念の各観測変数のスコアを単純平均構造として捉えるか，それとも加重平均（weighted sum）の構造として使うかによって分類できるだろう。単純平均構造を使うのが，α係数，ω係数，AVEであり，加重平均構造を入れるのが，composite score（W）や構造方程式モデリングである。調査テストが想定する3つの制約条件の有

216　　第7章　クリエイティブ・ユーザーの創作投稿行動とコラボレーション

無により指標の有効性は異なるが，実務的な分析では単純平均構造で信頼性の下限を見ながら加重平均の指標で上限を推測する方法が妥当と考えられる。

(2) 第1節と第2節の構造方程式モデリング（共分散構造分析）の計算には，R言語の 'sem tools' パッケージ（Tools for Structural Equation Modeling），および IBM. SPSS. Amos Version23 パッケージを併用して使用した。参照したマニュアルは上記 (1) と同様である。

　　このうち，第2節のモデルでは，多母集団同時分析を実行した。多母集団同時分析とは，対象者の集団の背後で母数が異なるような複数の母集団（ビギナーとエキスパート）を想定して，2つの母集団に対してモデルをつくり，これらを同時に推定する方法である（豊田 1998, 尾崎・荘島 2014）。

(3) 経済成果と注目交流成果の潜在変数とこれを構成する観測変数に関する因子分析の結果は表 7-7 のとおりである。投稿コミュニティ交流人数との相関分析では，これらの因子に関する回答者の因子得点を計算し，その推定値を利用している。

表 7-7　成果変数の集約（因子分析）

質問項目（5点間隔尺度）	回転後の成分行列	
	経済成果	注目交流
楽曲販売の収入がある	0.858	0.244
ライブ開催などからの収入がある	0.899	0.213
コミュニティからの課金等収入がある	0.846	0.313
ビジネス機会ができた	0.842	0.270
自分の作品の閲覧数が増えた	0.262	0.841
共同作品の閲覧数が増えた	0.355	0.813
コミュニティの交流が拡大した	0.179	0.855

（注）　因子抽出：主成分分析，回転法：バリマックス回転，累積寄与率 79.6 %。

(4) ここでも，経済成果と注目交流成果のそれぞれの因子得点を推定し，その推定値から3つの投稿コミュニティの「利用あり」のグループと「利用なし」のグループとで回答者を分けて平均点を比較した。その計算結果を次の表 7-8 で補足する。

2 クリエイティブ・ユーザーの動機づけ・コラボレーションモデル　217

表7-8　投稿コミュニティ利用ある・なし別の成果比較

グループ統計量

YouTube		N	平均値	標準偏差	平均値の標準誤差
経済成果	ある	338	.051	1.028	.056
	なし	162	-.105	.932	.073
注目交流成果	ある	338	.159	.960	.052
	なし	162	-.332	1.004	.079

グループ統計量

ピアプロ		N	平均値	標準偏差	平均値の標準誤差
経済成果	ある	44	.518	.924	.139
	なし	456	-.050	.994	.047
注目交流成果	ある	44	.273	.986	.149
	なし	456	-.026	.998	.047

グループ統計量

ニコニコ動画		N	平均値	標準偏差	平均値の標準誤差
経済成果	ある	337	.098	1.010	.055
	なし	163	-.203	.949	.074
注目交流成果	ある	337	.132	.981	.053
	なし	163	-.273	.986	.077

（注）アミかけの数値は差の検定（t検定）で有意（片側 5 ％水準）。

(5) 表7-6のビギナーとエキスパートの間接効果は以下のようにパス係数の掛け算として計算した。

〔自己効力⇒他者評価〕×〔他者評価⇒コラボ活動〕×〔コラボ活動⇒経済成果（または注目交流成果）〕

また，2グループ間で，この間接効果の数値に大きな開きが見られたが，個々のパス差検定でみると，片側 5 ％水準で有意となったのは，自己効力⇒他者評価，自己効力⇒注目交流成果，の2つであった。自己効力感が高まるほど他者からの評価期待が高まるのはビギナー・ユーザーであり，自己効力感が注目交流成果につながるのはエキスパート・ユーザーであった。

第8章

コラボレーション・コミュニティの
質的研究

要約

　実証研究の最後として，クリエイティブ・ユーザーによるフォーカスグループ・インタビュー調査を実施し，その結果について考察する。前章の質問紙調査と量的研究を補完し，変数の因果関係とモデルの検証では説明できないユーザーの行動や意識を観察する。作品の協働創作(コラボレーション)について前章第2節では，動機づけ・コラボレーションモデルから統計的な検証を行った。本章では，これをさらに進め，コミュニティにおけるコラボレーションの目的からプロセス，成果まで，個々の被験者の経験から語ってもらう。その回答を質的データ分析から検討した結果，作品の完成と高いクオリティという明確なタスクをもつユーザーからは，書き込み中心のコミュニケーション中心のネット・コミュニティで想定される一般的な互酬性規範や信頼性は見いだせなかった。また，ユーザー創作のシミュラークルに対する強い共感・共鳴も見られた。

220　第8章　コラボレーション・コミュニティの質的研究

1... 本章の目的と研究方法

1-1. 研究フレームワーク

　協働コミュニティの中で，ユーザー生成コンテンツ（UGC）を生み出すクリエイティブ・ユーザーの心理はどういったものか。これが実証研究の最後の問題提起である。前章の質問紙調査から，クリエイティブ・ユーザーの創作投稿行動全体の因果関係とコラボレーション行動を検証した。個々のユーザーがネット社会のコミュニティにおいて，どのような動機や問題意識を持って協働に参加しているのか。サンプリング調査によりクリエイティブ・ユーザーの行動はある程度，定量的に解明することができた。しかし，オリジナルや二次創作に対する考え方や行動の動機は質問紙で聴取するには限界もある。そこで，これまでの事例研究や定量研究を補うために，ボーカロイド・ソフトウェアのクリエイティブ・ユーザーが，音楽や映像のコンテンツを協働して制作する動機や行動について，フォーカスグループ・インタビュー調査を行い，その結果について質的分析を行う[1]。その際に，理論研究のところでレビューした社会関係資本論で蓄積された概念と仮説を引用する。

　本章の仮説的な研究フレームワークは図8-1である。ユーザーが協働コミュニティに自発的に参加して，協働創作（作詞，作曲，動画，イラストなど）のパートナーを探して互いに協力行動に出る。コミュニティに所属するユーザーに対して協働創作や協力を支援したり，あるいは自分の創作に協力してもらう。相手を特定しない相互の協力関係や経験が深まると，やがて一般化された互酬性の規範が生まれる。さらに協力行動が進むと，一般化された信頼も生まれ，橋渡し型社会関係資本が形成される。一方で，趣味に関わる協働創作の過程ではユーザー間に対立や葛藤が生じることもある。その対立は趣味への愛の共有と，ユーザー間の尊敬や承認の関係から解消される。このようなプロセスが強化されると，アウトプットとしての協働成果が高まる。

　インターネットにおける協働を目的とするユーザー・コミュニティ，特に音楽や映像などアート分野のコンテンツでは，必ずしもユーザー間の協働が良い

図 8-1 ユーザー・コミュニティにおける協働と社会関係資本の形成

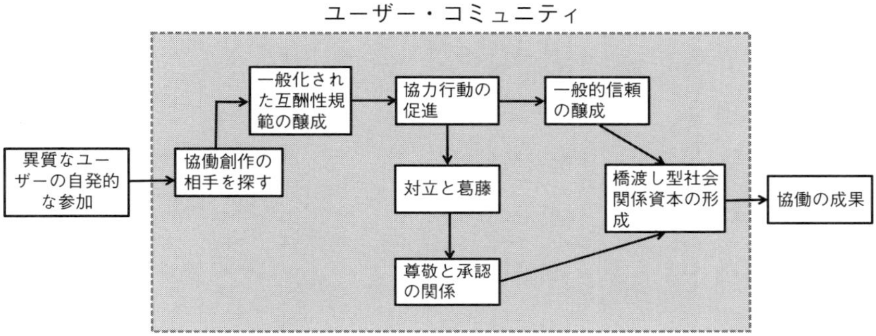

ユーザー・コミュニティ

筆者作成。

成果を生むとは限らないだろう。ピアプロ・コミュニティの投稿ユーザーに関する協働創作について，個人による創作のほうが協働による創作よりも高い成果が得られるという研究例も紹介した（第7章図7-3）。個人のクリエイティブな能力が成果を高めるコンテンツ分野ならではの製品特性が原因の1つとして考えられる。しかし，ボーカロイド楽曲を動画共有サイトに投稿する作品創作には，作詞・作曲・イラスト・動画など異質なクリエイティブ能力が要求されるので，ユーザー間の協働が創作成果につながる例は少なくないと考えられる。

　このような問題意識と前章のユーザー行動のモデルを参考に，本章の調査における質問項目は次のように設計した。①創作を始めた「きっかけ」，②創作投稿の「目的」「動機」，③創作の協働（他人との協力や分業）に関する「内容」，④協働への「期待」「信頼」，⑤協働に関する「互酬性の意識」，最後に⑥「活動成果」である。

1-2. 研究方法と調査概要

　以上の研究仮説を検証し，さらなる探索的な発見からユーザー・コミュニティ研究への知見を得るために，フォーカスグループ・インタビュー調査（以下，FGI）を計画して実施し，その発言記録を分析する。FGIとは，具体的な状況に適する特定の話題について選ばれた複数個人によるグループ討議を通し

た議論をいう（Beck et al. 1986）。構造化された運営から得られるインタビュー
の発言記録を分析して，多くの発見事項を得ることができる。Vaughn et
al.（1996）によれば，FGI の目標はメンバー個々の視点を発見し，個々のメン
バーに異なる視点を表現させることにあり，その要素として，ターゲットとな
るグループ人数が 6 名から 12 名程度のメンバーで構成される集団であり，ト
レーニングされた司会者が仮説と質問を準備して参加者の反応（理解，感情，
考え）を引き出すものである。本章では，ボーカロイド楽曲を制作してコミュ
ニティに投稿する経験をもつクリエイティブ・ユーザーを招集して FGI を実
施した。

　調査とサンプル回収の方法は，インターネット調査会社（楽天リサーチ）の
モニター（首都圏在住）に対して，まず 2016 年 3 月上旬に応募用 WEB アン
ケート案内を配信し，回答数 31,421 人からインタビュー参加を許諾して対象
条件（ボーカロイド・ソフトウェアを使用して楽曲を創作して投稿コミュニティ，
「ニコニコ動画」「Youtube」「ピアプロ」などに投稿経験がある）に合致する 16 サ
ンプルを抽出した。その後に電話にて参加条件を確認し，6 名を被験者として
1 グループを編成し，2016 年 3 月 26 日（土）14 時半から 16 時半の 1 セッショ
ン 2 時間の調査を都内会場にて実施した。参加者 6 名のプロフィールは表 8-1
のとおりである。6 名のキャリアは，①職業的クリエイター（ID：2, 4），②経
験者（ID：1, 5），③過去利用者とビギナー（ID：3, 6）に分類する。

2 ... 調査の発言回答

2-1. 創作を始めた契機と創作投稿の目的・動機

　ボーカロイド・ソフトウェアで創作を始めた契機は，初期（「初音ミク」リ
リース時）から始めたユーザー（ID：2, 4, 6）は，創作の意欲を動機として開始
している。投稿を始めたときの目的は，認められたいという「承認欲求」より
も，自身の「自己満足」や「力試し」「仲間へのメッセージ」であることが多
いが，創作を続けるには他者からの承認の有無が影響する。また，一度，認め
られても，その人気（再生数やコメント数）を維持するのは難しい。人気を意

表 8-1　被験者プロフィール

SEQ	投稿名	性別	年齢	職業	再生回数	使用経験ソフト	創作方法	創作内容（最も◎）	創作年数	コラボ有無	投稿先	1年以内創作曲数	1年以内投稿曲数	1年以内販売曲数
1	obakes	男性	23歳	無職	340回程度	初音ミク、UTAU	作編曲、作詞、演奏、歌唱	一次創作	1年程度	イラスト、映像はコラボする	ニコニコ動画	2～5曲	2～5曲（公開をやめたものもある）	行っていない
2	EHAMIC	男性	33歳	職業的クリエイター	10万回以上	初音ミク、鏡音リン、鏡音レン、巡音ルカ、MEIKO、KAITO、Megpoid、UTAU、その他	作編曲、作詞、演奏、歌唱、イラスト・動画	◎一次創作 二次創作	5年以上	イラスト、映像はコラボする	ニコニコ動画、YouTube	11～30曲	2～5曲	11～30
3	えいき	男性	32歳	会社員	70回程度	初音ミク	作編曲	一次創作	1年程度	コラボはしない（友達に手伝って貰うことはある）	ニコニコ動画	2～5曲	2～5曲	行っていない
4	キセノンP	男性	32歳	職業的クリエイター	96万回程度	初音ミク、鏡音レン、鏡音リン、巡音ルカ、MEIKO、KAITO、IA（イア）、Megpoid（メグッポイド）、がくっぽいど、その他	作編曲、作詞、演奏、歌唱、イラスト・動画	◎一次創作 二次創作	5年以上	イラスト、映像はコラボする	ニコニコ動画、YouTube、piapro	11～30曲	1曲	11～30
5	相葉慎	男性	25歳	アルバイト・フリーター	800回程度	初音ミク、UTAU	作編曲、作詞、イラスト・動画	一次創作	1年から3年未満	イラスト映像はコラボする	ニコニコ動画、piapro	6～10曲	6～10曲	行っていない
6	seren_dit	女性	28歳	専業主婦	351回	初音ミク、UTAU	作編曲、作詞	一次創作	5年以上（最近はあまり作っていない）	イラスト、映像はコラボする	ニコニコ動画	1年以内には作っていない		

識しすぎて，それが叶わないと，自己満足や楽しみに戻るか，または自分の作品価値を理解してくれるファンの存在のために継続するようである。一方で，人気の有無よりも作品のクオリティや完成度にこだわり，職業として作品創作を続けるユーザーもいる。

　他方でボカロ人気が高まる時期（過去3年以内）に始めたユーザー（ID：1, 3, 5）の中には，創作意欲のほかに，「ボーカロイドソフトへの技術的な関心」や「初音ミク・ブランドを使った売名行為」「ビジネス」を目的に活動する人もいる。イラストや音楽バンドなどの活動をしていたユーザーは，売名行為として人気の「初音ミク」を利用するビジネス目的として割り切る人もいた。投稿を続ける過程では，この程度までできればよいという「自己満足」がある一方で，作品公開による評価や批評への不安も抱いている。

2-2. コラボレーションと関係性

　ここで協働（コラボレーション）とは，1つのボカロ作品を一次創作，または二次創作するにあたり，動画を完成形に仕上げるための要素，すなわち，作詞，作編曲，楽器演奏，イラスト，動画など専門分野の仕事を分業したり支援したりするような行動を指す（第7章第2節と同様）。そのプロセスは，協働の相手やパートナー探しに始まり，創作の途中，結果，その後の関係性に区分される。まず，相手探しには，クリエイターの経験や実力で異なる。

　職業的クリエイターは，自分のファンである人，つまり自分に対する一定の評価をしてくれる人から探したり，自分自身が認めるファンになっているクリエイターへ依頼する。経験者は，自分と同等かそれ以上の実力を持つ相手を探す。

　過去利用者・ビギナーは，身近な友人・知人やあまりレベルが高くない人から気軽に依頼されることもある。つまり，相手探しには自分の実力や価値への冷静な分析が伺われ，自分と同等レベルの相手を探す行動から上下関係を意識しているようである。これら協働パートナーの中にはネットの世界のみでリアルに会うことのない相手も存在する。

　次に，創作途中には，顔も名前も知らない人と同じ目的を達成すための同

志，あるいは「悪の組織」のような連帯感が生まれるといった発言もあった。正義の組織よりも目的のために真摯に取り組んでいるという理由からである。

　そして，結果であるが，コラボレーションには当然ながら結果として成功と失敗がある。結果のいかんによって，相手とのその後の関係性に影響がある。作品がうまく完成までたどり着けば，友情や相互の理解が進んで友情や仲間意識が強まる一方，うまくいかない場合には，「お願いしている立場だから仕方がない」といったあきらめや，「クオリティが高くないことを承知で頼んでいる」という義理の意識，「不満があっても言えない」という遠慮，「それでも相手を仲間として認めていく」という庇護の意識などが見えている。

2-3.　コラボレーションを通じた信頼と互酬性規範の形成

　コラボレーションを通じた信頼関係はどのように形成されるのか。その信頼関係の有無は，金銭的な報酬が発生するか否かで異なっている。金銭的報酬がある場合，職業的クリエイターは自分のファンであって信用してくれる人からのコラボの申し出を受けて依頼する。そして必ず報酬を支払う。経験者は，金銭的な報酬を契約と考えて相手を信用する。過去利用者は，自分が主催するイベントにボカロ P を呼ぶ場合に必ず報酬を支払う。金銭的報酬がある場合には，契約を特定相手の信頼の根拠に考える様子から，特定参加者との相互作用経験から特定的信頼が形成されている。金銭的報酬が伴わない場合には上で挙げた失敗例と同じく，信頼は形成されていない。

　続いて，一般された互酬性が醸成されているかどうかを見てみる。互酬性とは「他人の利益のために行動すると自分に見返りがある」との期待から他者へ貢献しようとする行動をいう。

　職業的クリエイターの一人は，Twitter で知り合った人に対して，いい人だと感じて手伝いを申し出た。もう一人は，自分から助けることはなく，助けたいと感じても金銭的報酬が発生する仕事でなければ行動しない。手助けするとすれば自分と趣味が合い，自由にできるときである。

　経験者は，SNS で知り合った人から支援を頼まれたが，頼み方が気に入らないから返って反抗的になって手伝ったというユニークな動機もあった。いず

れの場合でも，人柄や趣味が合うなどの条件で他人に協力するような行動であり，それが自分への見返りを期待する動機は薄いようである。

2-4. コラボレーションの成果

コラボレーションの成果として，多くのユーザーは，相互の影響や啓発，自分の世界の広がりを共通して挙げている。

職業的クリエイターは，多様な人たちと関係をつくることで自分の世界の広がりを感じる。互いに知らないことを交換したり，今まで聴かなかった音楽ジャンルを好きになったりするプラス面がある。また，音楽やイラストの好みが100％一致するわけではないが，相手の好みに対して興味を感じて影響を受け，それが予想しなかったステップアップにつながるとも感じる。

経験者は互いの得意分野を助け合える成果を感じ，過去経験者も新しい音楽ジャンルを聴くようになるプラス面があると話した。

一方で立場の違いから異なる成果や期待もある。ビギナーは，相手から教えてもらうメリットを感じ，経験者は知名度アップや業界への関係づくりの利点を感じる。知名度があまりないと感じる経験者は，売名行為として相手と自分を宣伝する対象を増やし，多少の経済効果を期待できる人物と組む。あるいは音楽業界とのコネを作って紹介をもらう。

それが職業的クリエイターになると自己実現の成果をより感じるようになっている。アップロードする動画に求めるのは楽しいかどうかであり，コラボした人たちと「楽しかったね」「またやろうね」と言えればそれでよい。あるいは，完成度の高い作品クオリティをつねに求め続けるとも語っている。

このように，コラボレーションから得られる成果は，ビギナーは相手から教えてもらうことで互いに喜びを感じるが，経験者になるにつれてビジネスでのステップアップをより求めるようになり，職業的クリエイターにまでなると，ビジネスだけではない作品への完成度や楽しみといった自己実現を追求するところが注目される。

2-5. オリジナルと二次創作の関係

　このFGIでは，作品創作の過程で生じる一次創作と二次創作の位置づけや関係，また著作権管理に対する意識や自身の取り組みに関しても意見を聞いた。今回の被験者は，オリジナル，つまり一次創作を中心に活動していた。他人のカバーや替え歌の二次創作も一部経験者がいた。まず，オリジナル作品と二次創作やカバーに対する位置づけを聞いたところ，オリジナル作品は「版権もの」，つまり著作権管理されているものという理解が多く，二次創作については「版権がないもの」，「コピー」「カバー」である。「コピー」だとそっくり真似るという意味になり，「カバー」には演奏者が元の作者に対して，少しニュアンスを変えるという感じがするという。あるいは，オリジナルは「生みの親」であり，二次創作は「育ての親」というユニークな例も見られた。そして，ユーザーはボカロ作品の二次創作をオリジナルに対して肯定しているのか，または否定や他の考えを持っているのかについても問うた。「カバー」創作の中には，他人の曲なのに自作のように高いレベルでコードやベースラインにアレンジを加える作品があり，独立した１つのオリジナルとして価値を見出せるものがあるという。また，二次創作の価値は元ネタ（オリジナル）があると，これと比較してメロディラインの工夫と発展がわかり，「二度おいしい」ともいう。あるいは「歌ってみた」やリミックスの二次創作の作品を知ることで，本家（オリジナル）を知る機会にもなり，二次作品のメロディラインからオリジナルの楽曲と作者が好きになることもあり，両方とも好きであるとの回答もあった。そのために二次創作者はオリジナルを辿るためのリンクを貼るのも重要なマナーだと言う。

　このように，ユーザーたちはオリジナルと二次創作を共にリスペクトし，両者を互いの価値を高めあう共創の関係と見ているようである（図8-2）。オリジナルと二次創作を「生みの親と育ての親」と例えたユーザーは，ここでも，「カレーの発祥はインドだが，日本のカレーライスの味は全く違うが，おいしい。（オリジナルと二次創作も）そういうものだと思う」と語る。

　また，ボーカロイドには楽曲の二次創作のほかにも，キャラクターの創作例もある。「初音ミク」を初めとするクリプトン社の版権キャラクターのほか

図 8-2 オリジナルと二次創作の関係

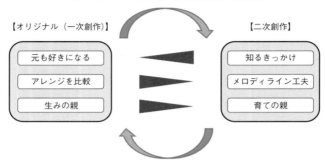

互いの価値を高めあう共創の関係

に，ヤマハのボーカロイド技術以外の無償配布される歌声合成技術（たとえば UTAU）を利用して，ユーザーが創作したキャラクターも多数存在する。このインタビューではその中でも，ボカロ創成期に登場した「重音テト」を代表例に，これらをユーザーがどのように捉えているかを問うてみた。

「重音テトはオリジナルか？」の質問に対して，ユーザーサイドは次のように肯定的に受け止めている。

「オリジナルである。彼女のキャラクターはサンリオでキティちゃんがオリジナルであるのと一緒」。

「UTAUは初音ミクのボーカロイドとは異なり，フリーのボカロみたいなもので（大きな力を持ったことは）認める」。

「クリプトンの人がどう思うかは分からないけど。重音テトオリジナルの曲を作る人がいるということは，それを1番好きな人がいるわけだから。法律違反しているわけじゃないからいいんじゃないの。私は新しいもの好きなので，初音ミクが出た時も，こういうソフトあるんだ，面白いと思ったのと同じで，「重音テト」が出た時もフリーでこんなソフトがあるんだ，面白いと思った」。

オリジナルと二次創作は競合ではなく，互いの価値を高めあう共創関係にあることが確認できた。一方で，「初音ミク」に対する模倣のパロディとして生まれた「重音テト」に対しては，もはやオリジナル（初音ミク）に紐づけられ

る二次創作物ではなく，独立の価値あるオリジナルの一次創作物であるとみな
していた。

2-6. 創作物の著作権管理について

　最後に，被験者たちに創作物の著作権管理についての意見や考えを聞いた。
インターネットの普及に伴い，動画や音楽などの著作コンテンツは，Apple 社
の itunes や YouTube などの普及で，従来の著作権管理の法律やルールでは規
制できない段階に入っている。デジタル時代の新たな著作権ルールとして，
「クリエイティブ・コモンズ・ライセンス（CC ライセンス）」が制定され，国際
的な普及を図る考え方も登場した。作品を二次的に利用する条件として，表
示・改変禁止・非営利・継承の４つを組み合わせて６つのライセンスを区分す
る。クリエイターは，この中から自分の作品の権利を保持する範囲を決めるこ
とができる。「初音ミク」の版権を有するクリプトン社は，この CC ライセン
スを元にした「ピアプロ・キャラクター・ライセンス（PCL）」を定め，イラ
ストについて商用目的と公序良俗に反する利用の他は，あらゆる二次利用と，
キャラクターの改変利用を原則的に認めている。この結果，一般のユーザーや
クリエイターは，「初音ミク」を題材にした二次創作物を自由に制作できるよ
うになった（詳しくは第１章参照）。

　被験者６名の中で，自身の音楽著作権を，JASRAC（日本音楽著作権協会）
を初めとする団体に信託しているのは，職業的クリエイター２名のみであっ
た。その理由として，一人は印税収入があることと，第三者の作品利用につい
て個別に判断する必要がなくなるからである。そして信託の方法は部分信託に
して自分の作品利用の自由度を残しているという。もう一人も「小銭が入って
くる」と印税収入を挙げる。一方で管理団体に著作権を信託しない経験者ユー
ザーは，自分自身が作品を自由に利用したいという理由のほか，「音楽は自由
であるべきなので，委託したくない。一次創作者の元を記載してくれれば，二
次作品がヒットしてもいい」と，音楽は自由に利用したいという思想も持って
いた。

　一方で，音楽著作権の管理団体について，不透明な部分や不信感を抱く面も

ある。過去利用者は，「私は（JASRACというものが）分からない何か怖いもので，知らない間に何か悪いことをしたら怒られるんじゃないかというイメージがある。でも権利問題で揉めている人を見ると，私みたいにイベントしていると，怒られたくないと思ってちゃんとしなきゃとか，そういう面倒くさくない曲を使おうとか」と思いを語る。

職業的クリエイターは，「（管理団体は何を守ってくれるのか）そこがブラックボックスだから嫌いな人が多いんじゃないか。そこが分かりやすく説明できる人なんていないと思うし，預けているわれわれも全然説明できない。それに対していぶかしく思う人が出るのは当然だと思う。また作品権利の全部を管理団体に信託すると不自由な思いもする。信託した楽曲を新たに自分で使用したい場合に，JASRACへ使用料を支払い，これを引いた権利料が自分へ支払われる」。

このように，管理団体が作者の何を守っているのか，ブラックボックスになっている面を感じており，ユーザーからみた透明性や明確さなどが課題になっているようである。

3 ••• 質的データ分析

3-1.　質的データ分析の手順

インタビュー記録や文書などの文字テキストから構成される調査データは，質的データや定性データと呼ばれる（佐藤2008a）。社会調査において，良質の定量データを集めて，その数値の背後にある意味や関係を読み取るためには，ある種の現場感覚，つまりデータが扱う社会実態に関する深い理解が求められる。定量研究の研究課題が観測可能な母集団を対象にサンプルを集めて変数や構成概念，概念モデルなどを設計し，調査結果から変数間のパターンや因果関係について検討するのに対して，質的研究では研究課題や概念モデル，データ収集と推論などのリサーチ作業が相互作用しながら同時進行する特徴がある（田村2006）。ここではFGIの以上の全体報告から協働コミュニティに関する仮説（図7-1）を検証するために，文字テキストデータ（textual data）を対象

とする質的データ分析を行う。

　その手順は，大きく①セグメント化，②データベース化，③ストーリー化，に従う。①セグメント化は，オリジナルの文脈から情報を切り離してパーツにする。ここでは，FGIの発言録から創作の協働に関する質問に対する回答者の回答を抜き出す。続く②データベース化ではその発言内容を被験者6名の個々のインタビュー記録にさらに分割する。ここまでは発言録全体の原データを特定のテーマに即して元の文脈から切り離す脱文脈化のプロセスであり，これを③ストーリー化として新たなストーリーラインに組み込む（再文脈化）。ここまでの手順は文書テキストを紙のカードを用いて行ったり，専用の質的データ分析ソフトウェアを使って行う。ここでは代表的なソフトウェアであるMAXQDA12を使用した[2]。ソフトウェアからプロジェクトファイルを作成し，FGIのテキストデータをインポートで読み込ませ，次いで「コーディング（coding）」を行う。コーディングは，質的データ分析におけるセグメント化とストーリー化に役立つ手段であり，目印となる単語や語句をコード（code）として指定する。コードを基軸にして複数のセグメントがパーツとして自由に新しい文脈に元のテキストデータを再構成し，ストーリー化を容易にしてくれる。ここでは，協働に関する8つのコード（コラボ，やりとり，顔，信用，お金，完成，宣伝，影響）を指定した。このコーディングには，理論に基づく演繹的アプローチと実証から理論へ向かう帰納的アプローチがあるが，ここでのキーワード指定は社会関係資本論に基づく協働コミュニティの仮説をもとに関連するキーワードを発言録から見つけて指定しているので，演繹的アプローチになる。

3-2. コラボレーション・コミュニティの概念モデル

　さて，このような複数のコード間の関係を階層状に表示するのがツリー構造である。類似のものを集めて1つのカテゴリーとして集約し，いくつかの基準でカテゴリー間の上下関係や時間の前後関係などで並び替えていく。こうしたコード間の整理と体系化を通じてツリー構造ができあがる。質的データ分析ソフトではこのような概念モデルをツリー構造で自動生成して表示することがで

232　第8章　コラボレーション・コミュニティの質的研究

図8-3　作品の協働プロセス（コード間のダイヤグラム）

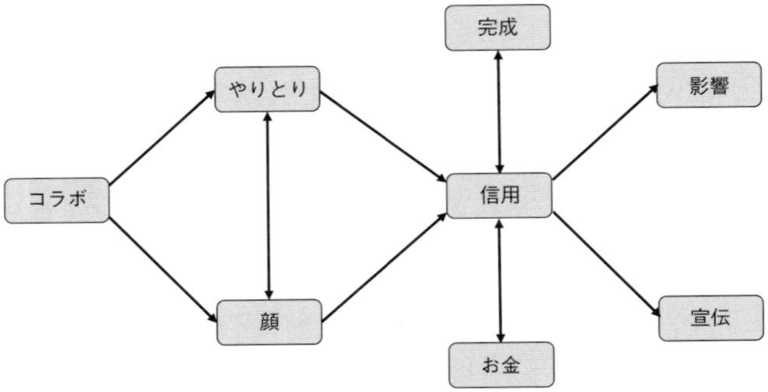

き，本章では作品創作に関するコラボレーション・モデルを抽出してダイヤグ
ラムを生成した（図8-3）。図中の矢印は発言録より，コードからコードへの影
響関係を表す。生成されたコラボのプロセスは，まずメンバーを決めて，コ
ミュニケーションのやりとりが始まるが，そのきっかけは知人や友人だけでな
く，SNSで知り合った顔の見えない人とも交流を通じてコラボへ発展する。
この「顔が見えない」については，従来からミクシィの経験やイラスト投稿サ
イトであるピクシブでの交流などで日常的にオンラインのコミュニケーション
があるので抵抗が見えない。そうした延長でクラウド・ソーシングの仕事をす
るユーザーもいた。そして，コラボの仕事を通じて信用ないし信頼はどのよう
に形成されるのか。それは「完成形」と「お金」に集約されている。まずは信
用するか，されるかはコラボの成果である作品が完成するかどうかにかかって
いる。作品が完成に届かなければ信用は生まれない。完成すれば自然に信用が
生まれるが，途中で頓挫すればそれもない。そして，信用の有無は，お金，つ
まり金銭的報酬からも影響する。当初から無償でコラボする場合もあるが，報
酬の支払いがあれば信用につながるとして，明確にビジネスとしてコラボを位
置づける声があった。最後に，コラボの成果は「影響」と「宣伝」のキーワー
ドに集約されている。多くのユーザーが語るのは自分への影響である。自分が
知らないジャンルの音楽を知るきっかけになったり，他人の意見に新しい発見
があったりしながら，ステップアップにつながるという声が多い。自分へのプ

ラスの影響はコラボから得られる最も大きな成果かもしれない。もう1つの成果は宣伝である。自分よりも実力や知名度が高いユーザーとコラボすることで名声を上げたり，人間関係の幅を広げて仕事につながる紹介を期待したりする。

　このような質的データ分析の結果も参照しながら，コラボレーション・コミュニティに関する先の仮説モデルを次に検証していきたい。

4 ••• 考察

4-1．コラボレーション・コミュニティと社会関係資本の蓄積

　コンテンツ型のオンライン・コミュニティでは一般的信頼や一般化された互酬性規範の意識は培うことができるか。ここでは図8-1の仮説モデルを当てはめながら確認していく。オンライン・コミュニティには外部に対して開放的かつ水平的な自発的参加の場であるため，まず，そこに集まるユーザーの一般的信頼のレベルを高める必要がある（宮田2005）。しかし，今回のFGIではコラボ・プロセスの過程で，ユーザーは契約や金銭的報酬を担保に相手を信頼するという特定的信頼のレベルに止まっているようである。SNS上の日常的なコミュニケーションと異なり，作品創作という明確な目標やタスクがあるコンテンツ型コミュニティでは，ネット上の匿名で参加するコラボ相手に対するリスクを軽減するために，特定相手の信頼をより重視しているのかもしれない。

　一方，互酬性規範の醸成については，SNSを通じて知り合った相手に対して，人柄や趣味などの条件が合えば協力行動に出るユーザーがいるが，それが自分への見返りを期待する動機から生まれているとはいえない。つまり，他人に対して協力行動をとることはあるが，それが一般化された互酬性の意識であるかどうかは確認できず，むしろ顔が見えるリアルか，見えないネットかの境界がない普段の自分の人間関係の志向が協力行動を促している。ボカロ創作に関するコミュニティのような開放的なネットワークでは，リアルな閉じた人間関係のコミュニティと異なり，評判を落としても集団から排除される脅威は少なく，排除されても別のコミュニティに移ればよいはずである。しかし，調査

234　第8章　コラボレーション・コミュニティの質的研究

では作品の評判を非常に意識する発言が見られた。活動するコミュニティの中で良い評判が得られれば，新たなコラボやビジネスの相手から声をかけられる。山岸（2002）は，これを開かれた社会の評判，「呼び込み機能」と呼ぶが，よい評判の獲得で多くのメリットを得る機会が得られる。つまり，ボカロ創作に関わるコミュニティでも，ユーザー自身の作品が視聴や再生の回数，そしてコメントとして評価される世界なので，その動向にはとても敏感なのである。閲覧や再生数の高いユーザーには多くの信頼が集まり，そのユーザーが持つ資源が他者からの魅力となり，呼び込み機能でより大きな利益機会が生まれる可能性もある。今回のユーザーでも，そうした経験から特定のコミュニティに限定されない一般化された互酬性規範を学習して一般的な信頼を高め，そのプロセスから橋渡し型社会関係資本が形成されていく可能性を見出すことはできる。

　また，協力行動の過程でメンバー間に対立や葛藤があるかどうかについて，ユーザーはコラボの目標として，作品の「完成形」にこだわっていた。その過程で，品質の悪いイラストを描いたり，納期を守らなかったりなど，コラボにおける参加の役割ないし義務を果たさない例を挙げていた。しかし，コラボにあたり，自分にない能力や補完する知識・経験などからメンバーが結びつくので，創作過程における対立や葛藤は見られず，むしろ他者をリスペクトする声が目立った。自分がステップアップできる，新しい視野を広げてくれるなど，自身へのプラスの影響を感じていた。最後に，コラボレーション・コミュニティから得られる成果は，質的データ分析でも抽出されたように，「影響」と「宣伝」に集約される。自分が知らなかった知識や音楽ジャンルに触れるきっかけになり，作品創作に大きな影響を与えるメリットを感じている。宣伝効果は，自分よりも力量や知名度が高い人と組むことで利益を得るメリットである。

4-2.　オリジナルと二次創作の価値共創とシミュラークル

　最後に，作品のオリジナルと二次創作の関係について，ほとんどのユーザーが，二次創作を肯定的に捉えていた。二次創作が作品を知るきっかけとなり，

4　考察　　235

そこから一次創作を辿り，オリジナルを好きになる。一次創作をもとに二次創作で改変されたメロディラインのアレンジ部分を知り，どちらの評価も上がり，価値が高まる。「オリジナルは生みの親で，二次創作は育ての親」「カレー発祥のインドカレーと，これをアレンジした日本のカレーライスはどちらもおいしい」と例えて，二次創作にもオリジナルと同等以上の価値を置いて尊敬し，両者は互いの価値を高めあう共創（co-creation）の関係にある。こうした二次創作の拡大は，すでに述べたように，日本ではオタク系文化の中でポストモダン的な特徴として広く定着してきた。ボードリヤールが予見する文化産業の未来に即せば，ポストモダン社会には作品のオリジナルとコピーの区別が希薄化し，その中間形態である「シミュラークル（オリジナルなき模倣）」が溢れる。オリジナルとコピーの区別が消滅し，オリジナルを生み出す作家が，二次創作ではユーザーが主体的な役割を果たすようになっていくと考えられる。

　FGIでも話題にされた「重音テト」は，ユーザーが生み出したシミュラークルであり，ユーザーはこのバーチャルシンガーに「初音ミク」と同等以上の価値と魅力を見出していた。「初音ミク」を発売するクリプトン社には著作権を有する企業というイメージをもつ一方，「重音テト」には自分たちユーザー側の代表という共感，共鳴すら感じており，まさに「重音テト」はコミュニティの集合的な共創価値から生み出された創作物だったのである。この意識は現行の著作権法制度の在り方とも関係がある。民主主義的なシミュラークルや二次創作の創作物はつねに法制度の監視下に置かれる。オタク文化をけん引してきたマンガやアニメの二次創作は，従来の著作権法の中で，原作者自身が派生的な二次創作を個々に許諾するという限定的な条件で生きることができる。それが，インターネットの発展でユーザーと作者が直接ネットでつながる社会になり，デジタルコンテンツの著作権管理に対する新しい枠組みが求められるようになり，先に述べたCCライセンスも生まれた。ボーカロイドの世界における「初音ミク」の登場も，こうしたオープンソース思想の潮流の1つに位置づけられ，CCライセンスへの対応でクリエイター自身が複製や改変の権利開放を自由に選べる環境が整備されたのもすでに述べたとおりである。ボーカロイドの世界における二次創作の市場が，オープン化の環境を受けて拡大し，そこか

236 第8章 コラボレーション・コミュニティの質的研究

ら従来にないユーザー参加型ビジネスも多数生まれている。今回調査のユーザーたちも，音楽著作権を管理する現行の法制度に対して，作者の権利を保護するメリットを理解する一方で，違和感や不信感も抱いていた。オリジナル作者が自身の作品利用で不自由を強いられる部分もある。オリジナル作者の権利を保護しつつ，今後も二次創作を含む自由なクリエイティブ活動を活性化させる法制度の在り方とその議論が期待される。

5 ••• 展望

　以上のディスカッションは，前章の量的研究を補う質的研究ならではの文脈への深い観察から導いた成果である。最後に，質的研究の背後にある理論として，「グラウンデッド・セオリー・アプローチ（grounded theory approach）」に触れておく。グラウンデッド・セオリーは「データ密着型理論」とも訳され，調査データに密着した理論を発見し，データの収集と分析を同時並行に行い，定性的コーディングを元にして質的データ分析を行う特徴がある（Corbin and Strauss 2008）。調査データという確かな事実と根拠に基づいて理論を構築しようとする思想が根底にあり，質問紙調査に代表されるサーベイ形式の量的調査が，先行する既存理論と仮説の検証に重点が置かれるのとは対照的である。この質的調査は，社会の現象がどのように起きているかについて興味深い「記述」を提供することはできても，そのような現象がなぜ生じているのかという物事の「説明」には限界があるとされてきた（佐藤 2008a）。しかし，本章のFGI のように被験者のインタビューから創作や協働に関する意識や行動に関する深い洞察から，社会生活や所属する集団の背景を知り，ユーザー自身の発言を契機とする新たな質問を掘り下げることが可能であった。そこからコラボレーション・コミュニティに関する理論仮説からデータで検証し，その検証データから理論仮説を修正していくという「データ対話」のリサーチを進めることができた。一方では量的調査と統計的サンプリングの強みである調査対象の代表性には限界がある。コラボレーション・コミュニティにおけるクリエイティブ・ユーザーの姿は本書の問題意識の一端を解明したにすぎず，今後も必

要な事例研究や現場観察を通して理論的なサンプリングを行い，理論仮説の精緻化を進める課題を指摘しておきたい。

注
(1) 量的研究が科学的方法を基に論理実証主義や批判的合理主義に基づく予測可能性と再現可能性を強みにもつのに対して，質的研究は変数間の網羅的，一般的，客観的な関係だけでは明らかにできない状況に固有の経緯や特性を把握する意義がある（田村 2006, 2015：栗木 2012）。本章は，これまでの事例研究と質問紙調査で明らかになった知見を補う目的から，質的研究として FGI を実施した。
(2) 質的データ分析を支援するのが QDA（Qualitative Data Analysis）ソフトウェアである。QDA ソフトは，インタビュー記録や新聞・雑誌の記事といった文字テキストの情報を文書型データベースとして体系的に整理し，分析するために開発されたソフトウェアである（佐藤 2008b）。このソフトウェアは，従来，紙のメディアで進めてきたデータの整理・分析作業を電子化したものであり，①セグメント化，②データベース化，③ストーリー化，という基本手順には統計分析ソフトウェアのような理論的な根拠がないため，柔軟性の高い運用が可能である。本章の研究では，VERBI ソフトウェア（VERBI Software）の MAXQDA12 を使用した。

終章

コミュニティ・ジェネレーションと
民主化の時代

要約

　各章の実証研究で得られた発見物をまとめ，理論的，実務的なインプリケーションを導く。ボカロ・コンテンツのN次創作の連鎖をネットワーク分析で考察した結果，ピアプロは創作の場となる閉じたコミュニティであり，ニコニコ動画では創作からビジネスマッチング，消費まで一貫したサービスを提供し，創作連鎖が活発なオープンなコミュニティであった。質問紙調査とFGIから，二次創作ユーザーは，一次創作ユーザーと比べてスキル向上や報酬期待など合理的な目的をもっていた。コンテンツを協働で創作するコラボレーションについては，経験の少ないユーザーほど，そのメリットを感じていた。UGCのプラットフォーム全体の分担関係も確認できた。インプリケーションとして，コミュニティ・ジェネレーションの理論枠組みを提示し，クリエイティブ・ユーザーの特徴と企業側のルールにより，コンテンツが創発されるフェイズが異なることを示し，これまでのプラットフォーム研究やユーザー・イノベーション研究の精緻化に貢献する。また，UGCがオープン・メディアの民主化を進める際の課題にも触れる。

1... 発見物 （findings）

1-1. N次創作と集合的共創価値の観察

　ボーカロイド・コンテンツが集まるユーザー・コミュニティにおいては，ユーザー間で創作作品を参照して二次，三次創作などN次創作が連鎖的に生成され，作品の価値を高めあう，すなわち集合的共創価値（collective co-creation value）が起きる現象が大きな特徴であった。実証研究ではピアプロとニコニコ動画のコミュニティの中で起きるユーザー間の創作連鎖の現状を社会ネットワーク分析の手法で調べた。その結果，クリプトン社が運営するピアプロの中で活発な創作連鎖の現象は観察されなかった。ピアプロは，「○してみた」のような二次創作の投稿を認めておらず，あくまで楽曲制作に関わる作詞・作曲・イラストが中心であるため，N次創作は二次止まりが多かったようである。よって，後述の動画投稿が中心のニコニコ動画と比べると，あくまで「創作投稿の場」として機能するクローズ型のユーザー・コミュニティであり，その中でイラスト作品を中心に二次創作を誘発していたのは，「重音テト」を初めとする「初音ミク」のシミュラークル（オリジナルなき模倣）群であった。

　「重音テト」の公式イラストを見た他者が自分もイラストを描いて投稿する。この二次創作の連鎖がコミュニティを最も活発にしていたのは意外であった。FGIでユーザーが語っていたように，ユーザーにとってオリジナルの「初音ミク」とシミュラークルの「重音テト」はどちらも同等の価値があり，ユーザーは「重音テト」をけっしてオリジナルに劣るコンテンツとはみなしていない。そうした認識は，日本のサブカルチャーとして独自に発展してきたコミックマーケットの存在が影響していると思われる。シミュラークルをオリジナルと同様にリスペクトして支持するボカロ市場に広がる民主主義が，コミュニティの活性化に貢献していたのは興味深い。

　一方，ニコニコ動画はボカロ市場の創成期からN次創作が活発なコミュニティであった。実証研究でも，2007年の「初音ミク」ソフトウェアの発売直後からオリジナル参照や「○してみた」の二次創作が活発に投稿されるオープ

ン型のユーザー・コミュニティであった。その多様な二次創作ユーザーの投稿を誘発する要因として，一次創作の作者間にある共通点を発見した。典型的なグループ特性でみると，人気ゲームソフトに楽曲が収録されたり，作品のシリーズ化を行う作者の作品に活発な二次創作が見られた。一方で，カラオケ配信曲数に対して，人気指標と二次創作参照との相関から，ビジネス機会につながるユーザーのネットワーク行動を活発にするには，この二次創作ユーザーの投稿意欲がカギになることを指摘した。それには，ボカロ楽曲の人気ゲームソフトへの収録数を増やしたり，シリーズ作品を充実させたりするなどの取り組みが，メディア運営側に求められる。

　そして，質問紙調査とその分析から，作品の二次創作が増えるほど経済的な成果，楽曲収入やコミュニティ収入などにつながる関係も確認した。一次創作と比べて，二次創作を行うユーザーにとって，報酬への期待や企業からの承認といった経済合理的な創作・投稿目的が当初から強いことから，ユーザーの二次創作意欲を高めるために企業とのコラボ機会や楽曲販売などの経済的な成果を得られるようなクリエイター支援の仕組みが有効になるだろう。

1-2. コラボレーション（協働創作）の有効性

　コンテンツ型コミュニティにおけるコラボレーションには，橋渡し型社会関係資本が見られるのか。第7章では，クリエイティブ・ユーザーがコンテンツの協働創作の過程において，橋渡し型社会関係資本が形成されているかどうか検証した。その結果，SNS上の日常的なコミュニケーションと異なり，作品創作という明確な目標やタスクがあるコンテンツ型コミュニティでは，ネット上の匿名で参加するコラボ相手に対するリスクを軽減するために，不特定間の一般的信頼ではなく特定相手の信頼をより重視していた。互酬性規範についても，他人に対して協力行動をとることはあるが，それが一般化された互酬性の意識であるかどうかは確認できず，むしろ顔が見えるリアルか，見えないネットかの境界がない普段の日常的な人間関係の志向が協力行動を促しているようであった。ボカロ創作に関するコミュニティのような開放的なネットワークでは，リアルな閉じた人間関係のコミュニティと異なり，評判を落としても集団

242　終章　コミュニティ・ジェネレーションと民主化の時代

から排除される脅威は少なく，排除されても別のコミュニティに移ればよいはずであるが，ユーザーは作品の評判を強く意識していた。活動するコミュニティの中で良い評判が得られれば，新たなコラボやビジネスの相手から声をかけられる。これらは宮田（2005）の調査が，メーリングリストや電子掲示板における消費者の書き込みを想定して観察された一般的な互酬性規範と信頼性とは異なる結果である。作品を協働で創作するという明確なタスクと目標が存在するコンテンツ型コミュニティでは，コミュニケーション主体のコミュニティとは異なり，互酬性や信頼性を一般レベルまで引き上げるのは困難であり，特定相手に限定されていた。その意味で，コンテンツ型コミュニティには橋渡し型社会関係資本が形成されているとはいえない。参加者間が弱い紐帯で結びつく出入り自由な緩やかなネットワークというよりも，むしろ感情や好き嫌いを排除したストイックでビジネスライクの合理的な関係であり，それは顔の見える人間関係から形成される結束型社会関係資本に近いものである。

　また，協力行動の過程でメンバー間に対立や葛藤があるかどうかについては，コラボの目標として，ユーザーは作品の「完成形」にこだわるため，コラボにおける参加メンバーの役割ないし義務が重視され，あくまでビジネスライクに問題を捉える姿勢が見られ，同時に自分にはない能力や知識・経験を補完する必要性からコラボメンバーが結びつくので，創作過程における対立や葛藤というより，むしろ他者をリスペクトする声が目立った。「自分がステップアップできる」「新しい視野を広げてくれる」など，自分自身へのプラスの影響を感じていた。コラボレーション・コミュニティから得られる成果には，自分が知らなかった知識や音楽ジャンルに触れるきっかけや影響を受けるメリット，さらに自分よりも力量や知名度が高い人と組むことで宣伝効果の利益を感じていた。

　この成果については質問紙調査の「創作投稿行動モデル」でも協働創作が増えるほど注目交流成果（宣伝効果）が高まる影響が確認されており，「動機づけ・コラボレーションモデル」では創作経験の少ない（投稿作品数が少ない）ビギナー・ユーザーほどコラボの必要性と成果への結びつきを強く感じていた。学習の継続を通じて成果を確信する自己効力感は，創作経験の多い（投稿

作品数が多い）エキスパート・ユーザーより低いビギナー・ユーザーでコラボ経由の経済成果と注目交流成果に大きなプラス効果を与えていた。創作能力と経験の少ないユーザーは，コラボに積極的に参加することにより宣伝や注目効果，さらに力量の高いユーザーと組むことで経済成果を期待できるが，知識やノウハウの習得が進むと，次第にコラボから離れて自立する傾向が見られ，創作経験の高いユーザーになるとコラボレーションがなくても自己効力感が直接的に成果へプラスに影響するようになる。こうしたクリエイティブ・ユーザーに対する質問紙調査と FGI の結果から，コラボレーションはビギナーが腕を上げて成長する場であり，能力と経験が上がるとやがて自立していくようなインキュベーションの場になっているといえる。

1-3. UGC の創作・流通・消費の連鎖とプラットフォーム

　一方で，UGC が知的財として創作（生産）され，流通し，消費される連鎖は，オープン・メディアでのプラットフォーム間の分担関係として捉えることができる。本書の対象はボーカロイド・コンテンツに限定されるが，第 7 章のクリエイティブ・ユーザーに対する質問紙調査とその分析から，主要な 3 つのコミュニティは，運営サイドのプラットフォームとして見ると次のような関係にあることがわかった（図終 -1）。まず，クリプトン社が運営するピアプロは，クリエイティブ・ユーザーの創作投稿に特化し，オリジナル創作と二次創作の作品を公開するプラットフォームであった。ユーザーからみれば「創作の場」であり，UGC の創作を支援するサイトとして運営されている。そして，このピアプロと補完関係にあり，クリエイターの創作支援を行うプラットフォームが，ドワンゴ社が運営するニコニコ動画である。ニコニコ動画は，当初，リスナー・ユーザーが疑似同期型コメントで参加するユーザー参加型プラットフォームとしてスタートし，その後にマス・メディアではカバーできないユニークな番組（ニコニコ生放送やニコニコ超会議）を提供し，消費からコンテンツの流通の場として拡大，そしてクリエイターの創作活動を支援する創作（生産）機能を拡充し，いまや UGC の創作から流通，消費までを垂直統合する UGC 型のオープン・メディアに成長した。FDC（企業主導型コンテンツ）の参

図終-1　UGC の生産・流通・消費の連鎖とプラットフォームのポジション

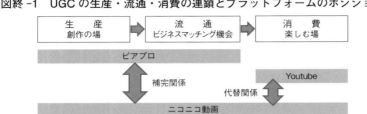

入が YouTube と比べて少ない点も特徴である。そして，今やコンテンツの視聴市場として世界的に拡大する YouTube は，ニコニコ動画と代替関係にあった。調査では UGC の消費機能として，ニコニコ動画と YouTube は代替的に利用するユーザー行動が見られたが，第 6 章ではニコニコ動画で活躍するクリエイティブ・ユーザー（公開動画の再生回数 500 万回以上）が YouTube で公式チャンネルを開設するリストを作ったところ，1,069 のチャンネルを確認した。いまや，YouTube は多くのボカロ・アーティストが公式チャンネルを開設してコンテンツを流通させる場になっているのである。

そして，UGC の流通でビジネスマッチングの機会を提供しているプラットフォームは，ニコニコ動画とピアプロであった。ニコニコ動画で人気が出た楽曲はカラオケ会社の音楽配信につながり，動画ページには関連する「着うた」や CD などの販売商品も紹介される。一方のピアプロには，企業からのコラボ企画の募集が常時紹介され，ユーザーから応募しやすい状況ができている。ゲームソフトや商品キャンペーン，地域イベントなど多彩な募集から楽曲やイラストの応募が集まり，ビジネス機会を提供している。

このような UGC の価値の連鎖は，プラットフォーム企業のサービス提供とユーザー利用の相互作用から発展してきたといえるが，今後もオープン・メディアの強みを生かしながら，よりマクロな視点からクリエイティブ・ユーザーの UGC を拡大させるようなプラットフォームのデザインが，企業側とユーザー側の双方に求められる。

また，本書のボカロ UGC の生産・流通・消費の経路は，広くみれば，音楽コンテンツの制作・流通プロセスの一部に属する。音楽コンテンツ（本書では

FDC）の制作は，作詞家や作曲家を含むクリエイターや音楽出版社が関わり，流通はレコード会社（レーベル）を初め，音楽配信プロバイダー（iTunes Store など），カラオケメーカー，コンサート興業企業，そして，消費段階ではメディアプレイヤーを初めとする音楽端末機器やパソコン，携帯電話・スマホなどである。このうち，UGC では流通段階が大きく異なり，オープン・メディアを活用する。しかし，第 6 章でみてきたように，レコード会社を中心とする FDC の流通においてもオープン・メディアへの進出が目覚ましく，2 つのコンテンツがオープン・メディアの中で共存・競争する様相になっており，これに対応する新たなプラットフォームも登場するかもしれない。

1-4. オープン・メディアのコンテンツ普及プロセス

　第 6 章では，世界最大の動画共有サイトとして成長を続ける YouTube において，FDC と UGC の視聴成果，さらに普及プロセスについて比較，実証研究した。音楽業界における企業主導型とユーザー生成型というコンテンツ特性の違いが視聴にどのように影響するかについて，YouTube の API を用いて投稿データを取得して分析した。FDC はレコードレーベル企業所属のアーティスト関連作品であり，オープン・メディアにおけるアーティストチャンネルは同じ所属の他アーティストを中心に他者チャンネルと相互に結びつく「互恵的ネットワーク構造」を形成していた。それは視聴成果にも影響を与え，他者からのチャンネル登録数が増えるほど自分の視聴回数が増える好循環の因果関係につながっていた。

　一方，UGC ボカロの公式チャンネルでは他者チャンネルとの結びつきが弱い「自律的ネットワーク構造」であり，そのネットワークは視聴回数には影響を与えていない。わずかに，自分のチャンネル・コンテンツを広めるために，自分のオリジナルに対する他者の二次創作チャンネルを積極的につなげているアーティストも少数見られたが，多くは他者とのつながりをチャンネル内で作っていない。音楽コンテンツを企業主導のビジネスとして展開するか，あるいはユーザーが自発的に創作して公開するかという，まさにこの出発点の相違がチャンネル・ネットワーク構造と視聴成果に与える影響にも関係しているよ

246 終章 コミュニティ・ジェネレーションと民主化の時代

うである。

次に，コンテンツの視聴成果（Like 数）から公開後の普及プロセスを追跡した。新製品の採用数をオープン・メディアにおけるコンテンツの Like 数（高い評価の数）に置き換え，新規に投稿されたコンテンツの普及プロセスについて調べた。まず，コンテンツ投稿の視聴回数と Like 数は，FDC，UGC ともに投稿から 24 時間以内でほとんどがピークに到達していた。マス・メディアの訴求で CD などのパッケージ商品が市場に売れていくプロセスは，新製品普及理論では革新者や初期採用者などのグループを経由しながら普及すると説明されたが，オープン・メディアにおける視聴の普及がピークに向かう形状は極端な垂直型であった。そこに Bass の普及モデルが想定する追随者グループを見いだすのは難しい。ピーク後の視聴回数と Like 数は逓減していくが，最大ピークへの到達がより速い FDC では逓減も速かった。それに比べて UGC は，視聴回数と Like 数の逓減がゆるやかであった。

UGC では FDC と比べ，なぜ視聴者の Like 採用数と視聴回数が持続するのか。FDC は大手レコードレーベルのマーケティング戦略とマス・メディアへの露出について継続的な支援を受けているため，事前のコンテンツ情報が市場に浸透しており，公開時の視聴反応も速い。一方の UGC にはそうした支援が少ないため，視聴者も FDC と比べて遅れて反応する。こうした事前の市場における情報浸透度の違いのほか，本書で研究してきたように，ボーカロイド楽曲の市場には純粋な視聴目的のリスナー・ユーザーのほかに，自らオリジナル（一次）創作や二次創作を行うクリエイティブ・ユーザーが存在した。これらクリエイティブ・ユーザーが作品を創作する参考として他者のチャンネルとコンテンツを一定期間に視聴する行動が，視聴回数と Like 採用数の持続性に関係している可能性を指摘した。第 5 章で，ニコニコ動画で収集したボカロ関連動画数 80 万件のうち二次創作数が半数以上を占めていた実態から推測すれば，YouTube でも相当数の二次創作が投稿されているだろう。YouTube の調査ではボカロ動画の一次と二次を識別することはできなかったが，視聴普及への影響として，クリエイティブ・ユーザーが二次創作するための情報収集として他者のコンテンツを視聴し，それが普及の逓減を持続させる。Bass モデル

における革新者と模倣者のグループではなく，視聴目的の相違が両者の普及逓減カーブの形状に影響を与える可能性を示唆しておきたい。

2 ... インプリケーション

2-1. ユーザーは価値の共創を起こすのか

　本書では，「ユーザーがコミュニティ内で UGC の価値を共創し，市場への受容とビジネス機会にどのように結びつくのか」について実証研究を行ってきた。ここでは改めてファインディングスと理論研究を元に，この意味を検討してみたい。まず，「ユーザー（user）とはだれなのか？」という問いである。価値共創研究やユーザー・イノベーション研究ではユーザーの意味を厳密に定義しているとは必ずしもいえない。「消費者（consumer）」ではなく，「ユーザー」と文脈で言う場合，そこには「スマホのユーザー」「パソコンのユーザー」など特定の製品ないしサービスが想定されるはずである。本書で定義されるユーザーとは，ボーカロイド・ソフトウェア「初音ミク」を使用したり，そこから生み出される楽曲や動画，イラストなどのコンテンツを視聴（消費）して楽しんだりする人たちである。他の製品と異なるのは，ソフトウェア製品を直接使用して楽曲を創作する人だけでなく，創作されたコンテンツを視聴して楽しむ人も含む点である。本書では前者を「クリエイティブ・ユーザー」，後者を「リスナー・ユーザー」に分類し，コンテンツ型ユーザー・コミュニティで活動する前者に主に焦点を当ててきた。既存の関連研究では，ユーザーが持つ 2 つの側面を明確に区別しないか，あるいはクリエイティブ・ユーザーを暗黙的に想定してきた。クリエイティブ・ユーザーが特定の問題解決を目指したり，楽曲などを創作したりするのであり，同時にリスナー・ユーザーの顔も持っている。

　次に，「ユーザーは価値を共創するのか」。価値共創（value co-creation）ほど幅広い文脈で論じられる用語もないだろう。耐久消費財からサービス，小売ビジネスなど，あらゆる分野で価値共創が議論されている。本書では，クリエイティブ・ユーザーがオリジナルのコンテンツを創作してリスナー・ユーザーの

支持を集め，これがN次創作を誘発し，互いの価値を高めあう現象を定量的・定性的な研究から観察し，これを集合的な共創価値と呼んできた。価値共創の範囲としては狭い対象に絞り込み，N次創作の連鎖やシミュラークルの登場を見てきた。クリエイティブ・ユーザーの中から，二次創作ユーザーやシミュラークルを創造するユーザーなど多彩な才能が生まれており，すべては「初音ミク」とそのオリジナル創作から派生した価値の共創とその連鎖であった。価値の共創を議論する際には，「どのようなプレイヤーが」「どのような価値を」「どのようなプロセスで共に創り上げるのか」を明確にする必要がある。

2-2. コミュニティは社会関係資本のネットワークなのか

　オンライン・コミュニティでは，リアルな人間関係から形成される結束型社会関係資本ではなく，参加と退出が自由な緩やかな関係から形成される橋渡し型社会関係資本が見られるのか。クリエイティブ・ユーザーがコラボレーションのために参加するコンテンツ型コミュニティでは作品の創作と完成を目的とする結束型社会関係資本の性格がより強い。参加者間の互酬性規範と信頼は特定的であり，埋め込まれる資源は共通の趣味や目的がある点では同質的だが，コラボに必要な能力や経験では異質的な集まりである。Putnam（2000）や宮田（2005）では社会関係資本を同一線上の尺度から分類を試みているが，実態はリアル＝結束型，オンライン＝橋渡し型と二分できない性格を持っている。少なくとも，ソーシャルなオンライン・コミュニティも，人つながり型か，それともコンテンツ型かによって多様な社会関係資本が蓄積される可能性がある。

　また，本書ではコミュニティ内のユーザー間関係を作品の創作連鎖という可視的なネットワークで抽出できた。連結グラフで表現する作品連鎖のネットワークは，次数中心性の高い人気作者の作品やシミュラークル作品に二次創作が集まる一方，中心性の低い作品の周囲に薄い雲のように広がる連結グラフもニコニコ動画の調査から抽出された（図5-9）。もちろん，本書で扱うネットワークは双方向のコミュニケーション関係ではないが，作品参照の連鎖で見られた大きなネットワークは，特定の人気作者を中心に形成されたものというよりも，中心性の低い多数の作者間を雲のようにつなぐ参照関係であった。社会

図終-2　コミュニティ・ジェネレーションのフェイズ

ユーザーの行動／売り手の行動	創作意欲の高い クリエイティブ・ユーザー	幅広く楽しみたい クリエイティブ・ユーザー
ルール（著作権） クローズ	オリジナル創作 協働創作	N次創作
ルール（著作権） セミオープン	シミュラークル	民主的創作

ネットワーク分析で紹介した「スモールワールド・ネットワーク」（Watts 2003）は、近くの頂点間で高いクラスター係数（橋渡しの強固な関係）を維持しながらも、遠くにある頂点とも最短経路で枝を伸ばすという冗長性の少ない情報伝播が特長である。また、ネットワークの形成は人気のある頂点ほど優先的に新たな枝が作られるという「優先的選択」（Barabási 2002）も指摘されていた。UGC の創作連鎖のネットワークでも人気作品ほど優先的に二次創作が集まる選択現象は見られたが、一方で薄雲状の大きなネットワークも存在した。社会ネットワーク分析への示唆は限定的であるが、凝集性や情報伝達の効率性だけでは説明できない、影響力の低い個人が多数集まって自律的なネットワークを形成する集合的影響（collective influence）の理論（Morone and Makse 2015）のような視点も取り入れて、現実のネットワークを説明する力学を研究するのが有用だろう[1]。

2-3.　コミュニティ・ジェネレーションのフェイズ

　ここで理論研究における貢献についてまとめたい。ユーザーが集まるコミュニティにおいて、UGC はどのように創発されるのか。本書から得られた知見をまとめると図終-2のように、ユーザー・コミュニティのジェネレーション（創発）を4つのステージとして仮定できる。本書の研究から、クリエイティブ・ユーザーには作詞・作曲・編集・イラストなど純粋なオリジナル（一次）創作に打ち込みたい層と、歌ってみたや踊ってみた、など二次・三次創作を幅広く楽しみたい層が存在する。同時に、これらの創作が実現するには製品ソフトウェアやコミュニティを運営する企業側（クリプトン社やドワンゴ社など）

が，関連する法的な権利（著作権や商標権，特許権，実用新案権など）をどこまで開放するか，そのルールの運用にかかっている。そこで，ボーカロイド・コンテンツが創発されるコミュニティの場面をクリエイティブ・ユーザーの行動と，製品・サービスの提供企業が所有する法的権利をどのように管理・運用するか，から分類する。UGC が生まれるコミュニティには，クリエイティブ・ユーザーが，①作品の創作意欲が高い，②幅広く楽しみたい，という目的を持つ一方，製品の売り手とその運営コミュニティは，①創作・投稿されるコンテンツに関して所有する法的権利を含むルールをクローズドに管理しながら運営する，②コンテンツの著作権を部分的に開放するような柔軟なルールを運用する（セミオープン），に分かれ，コミュニティ・ジェネレーションは次のように展開される。

　まず，UGC が生まれるのは，作品創作意欲が高いクリエイティブ・ユーザーが製品販売元の著作権範囲内でオリジナル創作や協働創作を行い，投稿する。これがきっかけとなり，幅広く作品創作を楽しみたいユーザーを巻き込み，二次・三次創作の連鎖を誘発してコミュニティが活発になる。その後にシミュラークルのコンテンツが現れ，これを運営企業が承認すると，追随するクリエイティブ・ユーザーがさらに参入する。売り手企業がクリエイティブ・コモンズ・ライセンスのような柔軟なライセンス管理を導入すると，さらにシミュラークルの N 次創作も誘発する。特筆すべきは，こうした現象が売り手の企業側ではなく，すべてユーザー側から創発され，そのストリームに企業側が追随する形で適応している事実である。オープン・メディアの中で，UGC が自律的かつ民主的に成長しているのである。こうしたダイナミックな現象を「コミュニティ・ジェネレーション（community generation）」と名付けたい。コミュニティ・ジェネレーションは，コミュニティからコンテンツが創発される現象であり，ダイナミクスである。本書の研究では，まず，ピアプロにおけるコミュニティ・ジェネレーションは，サイト運営企業の投稿ルールから，オリジナル創作，協働創作，シミュラークルなどのコンテンツに限定して生成されていた。ニコニコ動画は，すべてのフェイズで創作が起きる最もオープンなコミュニティであり，YouTube は作品創作を幅広く楽しみたいユーザーが中心

になって N 次創作が起きるコミュニティといえる。

　本書では「初音ミク」というユニークなソフトウェア製品の発売を契機に，UGC とそのコミュニティが成長する過程を追いかけてきた。それは先端的あるいは逸脱的な事例研究という形で，これまでの価値共創やユーザー・イノベーション研究，そしてプラットフォーム研究の中に，1 つの製品が UGC とそのコミュニティを創造し，ユーザーとそのコミュニティ・ジェネレーションが推進力となって UGC が進化する事例として位置づけられるだろう。その理論的示唆は，ユーザー創発のコンテンツやイノベーションがクリエイティブ・ユーザーの動機や行動と，売り手企業側が所有する法的権利やコミュニティのルールをどのように運用するか，その組み合わせからコミュニティのアウトプット成果が説明されるという研究視座である。UGC の民主的な創作は，コミックマーケットのような特定の枠を超えて，今後，一般的な製品市場分野にも拡大していくかもしれない[2]。

2-4. UGC によるメディアの民主化 (media democratization)

　実務的にみて，UGC はメディアの民主化 (media democratization) を進めるのかどうか。「初音ミク」を触媒とするユーザーの N 次創作は，企業主導の現代のマーケティングやビジネスの論理に対して，特異な民主主義の世界を実現していた。それはコミックマーケットという共創の場を系譜に，ニコニコ動画や YouTube というオープン・メディアを舞台に拡大してきたといえる。ニコニコ動画はサービス開始から現在に至るまで，一貫してユーザーが創作する UGC を公開する場を提供してきた。YouTube は，サービス開始当初は UGC の市場であったが，現在では企業も公式チャンネルを相次いで開設し，FDC と UGC は同一の土俵で競争・共存する。特定の企業がマス・メディアで影響力を行使したり，少数のインフルエンサーがクチコミの影響力を支配したりする従来の FDC の論理に対して，UGC はあくまで自律的な動きを見せる。YouTube においても，企業とその FDC チャンネルは組織的なチャンネル・ネットワークを形成するが，UGC チャンネルは水平的かつ自律的なネットワークであり，この意味で UGC は，確実にメディアの民主化を推進する力となっ

ている。しかし，FDCと共存するには課題も多くあるだろう。FDCはレコードレーベル企業に所属することで組織的なマネジメントやマーケティングの支援を得て，視聴成果を上げているが，UGCは，まさにユーザーが自発的に創作・公開するがゆえに視聴成果は見劣りする。しかし，それがUGCの依って立つ意義であり，組織されることを望まない自律的なユーザーの行動を企業が管理するにはそもそも限界がある。それでも，FGIでクリエイティブ・ユーザーが語っていたように，ボカロ・クリエイターにもマーケティングの組織的支援がある程度必要である。民主化するオープン・メディアの中で，各メディアの運営側には「組織対個人」という二者間の図式を超えて，クリエイティブ・ユーザーの自律性とコンテンツのクオリティを維持しながら，どのように組織的なマネジメントを行うかが喫緊の課題である。具体的には，①創作の知識や技術を指導する踏み込んだクリエイター育成サービス，②コラボレーションの相手を仲介するコミュニティ運営，③企業や自治体からのコラボ企画の募集と案内，④視聴成果や人気指標をビジネス機会につなげるサービス，⑤UGC専門のクリエイター・ビジネスの組織化，などが挙げられるだろう。現在は，本書でみたようにピアプロやニコニコ動画で一部のサービスを手掛けているが，体系的，一貫的に展開しているメディアは少なく，UGCのクリエイティブ産業化を目指す第一歩として重要になるだろう。

2-5. クリエイティブ産業の発展

　クリエイティブ産業を含むコンテンツ産業の定義は難しい。Throsby（2001）は，文化産業の歴史を整理したうえで，全体像について，「文化」と「経済」という相反して捉えられてきた両者の関係を捉え直し，価値の理論という基礎的な領域から経済発展における文化の役割を経済学の手法を用いて分析した。そのうえで，経済的価値と文化的価値の両面を併せ持つ「文化資本」という概念を提示し，それが持続可能な発展というパラダイムのなかで，いかなる可能性を持ちうるかを論じた。その全体モデルは，創造的芸術（音楽，文学，視覚芸術，劇場など）を中核に，その周辺に文化的・非文化的財務・サービスが混合する産業（出版，テレビ，ラジオ，新聞，映画など），さらにその外延に非文化

的財・サービス（観光や広告）を形成する同心的な構造を示している。日本における コンテンツの代表的な定義は第1章のコンテンツ創造促進法のところで紹介したが，本書ではUGCを創造性とデジタル技術を併せ持つ財として捉え，経済的価値と文化的価値を両立させるところに産業化を見いだせるのではないかと考える。UGCは，経済的価値も文化的価値もいまだ発展途上であり，FDCと比べて歴史も浅く社会的な認知も進んでいるとはいえない。個人が趣味で楽しむコンテンツから社会が認めるビジネスやアートとして成長させるためには，まずオープン・メディアのプラットフォームからN次創作を創発させる「ビギナーステージ」を用意して参入を増やし，ここで先のクリエイター育成サービスやコラボレーション仲介サービスを提供する。次に，「エキスパートステージ」として，能力の高いクリエイターとクオリティの高いコンテンツを集め，ここではビジネス機会の提供やクリエイター・ビジネスのサービスを提供する。このエキスパートステージの運営では，エンターテイメント分野だけでなく，教育やビジネス，技術，さらに文化振興に関わる企業や団体に広く参加してもらうようなコンソーシアムを設置するのもよい。こうした提言と効果の実証は今後の筆者の研究課題である[3]。

注

(1) ネットワークの優先的選択は第5章注のところで述べた。最近のネットワーク理論はより現実のネットワークを説明する論理やルールの発見に進んでおり，集合的影響もその1つである。ニコニコ動画で見られた次数中心性の低い作者間が多数の二次創作でつながる大きなネットワークも中心性の低い周辺部の作者同士がつながる構造であり，今後は中心性以外にネットワーク構造を説明する変数の探索が求められる。

(2) コミュニティ・ジェネレーションは，本書で取り上げたボカロ・コミュニティだけでなく，他のUGCにも適用できるものと考えているが，その外的妥当性にはこの理論仮説を他の業界や製品・サービスに当てはめて検証していくのが課題である。

(3) 第5章注で紹介した「スーパースター効果」（Rosen 1981, Adler 1985, McDonald 1988）から考えれば，こうしたクリエイター育成には二次創作を行うユーザーをターゲットに絞った「ビギナーステージ」の仕組みを充実させることが重要である。希少なスーパースターの登場を待つよりも，すそ野の広い二次創作ユーザーを参加させるほうが有効だからである。

＜参考文献＞

Adler, M.（1985）Stardom and Tarent, *American Economic Review*, 75(1), 208-212.

Bandura, A.（1997）*Self-efficacy: The exercise of control*, Macmillan.

Barabási, A. L. & Albert, R.（1999）Emergence of scaling in random networks, *Science*, 286(15), 509-512.

——（2002）*Linked: The new science of networks*, Perseus Publishing.（青木薫訳『新ネットワーク思考—世界のしくみを読み解く』NHK 出版, 2002 年）

——, Jeong, H., Néda, Z., Ravasz, E., Schubert, A. & Vicsek, T.（2002）Evolution of the social network of scientific collaborations, *Physica A: Statistical mechanics and its applications*, 311(3), 590-614.

Bass, F. M.（1969）A new product growth for model consumer durables, *Management science*, 15(5), 215-227.

Baudrillard, J.（1976）*L'échange symbolique et la mort*, Paris, Galilée.（今村仁司・塚原史訳『象徴交換と死』筑摩書房, 1982 年）

——（1981）*Simulacres et simulation*, Paris, Galilée.（竹原あき子訳『シミュラークルとシミュレーション』法政大学出版局, 1984 年）

Beck, L. C., Trombetta, W. L. & Share, S.（1986）Using focus group sessions before decisions are made, *North Carolina Medical Journal*, 47(2), 73-74.

Belleflamme, P. & Peitz, M.（2010）*Industrial organization: markets and strategies*, Cambridge University Press.

Benjamin, W.（1969）*The work of art in the age of mechanical reproduction, Ed. Hannah Arendt*, New York: Schoken Books.（多木浩二・野村修訳「『複製技術時代の芸術作品』精読」岩波書店, 2000 年）

Bentler, P. M.（1972）A lower-bound method for the dimension-free measurement of internal consistency, *Social Science Research*, 1(4), 343-357.

——（2009）Alpha, dimension-free, and model-based internal consistency reliability, *Psychometrika*, 74(1), 137-143.

Besen, S. M. & Farrell, J.（1994）Choosing how to compete: Strategies and tactics in standardization, *Journal of Economic Perspectives*, 8(2), 117-131.

Birke, D.（2009）The economics of networks: a survey of the empirical literature, *Journal of Economic Surveys*, 23(4), 762-793.

Boccaletti, S., Latora, V., Moreno, Y., Chavez, M. & Hwang, D. U.（2006）Complex networks: Structure and dynamics, *Physics reports*, 424(4-5), 175-308.

Boudreau, K. J., Lacetera, N. & Lakhani, K. R.（2011）Incentives and problem uncertainty in innovation contests: An empirical analysis, *Management science*, 57(5), 843-863.

—— & Lakhani, K. R.（2013）Using the crowd as an innovation partner, *Harvard business review*, 91(4), 61-69.

―― & Lakhani, K. R. (2015) "Open" disclosure of innovations, incentives and follow-on reuse: Theory on processes of cumulative innovation and a field experiment in computational biology, *Research Policy*, 44(1), 4-19.

Candogan, O., Bimpikis, K. & Ozdaglar, A. E. (2010) Optimal Pricing in the Presence of Local Network Effects, *Lecture Notes in Computer Science*, 6484, 118-132.

Chesbrough, H. (2003) *Open innovation*, Harvard Business School Press. (長尾高弘訳『オープン・イノベーション：組織を越えたネットワークが成長を加速する』英治出版，2008 年)

―― (2011) *Open services innovation: Rethinking your business to grow and compete in a new era*, John Wiley & Sons. (博報堂大学ヒューマンセンタード・オープンイノベーションラボ訳『オープン・サービス・イノベーション：生活者視点から，成長と競争力のあるビジネスを創造する』阪急コミュニケーションズ，2012 年)

Chevalier, J. A. & Mayzlin, D. (2006) The effect of word of mouth on sales: Online book reviews, *Journal of marketing research*, 43(3), 345-354.

Clauset, A., Newman, M. E. & Moore, C. (2004) Finding community structure in very large networks, *Physical review E*, 70(6), 066111.

Coleman, J. S. (1988) Social capital in the creation of human capital, *American journal of sociology*, 94, S95-S120.

Corbin, J. & Strauss, A. (2008) *Basics of qualitative research 3rd ed*, Free Press.

Costa, L. D. F., Rodrigues, F. A., Travieso, G. & Villas Boas, P. R. (2007) Characterization of complex networks: A survey of measurements, *Advances in physics*, 56(1), 167-242.

Dewey, J. (1916) *Democracy and Education, An Introduction to the Philosophy of Education*, New York: The Macmillan Company. (松野安男訳『民主主義と教育 上・下』岩波文庫，1975 年)

―― (1927) *The Public and Its Problems*, Henry Holt & Company. (阿部齊訳『現代政治の基礎』みすず書房，1975 年)

Eisenmann, T., Parker, G. & Van Alstyne, M. W. (2006) Strategies for two-sided markets, *Harvard business review*, 84(10), 92-101.

Evans, D. S., Hagiu, A. & Schmalensee, R. (2006) *Invisible engines: how software platforms drive innovation and transform industries*, MIT press.

Fornell, C. & Larcker, D. F. (1981) Evaluating structural equation models with unobservable variables and measurement error, *Journal of marketing research*, 18(1), 39-50.

Franke, N. & von Hippel, E. (2003) Satisfying heterogeneous user needs via innovation toolkits: the case of Apache security software, *Research policy*, 32(7), 1199-1215.

―― & Shah, S. (2003) How communities support innovative activities: an exploration of assistance and sharing among end-users, *Research policy*, 32(1), 157-178.

256　参考文献

Freeman, L. C.（2004）*The development of social network analysis: A Study in the Sociology of Science*, ΣP Empirical Press.（辻竜平訳『社会ネットワーク分析の発展』NTT 出版，2007 年）

Friedman, J. W.（1986）*Game theory with applications to economics*, Oxford University Press.

Ghose, A. & Han, S. P.（2011）An empirical analysis of user content generation and usage behavior on the mobile Internet, *Management Science*, 57(9), 1671-1691.

Girvan, M. & Newman, M. E.（2002）Community structure in social and biological networks, *Proceedings of the national academy of sciences*, 99(12), 7821-7826.

Gladwell, M.（2000）*The Tipping Point: How Little Things Can Make a Big Difference*, New York: Little, Brown.

Goffman, E.（1969）*Strategic interaction*, University of Pennsylvania Press.

Gordon, W. J.（1982）Fair use as market failure: a structural and economic analysis of the "Betamax" case and its predecessors, *Columbia Law Review*, 82(8), 1600-1657.

Granovetter, M. S.（1973）The strength of weak ties, *American journal of sociology*, 78(6), 1360-1380.

――（1978）Threshold models of collective behavior, *American journal of sociology*, 83(6), 1420-1443.

Green, S. B. & Yang, Y.（2009）Reliability of summed item scores using structural equation modeling: An alternative to coefficient alpha, *Psychometrika*, 74(1), 155-167.

Harhoff, D. & Lakhani, K. R.（Eds.）（2016）*Revolutionizing innovation: Users, communities, and open innovation*, MIT Press.

Howe, J.（2009）*Crowdsourcing: How the power of the crowd is driving the future of business*, Crown Business.（中島由華訳『クラウドソーシング：みんなのパワーが世界を動かす』早川書房，2009 年）

James, W.（1907）*Pragmatism: A new name for some old ways of thinking: Popular Lectures on Philosophy*, Longmans, Green.（桝田啓三郎訳『プラグマティズム』岩波書店，1957 年）

Jeppesen, L. B. & Frederiksen, L.（2006）Why do users contribute to firm-hosted user communities? The case of computer-controlled music instruments, *Organization science*, 17(1), 45-63.

Ito, J. & Howe, J.（2016）*Whiplash: How to Survive Our Faster Future*, Hachette UK.（山形浩生訳『9 プリンシプルズ：加速する未来で勝ち残るために』早川書房，2017 年）

Kaplan, A. M. & Haenlein, M.（2010）Users of the world, unite! The challenges and opportunities of Social Media, *Business horizons*, 53(1), 59-68.

Katz, E. & Lazarsfeld, P.（1955）*Personal Influence: The Part Played by in the Flow of*

Mass Communications, Free Press.（竹内郁郎訳『パーソナルインフルエンス』培風館，1965 年）

Keen, A.（2007）*The cult of the amateur: How the democratization of the digital world is assaulting our economy, our culture, and our values*, NY: Doubleday Currency.

Keller, E. & Berry, J.（2003）*The influentials: One American in ten tells the other nine how to vote, where to eat, and what to buy*, Simon and Schuster.

Kollock, P.（1999）The Economies of On-line Cooperation: Gifts and Public Goods in Cyberspace, In M. A. Smith & P. Kollock（Eds）, *Communities in Cyberspace*, 220-239, London: Routledge.

Kotler, P., Kartajaya, H. & Setiawan, I.（2010）*Marketing 3.0: From products to customers to the human spirit*, John Wiley & Sons.（恩蔵直人監訳『コトラーのマーケティング 3.0：ソーシャル・メディア時代の新法則』朝日新聞出版，2010 年）

Kozinets, R. V., De Valck, K., Wojnicki, A. C. & Wilner, S. J.（2010）Networked narratives: Understanding word-of-mouth marketing in online communities, *Journal of marketing*, 74（2）, 71-89.

Kratzer, J., Lettl, C., Franke, N. & Gloor, P. A.（2015）The social network position of lead users, *Journal of Product Innovation Management*, 33（2）, 201-216.

Krider, R. E. & Weinberg, C. B.（1998）Competitive dynamics and the introduction of new products: The motion picture timing game, *Journal of Marketing Research*, 35（1）, 1-15.

Kumar, V., Bhaskaran, V., Mirchandani, R. & Shah, M.（2013）Practice prize winner—creating a measurable social media marketing strategy: increasing the value and ROI of intangibles and tangibles for hokey pokey, *Marketing Science*, 32（2）, 194-212.

Lakhani, K. R. & Wolf, R. G.（2005）Why hackers do what they do: Understanding motivation and effort in free/open source software projects, In Feller, J., Fitzgerald, B., Hissam, S. & K. R. Lakhani, eds, *Perspective on Free and Open Source Software*, MIT Press.

Le Bon, G.（2009）*Psychology of Crowds (annotated)*, Sparkling Books.（櫻井成夫訳『群衆心理』講談社学術文庫，1993 年）

Lehmann, D. R. & Weinberg, C. B.（2000）Sales through sequential distribution channels: An application to movies and videos, *Journal of Marketing*, 64（3）, 18-33.

Lerner, J. & Tirole, J.（2002）Some simple economics of open source, *The journal of industrial economics*, 50（2）, 197-234.

Lessig, L.（2001）*The future of ideas: The fate of the commons in a connected world*, Random House.（山形浩生訳『コモンズ：ネット上の所有権強化は技術革新を殺す』翔泳社，2002 年）

—（2004）*Free Culture: How Big Medis Uses Technology and the Law to Lock Down Culture and Control Creativity*, Penguin.（山形浩生・守岡桜訳『FREE COLTURE』翔泳社，

258 参考文献

2004 年）

Lin, N.（2001）*Social capital: A theory of social structure and action*, Cambridge university press.（石井光規他訳『ソーシャル・キャピタル：社会構造と行為の理論』ミネルヴァ書房，2008 年）

Lusch, R. F. & Vargo, S. L.（2014）*Service-dominant logic: Premises, perspectives, possibilities*, Cambridge University Press.（井上崇通監訳『サービス・ドミナント・ロジックの発想と応用』同文舘出版，2016 年）

Maclver, R. M.（1917）*Community: A sociological study*, Macmillan. 中久郎・松本通晴訳『コミュニティー社会学的研究：社会生活の性質と基本法則に関する一試論』ミネルヴァ書房，2009 年）

McDonald, G. M.（1988）The economics of rising star, *American Economic Review*, 78(1), 155-166.

McDonald, R. P.（1999）*Test theory: A unified treatment*, Mahwah, NJ: Erlbaum.

Merton, R. K.（1968）Pattern of Influence: Local and cosmopolitan influentials, In *Social Theory and Social Structure*, ed R. K. Merton. New York: Free Press, 441-447.（森東吾他訳『社会理論と社会構造』みすず書房，1961 年）

Milgram, S.（1967）The small world problem, *Phychology Today*, 2, 61-67.

Moore, G. A.（1991）*Crossing the Chasm: Marketing and selling high-tech goods to mainstream customers*, New York: Harper Business.（川又政治訳『キャズム』翔泳社, 2002 年）

Morgan, M. S.（2012）*The world in the model: How economists work and think*, Cambridge University Press.

Morrison, P. D., Roberts, J. H. & Von Hippel, E.（2000）Determinants of user innovation and innovation sharing in a local market, *Management science*, 46(12), 1513-1527.

Morone, F. & Makse, H. A.（2015）Influence maximization in complex networks through optimal percolation, *Nature*, 524, 65-68.

Muniz, A. M. & O'guinn, T. C.（2001）Brand community, *Journal of consumer research*, 27 (4), 412-432.

Murray, E. J.（1964）*Motivation and emotion*, Englewood Cliffs, NJ: Prentice-Hall.

Nalebuff, B. J., Brandenburger, A. & Maulana, A.（1996）*Co-opetition*, London: Harper Collins Business.

Newman, M. E.（2003）The structure and function of complex networks, *SIAM review*, 45 (2), 167-256.

Page, S. E.（2007）*The difference: How the power of diversity creates better groups, firms, schools, and societies*, Princeton University Press.（水谷淳訳「『多様な意見』はなぜ正しいのか：衆愚が集合知に変わるとき」日経 BP 社，2009 年）

Parker, G. & Van Alstyne, M.（2010）*Innovation, openness & platform control, Proceedings of the 11th ACM conference on Electronic commerce*, Cambridge, Massachusetts, 95-96.

——., Van Alstyne, M. W. & Choudary, S. P.（2016）*Platform revolution: How networked markets are transforming the economy--and how to make them work for you*, WW Norton & Company.

Podsakoff, P. M., MacKenzie, S. B., Lee, J. Y. & Podsakoff, N. P.（2003）Common method biases in behavioral research: a critical review of the literature and recommended remedies, *Journal of applied psychology*, 88(5), 879-903.

Prahalad, C. K. & Ramaswamy, V.（2004）*The future of competition: Co-creating unique value with customers*, Harvard Business Press.（有賀裕子訳『価値共創の未来へ：顧客と企業の Co-Creation』ランダムハウス講談社，2004 年）

—— & Krishnan, M. S.（2009）*The new age of innovation*, McGraw-Hill.（有賀裕子訳『イノベーションの新時代』日本経済新聞出版社，2009 年）

Putnam, R. D.（1993）*Making democracy work: Civic traditions in modern Italy*, Princeton university press.（河田潤一訳『哲学する民主主義—伝統と改革の市民的構造』NTT 出版，2001 年）

——（2000）*Bowling alone: The collapse and revival of American community*, Simon and Schuster.（柴内康文訳『孤独なボウリング—米国コミュニティの崩壊と再生』柏書房，2006 年）

Ramaswamy, V. & Gouillart, F.（2010）*The power of co-creation*, Free Press.（尾崎正弘・田畑萬監修，山田美明訳『生き残る企業のコ・クリエーション戦略』徳間書店，2011 年）

—— & Ozcan, K.（2014）*The co-creation paradigm*, Stanford University Press.

Raykov, T.（2001）Estimation of congeneric scale reliability using covariance structure analysis with nonlinear constraints, *British Journal of Mathematical and Statistical Psychology*, 54(2), 315-323.

——（2012）Scale construction and development using structural equation modeling, *Handbook of structural equation modeling*, 472-499, New York: Guilford.

Raymond, E.（1999）The cathedral and the bazaar, *Philosophy & Technology*, 12(3), 23-49.（山形浩生訳『伽藍とバザール』USP 研究所，2010 年）

Rochet, J. C. & Tirole, J.（2003）Platform competition in two-sided markets, *Journal of the european economic association*, 1(4), 990-1029.

Rogers, E. M.（1962）*Diffusion of innovations*, New York: Free Press.（青池慎一・宇野善康監訳『イノベーション普及学』産能大学出版部，1990 年）

Rosen, E.（2000）*The anatomy of buzz: how to creat word-of-mouth marketing*, New York: Doubleday.

Rosen, Sherwin（1981）The economics of superstars, *American Economic Review*, 71(5), 845-858.

Sawhney, M. S. & Eliashberg, J. (1996) A parsimonious model for forecasting gross box-office revenues of motion pictures, *Marketing Science*, 15(2), 113-131.

Smith, A. N., Fischer, E. & Yongjian, C. (2012) How does brand-related user-generated content differ across YouTube, Facebook, and Twitter?, *Journal of Interactive Marketing*, 26 (2), 102-113.

Solomon, M. R. (2013) *Consumer Behavior, 10th Edition*, Peason Education.（松井剛監訳『ソロモン消費者行動論』丸善出版，2015 年）

Surowiecki, J. (2004) *The Wisdom of Crowds — Why the many are smarter than the few and how collective wisdom shapes business, economics, societies, and nations*, Random House.（小高尚子訳「『みんなの意見』は案外正しい」角川書店，2006 年）

Susarla, A., Oh, J. H. & Tan, Y. (2011) Social networks and the diffusion of user-generated content: Evidence from YouTube, *Information Systems Research*, 23(1), 23-41.

Throsby, D. (2001) *Economics and culture*, Cambridge university press.（中谷武雄・後藤和子監訳『文化経済学入門—創造性の探究から都市再生まで』日本経済新聞社，2002 年）

Tiwana, A., Konsynski, B. & Bush, A. A. (2010) Platform evolution: Coevolution of platform architecture, governance, and environmental dynamics, *Information Systems Research*, 21 (4), 675-687.

Toubia, O. & Stephen, A. T. (2013) Intrinsic vs. image-related utility in social media: Why do people contribute content to twitter?, *Marketing Science*, 32(3), 368-392.

Tsvetovat, M. & Kouznetsov, A. (2011) *Social Network Analysis for Startups: Finding connections on the social web*, "O'Reilly Media, Inc.".

Urban, G. L. & Von Hippel, E. (1988) Lead user analyses for the development of new industrial products, *Management science*, 34(5), 569-582.

Van den Bulte, C. & Lilien, G. L. (2001) Medical innovation revisited: Social contagion versus marketing effort, *American Journal of Sociology*, 106(5), 1409-1435.

—— & Stremersch, S. (2004) Social contagion and income heterogeneity in new product diffusion: A meta-analytic test, *Marketing Science*, 23(4), 530-544.

—— & Joshi, Y. V. (2007) New product diffusion with influentials and imitators, *Marketing Science*, 26(3), 400-421.

Vargo, S. L. & Lusch, R. F. (2004) Evolving to a new dominant logic for marketing, *Journal of marketing*, 68(1), 1-17.

——, Maglio, P. P. & Akaka, M. A. (2008) On value and value co-creation: A service systems and service logic perspective, *European management journal*, 26(3), 145-152.

Vaughn, S., J. S. Schumm and J. Sinagub (1996) *Focus group Interviews in Education and Psychology*, Sage Publications.（井下理監訳『グループ・インタビューの技法』慶應義塾大学出版会，1999 年）

Vogel, H. L. (2010) *Entertainment industry economics: A guide for financial analysis*, Cambridge University Press. (井上崇通監訳『サービス・ドミナント・ロジックの発想と応用』同文舘出版, 2016年)

Von Hippel, E. (1986) Lead users: a source of novel product concepts, *Management science*, 32(7), 791-805.

—— (2005) *Democratizing innovation*, MIT press. (サイコム・インターナショナル監訳『民主化するイノベーションの時代』ファーストプレス, 2006年)

—— & Von Krogh, G. (2003) Open source software and the "private-collective" innovation model: Issues for organization science, *Organization science*, 14(2), 209-223.

—— & Von Krogh, G. (2006) Free revealing and the private-collective model for innovation incentives, *R&D Management*, 36(3), 295-306.

Wasserman, S. & Faust, K. (1994) *Social network analysis-Methods and applications*, Cambridge University Press.

Watts, D. J. & Strogatz, S. H. (1998) Collective dynamics of 'small-world' networks, *Nature*, 393(6684), 440-442.

—— (2003) *Six degrees: The science of a connected age*, Newyork: Norton & Company. (辻竜平・友知政樹訳『スモールワールド・ネットワーク―世界を知るための新科学的思考法』阪急コミュニケーションズ, 2004年)

—— & Dodds, P. S. (2007) Influentials, networks, and public opinion formation, *Journal of consumer research*, 34(4), 441-458.

—— (2011) *Everything is obvious: Once you know the answer*, Crown Business. (青木創訳『偶然の科学』早川書房, 2012年)

Wellman, B. (1979) The community question: The intimate networks of east yorkers, *American journal of Sociology*, 84, 1201-1231.

Wilson, R. J. (1970) *An introduction to graph theory*, Pearson Education India.

Wu, Z. X. & Holme, P. (2011) Onion structure and network robustness, *Physical Review E*, 84(2), 026106.

朝野熙彦・鈴木督久・小島隆矢 (2005)『入門共分散構造分析の実際』講談社。

浅野智彦 (2011)『趣味縁からはじまる社会参加』岩波書店。

東浩紀 (2001)『動物化するポストモダン―オタクから見た日本社会』講談社。

荒木長照 (2009)「劇場映画普及のミクロ的基礎とマクロ普及関数―moviegoer の観賞意思決定モデル―」『日本マーケティング・サイエンス学会』第86回研究大会。

池尾恭一編 (2003)『ネット・コミュニティのマーケティング戦略』有斐閣。

石井淳蔵・厚美尚武編 (2002)『インターネット社会のマーケティング』有斐閣。

——・水越康介編 (2006)『仮想経験のデザイン:インターネット・マーケティングの新地平』有斐閣。

262　参考文献

石田実（2016）「自発的なコンテンツ制作コミュニティの支援サービス―コラボの効果と限界」『経営論集（東洋大学）』87，121-130。

―――・西尾チヅル・椿広計（2011）「2値変量に基づく教師無し分類における類似係数の選択」『行動計量学』38(1)，65-81。

―――・田中洋・片野浩一・矢本成恒（2014）「ユーザー・コミュニティによるコンテンツ制作の商業利用に関する研究」『日本マーケティング・サイエンス学会』第95回研究大会プロジェクト報告B6。

―――・片野浩一（2016）「行動履歴データを活用した音楽アーティストの発掘と再生数予測に関する研究」『日本商業学会第66回全国研究大会報告論集』99-101。

伊藤博之（2012）「CGMの現在と未来：初音ミク，ニコニコ動画，ピアプロの切り拓いた世界：3.初音ミク as an interface」『情報処理』53(5)，477-482。

伊藤聖修・鈴木育男・山本雅人（2008）「ニコニコ動画におけるタグ共起ネットワークの特徴抽出（「Web情報処理」および一般発表）」『知識ベースシステム研究会』80，13-18。

岩崎達也・小川孔輔（2008a）「テレビ番組のプログラム価値マップ（上）質的評価尺度の活用と番組のライフサイクルマネジメント」『日経広告研究所報』42(4)，18-23。

―――・小川孔輔（2008b）「テレビ番組のプログラム価値マップ（下）質的評価尺度の活用と番組のライフサイクルマネジメント」『日経広告研究所報』42(5)，25-31。

江渡浩一郎・ニコニコ学会β実行委員会（2013）「進化するアカデミア―『ユーザー参加型研究』が連れてくる未来」イースト・プレス。

大塚英志（1989）「物語消費論：『ビックリマン』の神話学」新曜社。

小川進（2002）「流通システムの新しい担い手：ユーザー起動型ビジネスモデル」『組織科学』35(4)，20-31。

―――（2013）『ユーザーイノベーション：消費者から始まるものづくりの未来』東洋経済新報社。

尾崎幸謙・荘島宏二郎（2014）『パーソナリティ心理学のための統計学』誠信書房。

片野浩一（2013）「ユーザー・コミュニティ創発のゲームソフト開発」『日本経営システム学会誌』30(2)，79-86。

―――（2014）「企業内ユーザー・コミュニティ創発のマーケティング戦略」『日本経営システム学会誌』31(2)，169-175。

―――・石田実（2015a）「ユーザー・コミュニティ創発の創作ネットワークに関する研究：『初音ミク』コミュニティにみる価値共創」『マーケティングジャーナル』35(1)，88-107。

―――・石田実（2015b）「ユーザー生成コンテンツと集合知形成のダイナミクス―ニコニコ動画コミュニティにおける『初音ミク』創作ネットワーク―」『日本マーケティング学会カンファレンス・プロシーディングス』(4)，152-171。

金森剛（2009）『ネットコミュニティの本質』白桃書房。

栗木契（2012）『マーケティング・コンセプトを問い直す：状況の思考による顧客志向』有

斐閣。

剣持秀紀（2012）「歌声合成技術の過去・現在・未来，情報処理」『情報処理学会誌』53(5)，472-476。

戀塚昭彦（2012）「ニコニコ動画の創造性：動画コミュニティサービス『ニコニコ動画』の5年間」『情報処理（情報処理学会誌)』53(5)，483-488.

國領二郎（2013）『ソーシャルな資本主義：つながりの経営戦略』日本経済新聞出版社。

佐藤郁哉（2008a）『質的データ分析法：原理・方法・実践』新曜社。

──(2008b)『実践質的データ分析入門：QDAソフトを活用する』新曜社。

佐藤慶幸（1982）『アソシエーションの社会学』早稲田大学出版部。

清水信年（2003）「インターネット社会の製品開発ビジネスモデル─エレファントデザイン」『ビジネス・インサイト』11(4)，24-39。

柴那典（2014）『初音ミクはなぜ世界を変えたのか？』太田出版。

霜月たかなか（2008）『コミックマーケット創世記』朝日新書。

杉山浩平・大崎洋之・今瀬眞（2006）「論文の引用・共著関係から何が分かるか？」『電子情報通信学会技術研究報告』IN2006-15，85-90。

鈴木俊介（2014）「趣味とオンラインコミュニティ」田所承己編『〈つながる／つながらない〉の社会学』弘文堂。

高井紳二（1995）「ヒット商品開発の論理可能性：開発の論理とマーケティングの論理」『ビジネス・インサイト』3(3)，46-63。

高橋文彦・山本雅人・古川正志（2013）「ニコニコ動画における共起関係を用いたタグの階層化」『研究報告知能システム（ICS)』2013(3)，1-6。

武田隆（2011）『ソーシャルメディア進化論』ダイヤモンド社。

──（2015）「消費者コミュニティとコ・クリエーション」『マーケティングジャーナル』34(3)，28-45。

田村正紀（2006）『リサーチ・デザイン─経営知識創造の基本技術』白桃書房。

──（2015）『経営事例の質的比較分析：スモールデータで因果を探る』白桃書房。

出口弘・田中秀幸・小山友介編（2009）『コンテンツ産業論：混淆と伝播の日本型モデル』東京大学出版会。

長沼君主（2004）「自律性と関係性からみた内発的動機づけ研究」『動機づけ研究の最前線』北大路書房，30-60。

豊田秀樹（1998）『共分散構造分析［入門編］─構造方程式モデリング─』朝倉書店。

──編（2007）『共分散構造分析［Amos編］─構造方程式モデリング─』東京図書。

西川英彦・本條晴一郎（2011）「多様性のマネジメント─無印良品のクラウドソーシング」『マーケティングジャーナル』30(3)，35-49。

濱崎雅弘・武田英明・西村拓一（2010）「動画共有サイトにおける大規模な協調的創造活動の創発のネットワーク分析」『人工知能学会論文誌』25(1)，157-167。

濱野智史（2008）『アーキテクチャの生態系』NTT 出版。

―― (2012)「ニコニコ動画はいかなる点で特異なのか」「『擬似同期』『N 次創作』『Fluxono-my（フラクソノミー)』」『情報処理（情報処理学会誌)』53(5)，489-494。

林知己夫編（2002）『社会調査ハンドブック』朝倉書店。

平野敦士カール・アンドレハギウ（2010）『プラットフォーム戦略』東洋経済新報社。

福井健策（2005）『著作権とは何か：文化と創造のゆくえ』集英社新書。

――編（2014）『インターネットビジネスの著作権とルール』CRIC 公益財団法人著作権情報センター。

増田直紀・今野紀雄（2010）『複雑ネットワーク―基礎から応用まで』近代科学社。

松井淳（2015)「『産』カルビーじゃがり校の事例」『日本マーケティング学会カンファレンス 2015』ユーザー・イノベーション研究会報告。

三宅芳雄・三宅なほみ（2014）『教育心理学概論』放送大学教育振興会。

宮田加久子（2005）『きずなをつなぐメディア：ネット時代の社会関係資本』NTT 出版。

森祐治（2015)「コンテンツ編集力からメディア編集力の時代へ：人はコンテンツにお金を払い続けるか」『DIAMOND ハーバード・ビジネス・レビュー』ダイヤモンド社，40(7)，44-54。

矢久保考介（2013）『複雑ネットワークとその構造』共立出版。

安田雪（1997）『ネットワーク分析：何が行為を決定するか』新曜社。

山岸俊男（1999)「一般的互酬性の期待としての集団主義文化」『組織科学』33(1)，24-33。

―― (2002)「情報が生み出す新しい社会の秩序」『心理学ワールド』19，13-16。

主要事項索引

英字

API（Advanced Programming Internet） 138, 164

AVE 193, 210

Bass モデル 54, 179, 246

composite score（*W*） 193, 210

DTM（Desk Top Music） 6, 188

Google 社 29

igraph パッケージ 110, 138

Jaccard 係数 150

JASRAC（日本音楽著作権協会） 26, 229

KARENT（カレント） 28

Like 数 163, 176, 246

Linux 107

MMD（MikuMikuDance：みくみくダンス） 10, 95, 137

N 次創作（連鎖） 26, 39, 107, 110, 123, 240

t 検定 201

UTAU 6, 185

YouTube 29

α 係数 193, 210

ω 係数 193, 210

ア行

入次数 116, 149, 166

一点集中型ネットワーク 123, 153

イノベーション普及過程 53

因子
——得点 200
——負荷量 193
——分析 192

インフルエンサー，インフルエンシャル 53, 189

歌声合成技術 4

エキスパート・ユーザー 211

枝 58, 109, 140

オープン・メディア 50, 134

オープンソース・ソフトウェア 72

カ行

階層的クラスタリング 150

重音テト 6, 116, 128

価値共創 69, 128, 234, 247

カラオケ配信 151

間接効果 213

完全グラフ 170

観測変数 190, 210

企業
——コミュニティ 71
——主導型コンテンツ（firm-driven content：FDC） 49, 161
——内ユーザー・コミュニティ 101

疑似同期型コメント 30

記述統計量 166

協働（コラボレーション） 224
——創作 197, 206, 220

極大信頼性 193

近接中心性 60

クラウド・ソーシング 73, 188

グラウンデッド・セオリー 236

クラスター係数 59, 143, 169

グラフ
——特徴量 64, 119
——密度 120, 143, 169
——理論（graph theory） 55, 109

クリエイティブ
——・コモンズ・ライセンス（ＣＣライセンス） 35, 42
——・ユーザー 106, 126, 184
——産業 252

クリプトン・フューチャー・メディア 6, 128

クロス・メディア 50, 161

経験の民主化 21

経済成果 190

結束型社会関係資本 66, 248

構成概念　190, 210
構造方程式モデリング　195
互恵的ネットワーク構造　178, 245
互酬性（規範）　66, 225
コミックマーケット（コミケット）　15
コミュニティ
　　——・ジェネレーション　249
　　——抽出，コミュニティ分割　118, 142
固有ベクトル中心性　61
コラボ・マーケティング　96
コラボ機能　27
コラボレーション
　　——・コミュニティ　233
　　——・モデル　232
コンテンツ（content）　52
　　——型コミュニティ　233, 241
　　——産業　34
　　——創造促進法　34

| サ行 |

サブカルチャー　15
自己効力　67, 204
次数（degree）　60, 140
　　——相関係数　120, 144
　　——中心性　60, 116
　　——分布　118, 140, 167
消費者生成型メディア（consumer-generated
　　media: CGM）　49
視聴回数　163
質問
　　——データ分析　230
　　——紙調査　184
シミュラークル　22, 129, 235
社会
　　——関係資本（social capital）　65, 233
　　——ネットワーク分析（social network
　　analysis）　55, 125
重回帰分析　194
集合
　　——知　73
　　——的共創価値　91, 107, 122, 240
趣味コミュニティ　67, 126
自律的ネットワーク構造　178, 245
新製品普及モデル　173
信頼　67

——性係数　192, 210
スケールフリー　62, 140
ストリーミング（逐次配信）　160
スモールワールド（ネットワーク）　56, 60, 249
セガ社　84
潜在変数　190, 210
千本桜　38
相関係数　152, 199
創作
　　——投稿行動モデル　187
　　——連鎖　40
ソーシャルメディア　48
ソニー・プレイステーション Vita　11, 84

| タ行 |

多極中心型ネットワーク　124, 153
タグ（システム）　25, 134, 137
多重回帰モデル　172
多母集団同時分析　211
中心性　61, 116, 143
紐帯　56, 109
注目交流成果　190
頂点　58, 109, 140
直接効果　212
著作権（法）　31, 229
ティッピング・ポイント　189
出次数　149, 165
展示的価値　23
動機づけ・コラボレーションモデル　203
ドミノ・ピザ社　93
ドワンゴ社　24

| ナ行 |

内発的動機　204
ニコニ・コモンズ　26
ニコニコ動画　24, 134
二次
　　——創作　21, 123, 136, 202, 227
　　——的著作物　32

| ハ行 |

バーチャルシンガー　2, 8, 235
バイアス誤差　192
媒介中心性　61, 118
ハイパー・リアリティ　22

主要事項索引 267

橋渡し型社会関係資本　66, 154, 234, 248
パス係数（標準化推定値）　173, 212
初音ミク -Project DIVA-　11, 82
ハブ　61, 143
ばらつき誤差　192
ピアプロ（piapro）　11, 27
　　──・キャラクター・ライセンス（PCL）
　　28, 41, 98, 124
ビギナー・ユーザー　211
ピクシブ（pixiv）　14
フォーカスグループ・インタビュー調査　221
フォークソノミー（folksonomy）　25
プラグマティズム　21
プラットフォーム　75, 126, 243
平均パス長　58, 144
べき乗則，べき法則　63, 140
ボカロ P　83
ボーカロイド（VOCALOID）　4
ボランタリー・アソシエーション（自発的結
　　社）　65

| マ行 |

マッチング・システム　30
民主主義　21

無向グラフ　61
モジュラリティ（Q）　118

| ヤ行 |

焼きなまし法　119, 143
ユーザー
　　──・イノベーション　71, 122, 188
　　──・コミュニティ（user-community）　25,
　　53, 69, 127
　　──参加型プラットフォーム　16, 25, 27, 93
　　──生成型メディア（user-generated media:
　　UGM）　49
　　──生成コンテンツ（user-generated con-
　　tent: UGC）　49, 52, 161
優先的な選択　153, 249
有向グラフ　60, 109, 140

| ラ行 |

リード・ユーザー　71
リスナー・ユーザー　13, 126
類似性係数　150
礼拝的価値　23
連結グラフ，連結成分　109, 118, 140

【著者紹介】

片野浩一（かたの・こういち）

明星大学経営学部教授。

［著者略歴］

筑波大学大学院ビジネス科学研究科博士後期課程修了。博士（経営学）

明星大学経済学部経営学科准教授（2008 年 4 月〜2015 年 3 月）

明星大学経営学部経営学科教授（2015 年 4 月〜現在）

主な著書：『マーケティング論と問題解決授業』白桃書房，2009 年。『マス・カスタマイゼーション戦略のメカニズム』白桃書房，2007 年。

主な論文：「小売業態フォーマットの漸進的イノベーションと持続的競争優位」『流通研究』Vol.17, No.1, pp.75-96, 2014. 石田実共著「ユーザー・コミュニティ創発の創作ネットワークの研究－初音ミクコミュニティにみる価値共創－」『季刊マーケティングジャーナル』（日本マーケティング学会）Vol.35, No.1, pp.88-107, 2015.

石田　実（いしだ・みのる）

東洋大学経営学部講師。

［著者略歴］

筑波大学大学院ビジネス科学研究科博士後期課程単位取得退学。博士（経営学）

大手銀行，経営コンサルティング会社自営を経て，2015 年 4 月より東洋大学経営学部マーケティング学科講師。

主な論文：共著「2 値変量に基づく教師無し分類における類似係数の選択」『行動計量学』Vol.38, No.1, pp.65-81, 2011.「購買推奨確率モデルによるビッグデータの解析」『オペレーションズ・リサーチ』Vol.59, No.7, pp.390-400, 2014.

コミュニティ・ジェネレーション
「初音ミク」とユーザー生成コンテンツがつなぐネットワーク

2017 年 12 月 20 日　初版第 1 刷発行

著　者　片野浩一・石田　実

発行者　千倉成示

発行所　株式会社 千倉書房

〒 104-0031　東京都中央区京橋 2-4-12

TEL 03-3273-3931 ／ FAX 03-3273-7668

http://www.chikura.co.jp/

印刷・製本　藤原印刷株式会社

表紙デザイン　憂

© Crypton Future Media, INC. www.piapro.net

© KATANO Koichi, ISHIDA Minoru 2017 Printed in Japan

ISBN 978-4-8051-1132-1　C3063

JCOPY 〈㈳出版者著作権管理機構 委託出版物〉

本書のコピー、スキャン、デジタル化など無断複写は著作権法上での例外を除き禁じられています。複写される場合は、そのつど事前に、㈳出版者著作権管理機構（電話 03-3513-6969、FAX 03-3513-6979、e-mail：info@jcopy.or.jp）の許諾を得てください。また、本書を代行業者などの第三者に依頼してスキャンやデジタル化することは、たとえ個人や家庭内の利用であっても一切認められておりません。